国家出版基金项目
NATIONAL PUBLICATION FOUNDATION

辛亥著名人物传记丛书

周星林　李四清　著

蒋翊武 刘复基

团结出版社
UNITY PRESS

图书在版编目（ＣＩＰ）数据

蒋翊武 刘复基 / 周星林，李四清著. -- 北京：
团结出版社，2011.6（2021.5 重印）
（辛亥著名人物传记丛书）
ISBN 978-7-5126-0424-7

Ⅰ. ①蒋… Ⅱ. ①周… ②李… Ⅲ. ①蒋翊武（
1884～1913）－传记②刘复基（1884～1911）－传记 Ⅳ.
①K827=6

中国版本图书馆 CIP 数据核字(2011)第 073746 号

出 版：团结出版社
　　　　（北京市东城区东皇城根南街 84 号　邮编：100006）
电 话：(010) 65228880　65244790　（出版社）
　　　　(010) 65238766　85113874　65133603（发行部）
　　　　(010) 65133603（邮购）
网 址：http://www.tjpress.com
E-mail：zb65244790@vip.163.com
　　　　tjcbsfxb@163.com（发行部邮购）
经 销：全国新华书店
印 装：三河市东方印刷有限公司

开 本：170mm×240mm　　16 开
印 张：18.25
字 数：236 千字
版 次：2011 年 6 月　第 1 版
印 次：2021 年 5 月　第 3 次印刷

书 号：978-7-5126-0424-7
定 价：46.00 元

辛亥著名人物传记丛书
编辑委员会

辛亥著名人物传记丛书
总序言

  整整一百年前，在中国处于半殖民地半封建黑暗统治的时代，爆发了一场对中国历史发展进程产生巨大影响的革命，这就是以伟大的革命先行者孙中山为代表的革命党人发动的辛亥革命。这场革命，是中国近代历史上一次比较完全意义的反帝反封建的民族民主革命，它推翻了清朝政府，结束了中国几千年的封建君主专制制度，同时沉重打击了帝国主义在华侵略势力。中华民国的建立，标志着中国历史进步的新纪元。辛亥革命极大地推动了中华民族的思想解放，为中国先进分子探索救国救民的道路打开了新的视野，八年后，五四运动爆发；十年后，中国共产党诞生。辛亥革命开启的革新开放之门，对于推动中国社会的发展与进步具有不可估量的历史功绩和伟大意义。

  以孙中山为代表的革命党人，在开启思想闸门、传播先进思想、点燃革命火种、推动历史进步的过程中发挥了重要作用。他们站在时代前列，为追求民族独立和民主自由而向反动势力宣战；他们不惜流血牺牲，站在斗争一线浴血奋战；他们具有坚定的信念和坚强的意志，愈挫愈奋，在失败中不断汲取和凝聚新的力量；他们适应历史发展的趋势，与时俱进，不断修正前进的方向和斗争的目标。正是因为有了这样一批革命先驱和仁人志士，才有了辛亥革命的爆发，也才有了以此为开端的中国民族民主革命的不断发展和最终胜利。当然，我们在分析评价历史人物时，既要看到他们有超越时代的进步性，又要看到他们不可避免地受到社会客观条件影响而具有的局限性与片面性，这是我们在看待历史人物时应当坚持的历史唯物主义态度，也就是既不文过饰非，也不苛求前人。

几十年来，关于辛亥革命及其重要人物的研究工作不断深入，也陆续出版了大量的图书、画册等，但仍然不十分系统和完整，有些出版物受到时代因素和其他客观条件的影响，难免有失偏颇和疏漏。在即将迎来辛亥革命100周年的时刻，团结出版社编辑出版了本套《辛亥著名人物传记丛书》，并得到国家出版基金的资助，这充分表明了国家对于辛亥革命历史研究的重视。这套丛书的出版，无疑是一件非常有意义的事，既可以对辛亥革命的研究工作起到重要的填补空白和补充资料的作用，同时也是对立下丰功伟绩的仁人志士的纪念与缅怀。

为了保证本套丛书的编辑质量，编辑委员会在民革中央的领导下，做了大量认真细致的组织工作，特别是邀请了著名专家金冲及先生、章开沅先生、李文海先生担任顾问，他们在百忙之中分别对本套丛书的编辑思想、人物范围、框架体例、写作要求等方面提出了重要的指导性意见，成为本套丛书能够高质量出版的重要保证。此外，参与本套丛书写作的，都是在近代历史和人物的研究方面卓有建树的专家学者，他们既有对辛亥革命历史进行深入研究的学术功底，又有较丰富的写作经验和较高的文字水平，因此，我们可以寄希望于本套丛书的出版，会对推动辛亥革命及其重要人物研究工作的不断深入起到重要作用，对弘扬爱国主义、提高民族凝聚力，实现中华民族的伟大复兴产生积极的影响。

周铁农

2011 年 3 月 16 日

目　录

引　言

蒋翊武

刘复基

引 言

　　在波澜壮阔的辛亥革命中，从湖南的沅水、澧水流域走出了一群活跃的政治人物：宋教仁、蒋翊武、胡瑛、刘复基、覃振、林修梅、林伯渠等。在这群杰出的民主革命家中，具有相同革命经历的蒋翊武、刘复基是很值得研究的一对革命战友。

　　蒋翊武，字保，化名伯夔，1884年12月21日出生在澧县一个城市平民家庭。其祖辈世代在澧州北郊的蒋家庙佣耕为生，其父蒋定照少年进城学艺，跟堂兄学制腐竹，商号为"蒋兴发号"。

　　刘复基，字尧澂，化名汝夔，1885年元月20日生。就农历而言，刘复基与蒋翊武都是"甲申年"出生，是同年"老庚"。刘复基出生在武陵县白鹤山乡泉水桥村，现已划归常德市"柳叶湖风景名胜管理区"。其父亲刘文福在常德大河街经营"福记灯笼店"。

　　除了同年、同地域、同家境，他们所接受的初等教育也是相同的：读完私塾后，蒋翊武入澧州官立小学堂，刘复基入武陵官立小学堂，二者均没有参加清末的科举考试，并初步接受了反清"排满"的"民族主义"思想，在1904年的华兴会起义中相识，共同走上反封建专制、建立民主共和的革命道路。1905年10月，他们相邀东渡日本。在上海，蒋翊武因病辍行，刘复基则只身赴日，并经宋教仁介绍加入同盟会。1906年春，蒋翊武就读于上海的中国公学。刘复基回国后设"中西各报代派所"于长沙的五堆子，往返于湖南、湖北，运销《民报》，联络同志，并在上海介绍蒋翊武加入了同盟会。

1909年10月，蒋翊武、刘复基再次相邀来到武汉，在《商务报》社打听到新军中有秘密革命团体，便与詹大悲一道以报馆记者的名义前往新军驻防地采访。他们通过蔡大辅了解到"群治学社"的情况，并得到了结识李抱良的介绍信。蒋翊武化名为"伯夔"，在天门投入41标3营左队当兵。詹大悲、刘复基两人拿了介绍信回武汉，到41标总部见李抱良。这时，《商务报》经费短缺，几乎不能维持，李抱良以社中积款充作《商务报》经费，于是，《商务报》成为"群治学社"的机关报。1910年春，四川、湖北、湖南争路风潮起，主张借款筑路的杨度由湘入京，路过汉口。李抱良、刘复基等聚众殴打了杨度，被英国捕房拘留。此事件之后，刘复基通过蒋翊武的介绍，化名"汝夔"参加了新军第41标3营左队，两人同营同队。

1911年1月30日，文学社在黄鹤楼的风度楼召开成立大会，蒋翊武被推举为社长，詹大悲为文书部部长，刘复基为评议部部长。5月，文学社在小朝街85号设立机关，由刘复基驻机关办公，王守愚、蔡大辅协助工作。从此，刘复基脱离军队，专职从事革命的联络和起义的组织工作，被当时湖北革命党人称为"文学社的诸葛亮""革命军中的智囊"。9月14日，文学社、共进会在刘复基的寓所集会，文学社、共进会实行联合。随后，湖北革命党人确定了起义后的领导机构，蒋翊武被正式推举为起义总指挥，刘复基为常驻军事筹备员。10月9日中午，孙武在汉口俄租界宝善里配制炸弹，失慎火药爆炸，引来俄国巡捕搜查，当场被捕多人。这天清晨，蒋翊武由岳州潜回武昌，即与刘复基召集各营代表在小朝街军事指挥部商讨起义问题。蒋翊武对黄兴推迟起义的意见表示赞成，吩咐各代表听候通知。不久，孙武失事的消息传来，蒋翊武、刘复基等人决定当晚12时以南湖炮队鸣炮为号，各营同时起义。晚11时许，军警包围了起义指挥部，指挥部全体人员被捕。蒋翊武趁敌人不备翻墙逃脱。彭楚藩、刘复基、杨宏胜于次日凌晨遇害，史称"首义三烈士"，刘复基年仅27岁。

两年之后，蒋翊武因参与"二次革命"，主张武力讨袁，招致袁世凯的通缉。1913年8月29日，蒋翊武在避走广西的途中，被陆荣廷的部下截获，9月9日下午遇害于桂林，年仅29岁。后来，孙中山出师桂林，亲笔为他题写"开国元勋"纪念碑。

这两位革命家自相识以来，志同道合、情同手足，以其毫不动摇的革命信念，孜孜不倦地追求真理，为民主共和献出了年轻的生命，共同谱写了一曲悲壮的革命者之歌。

蒋翊武

第一章

叛逆少年

名门望族之蒋家

"奴隶功名，要它何用？"

在湖南的西北部，洞庭湖的西岸，有一个历史文化积淀深厚、民间传说丰富独特、历史人物层出不穷的地方。这里，高山浮云缭绕，平原璀璨生姿，丘陵起伏多韵，河流烟波迷蒙，有着说不完的景致，道不完的妙处。这地方叫澧州，是一个历史名城，在今天的行政区划里，已经被澧县所代替。在这青山与碧水相得益彰、自然与人文和谐交融的地方，孕育了一位辛亥革命的政治人物———蒋翊武。

一、名门望族之蒋家

蒋翊武，1884 年 12 月出生在湖南澧州城。

在澧州，人们在长期的劳作和生活中，流传着许多感天动地的故事。比如，"孟姜女的传说"就于 2008 年列入《国家级非物质文化遗产名录》。在众多的传说中，蒋家的故事一直是澧州地区人们普遍关注的话题。

澧水一带的蒋姓，"原籍江南，元末徙湖北黄安"，再迁湖南澧水流域，分布在今天湖南的澧县、临澧、石门、慈利、桑植、安乡，以及湖北的公

蒋翊武的出生地澧州

安、松滋等县。从迁澧始祖蒋官一到蒋翊武，即第71世到第91世，共20代近500年，蒋姓在澧水流域不断繁衍生息，发展很快，成为澧州地区很有名的望族。

蒋家在澧州的崛起，首先发端于临澧县蒋家坪。

雍正七年（1729年），朝廷将澧州升为直隶州，并新设一县，叫安福，也就是今天的临澧县，隶属于澧州管辖。在该县二百多年的历史中，先后于1823年、1866年和1992年三修县志。第三部县志"上起清雍正七年建县，下至1985年"，所列《人物传》共计78人，仅蒋姓就有13人，占该县志人物传的17%，位列第一，可见蒋姓在该县的显赫地位。

澧州蒋家的始祖叫蒋官一。其后辈自第87世蒋光清、蒋光业开始人丁兴旺。著名文学家丁玲原名蒋宗伟，字冰之，是澧州蒋家的后裔，她在回忆自己的家世时充满无限的自豪：

  安福县蒋家，是一个有钱的人家，是一个人丁兴旺的人家。在我的爷爷的时代，据说那些爷爷们，这房、那房、远房、近房，究竟有多少房、多少人，连姓蒋的人自己也分不清楚，外人就更无从知道，只知凡是安福县的大房子，一片一片的，都姓蒋。

  这些人都是财主，大财主、小财主，家家都做官，这个官、那个官，皇帝敕封的金匾家家挂，节烈夫人的石牌坊处处有。对这家人的传说很多。安福县蒋家是湘西一带远近闻名的大户。

  溯本求源，据说还是明末清初的时候，有一个人带着兄弟俩，不知从什么地方迁到了这里。哥哥叫蒋光清，弟弟叫蒋光业。慢慢地这兄弟俩发财了。有人说他们挖到了金子，有人说他们原来留在外省的钱很多，猜测很多，流传的神话也很多，但他们不管这些，钱财还是越来越多。有钱的人就有官做，红顶子、蓝顶子进进出出，世代流传。

蒋光清是大房，子孙多半住在乡下，蒋光业的子孙则多半住在城里。蒋光清家里的官也不少，但钱财不如弟弟家，名气也稍微差一点。（张炯：《丁玲全集》，河北人民出版社，2002 年第 256—257 页）

在蒋光业之后，临澧县的蒋家随之涌现出了一批地方豪绅与名人。

可见，蒋家自清朝乾隆、嘉庆以来，就是澧州地区富甲一方的望族，产生了不少为朝廷效忠卖命并为朝廷所器重的官宦。然而，就在这样一个经济殷实、忠于朝廷的大家族中，却诞生了一位与传统家族思想背道而驰、誓把皇帝拉下马的"叛逆者"———蒋翊武。

蒋翊武虽然出生在澧州城，但他的祖辈十多代都生活在蒋家庙。蒋家庙的蒋姓后裔，发端于蒋启周。蒋启周生于何年、卒于何年、来自何方？都不清楚。但从他以下后辈所使用的排行名来看，他应当是蒋官一的后代和分支。

澧县蒋家庙，位于澧阳平原腹地，现属澧县车溪乡群力村 10 组。

蒋家庙分支的蒋姓祖宗蒋启周，是蒋翊武的第 12 世祖先。1948 年联宗合族，以蒋翊武的排行"保"字辈为参照中线，上溯 11 代，认定蒋启周为蒋姓第 80 代世祖。关于这位"迁澧始祖"，族谱上有这样一段描写："公原籍江南，一云江西。明永乐二年以贡生任澧教授，遂落业澧北蒋家庙。随置数十担，子孙世居其所。翊武先生其后也。凡蒋姓皆以伯龄公为始祖，我族此次联宗合族，其世系宗派当为连贯，故启周公应比列为 80 世。"

也许由于家道贫寒、缺少文化等原因，蒋翊武祖辈关于家世的记载非常简陋。从 80 世蒋启周公到 89 世徵思公（蒋翊武的祖父）这 10 代，有许多人没有详细的资料记载，有的整房没有生殁年代记载。

据统计，自第 80 世蒋启周以来，到第 91 世蒋翊武这一辈，该房诞生的贡生、国学生、廪生、庠生、秀才仅有 7 人，分别是迁蒋家庙始祖蒋启周（第

80世，贡生）、启周之子蒋仕伟（第81世，国学生）、启周之孙蒋汝学（第82世，庠生）、汝学长子蒋辅泰（第83世，廪生）、辅泰长子蒋遇斌（第84世，庠生）、遇学之子蒋光彩（第85世，庠生）、定万次子蒋保全（第91世，庠生）。此外，蒋保全的儿子蒋宗松毕业于国立武汉大学，可谓是蒋翊武家族中最有文化的子弟。

和临澧县蒋家坪、佘市桥等分支相比，澧县蒋家庙分支至少有200年以上没有修订族谱，而且整个家族经济一直不是很富裕，既没有人考中过进士、举人，也没有经济实力去捐官。族人长期默默无闻地劳作，"自明末清初以来，墨守闭关主义，与各处不相往来者垂数百年"。渐渐养成埋头苦干、勤奋务实、不事张扬的家风。蒋翊武不仅秉承了先辈的良好品格，而且将此品德加以发扬光大，形成了既能忍辱负重，又能伺机抗争的叛逆个性。

二、"奴隶功名，要它何用？"

蒋家庙分支到了蒋翊武的祖父蒋徵思（第89世）这一代，人丁开始兴旺，分别有蒋徵业、蒋徵元、蒋徵德、蒋徵远、蒋徵开（蒋保全的祖父）、蒋徵仁、蒋徵思、蒋徵泰、蒋徵麟9兄弟。到第90世蒋定照一代，共计兄弟12人。在这12个蒋氏兄弟中，有一个现象值得注意，那就有几位离开了世居两百多年的蒋家庙，到别的地方去发展：蒋徵德的嗣子蒋定有迁居安乡县的广福东夹垸，蒋徵远的长子蒋定福迁居湖北省公安县横堤子大兴垸，蒋徵思的次子蒋定照迁居澧州城老二街。

蒋徵思（1825—1892），蒋翊武的祖父，字仕公，配李氏，生子二：定章、定照。蒋徵思不仅继承了祖辈勤劳朴实的美德，而且由于他为人厚道，深得乡亲们的爱戴。在他众多的朋友中，有一位在澧州城里的朋友对他的帮助很大，那就是一位与他结交多年、膝下无子的张老板。这位张老板比蒋徵思大十多岁，在城内丁公桥做点小本生意。在老朋友的一再要求下，蒋徵思非常难舍地将自己的次子蒋定照送到他那里当帮手。

蒋定照（1863—1935），蒋翊武的父亲，字皋南，是蒋氏同辈兄弟中离开蒋家庙进城发展的唯一一位，也是同辈兄弟中生育男丁最多的一位，他的五个儿子有三个出继给别人做了嗣子。他开始在澧州城内丁公桥给父亲的好朋友张老板夫妇当学徒，学习制作豆笋。老夫妇生有一女，在长期相处中与蒋定照产生了感情，二人结为夫妻。不久，老夫妇相继过世，蒋定照继承了他们微薄的产业，并且拼凑了一点本钱在老二街开了一家属于自己的新铺子"蒋兴发号"。蒋定照与张氏生有五男一女：长子蒋翊武（保）、次子蒋保森（出继蒋定昭）、三子蒋保华（出继蒋定章）、四子蒋保桢、五子蒋保汉（出继蒋定道），女儿蒋保桂。

蒋翊武，出生于1884年12月21日清晨5时。当时，父亲蒋定照还在丁公桥老店苦心经营着，他们没有自己的产业，成家后的蒋定照寄居在离丁公桥街不远的崔氏祠堂，蒋翊武就出生在这个祠堂里。

童年的蒋翊武，每天必到店中，待在父母身旁，参与父母的活动，这对他早年智力的发展有一定助益。同时，店里接待四方来客，来客的不同衣着、不同态度所显示的贫富区别，自然也会给他带来强烈的印象，加上他禀赋聪颖，从小便喜欢思索，故对一些生活现象十分敏感，显得早熟，往往提出一些大人无法解答的问题。比如他曾问，为什么有些人穷，有些人富？并表示不平。这使父母非常诧异，惊怪翊武聪明过人，于是请来当地一个算命先生为他算命。算命先生听了翊武的生庚八字之后，便煞有介事地说了一通将来如何富贵显达、能做人上人之类的奉承话，年幼的翊武对这类套话不感兴趣，便说，你会算命，为什么不给自己算算呢？我看你也不富啊！我不稀罕富贵，只要大家都不穷就好了。……算命先生感到这个幼童非同一般，惊叹之余，便极力向其父母建议：令郎必将成大器，就是百钱一张的纸、吊钱一支的笔，也要让他念书啊！此后不久，当翊武稍长，便被送去上学了，而他的几个弟弟则没有这份幸运。（漫征：《共和元勋蒋翊武》，湖南人民出版社，2003年第3—4页）

1890年，刚满7岁的蒋翊武被父亲送往"澧兰书屋"，接受启蒙教育。塾师晏开甲、周宣生是城里有名的学者，治学态度严谨。蒋翊武开始在这里识字断句，慢慢涉及经史、诸子百家。由于勤奋好学，奠定了坚实的文化基础，很快便能写出不错的古体词赋、文章，并且字迹俊逸，遒劲有力，"深受乡党器重"。人们特别叹服他的记忆力，说他"资性敏捷，读书过目不忘"。蒋翊武兴趣广泛，特别爱好文学，尤其推崇屈原、杜甫的诗作。这些作品中忧国忧民的思想，对他人生观的形成产生了深远的影响。

此外，蒋翊武对强身健体的武术也比较感兴趣。杨载雄是少年时代蒋翊武非常要好的朋友之一，他的家世对蒋翊武崇尚武力产生过一定影响。

杨载雄（1881—1953），字璘轩，"家传武术击技"，自幼即酷爱武术，经常练习骑马、刀枪、棍棒和剑术，喜好研读兵书，常常在同龄人中炫耀，畅谈心得体会。蒋翊武首先是崇拜他，跟着他舞刀弄枪，后来，他们俩因有着共同爱好和志趣，成为至交。

1898年，他们听说同邑的蒋作霖（字雨人）先生在安福县（今临澧县）的梅溪桥办学，课程较新，不少学子纷纷投靠，二人便一同前往拜师。在梅溪桥，蒋翊武初步接触到了维新思想，并萌生过投考长沙时务学堂的念头，由于戊戌变法的失败，这个计划也不得不落空。于是，蒋翊武继续游学安福三载。

在蒋翊武少年时期的同伴中，除了杨载雄，还有黄贞元、夏国瑞、于哲士、龚霞初、杨道馨等。他们在进步思想的感染下，渐渐萌生了对社会陋习和丑恶现象的不满。比如，久处封建王朝专制统治下的人民，畏官吏如虎狼，见到乘八抬大轿、前呼后拥、鸣锣开道的州吏，路人尽避之，而他们则投以轻蔑的一瞥；有一邻居的小女孩，因耐不住裹足之苦，经常发出阵阵哀号，惨切悲痛，蒋翊武听到这凄惨的声音，便直奔该女孩家中劝阻，对其家长说，缠足摧残女儿的肢体，惨无人道，成年以后行走不便，只能深居简出，怎能独立谋生？他们这些举动，虽然不能对当时社会产生影响，但在他们年幼的心灵上，已经渐渐萌生着对传统伦理道德、社会统治秩序的叛逆和抵触。

自古澧州人就酷爱读书，相传"车胤夜读"的故事就发生在这里，故澧州建有"聚萤台"。广泛地涉猎书籍，是蒋翊武接受进步思想、树立远大理想的重要前提。有一次，他在同学唐松亭家看到一批阐扬"夷夏大防"的家藏密书，其中有明末清初思想家王夫之、黄梨洲等的著作，他便借来如饥似渴地把它读完，两位作者在清入关后都曾致力于反清斗争，他们的作品都带有明显的民主思想倾向，蒋翊武常将自己的读书心得，与友人津津乐道，可见这些读物，对蒋翊武感染甚深，并对他早期激进思想的萌发，起了催化剂的作用。

后来，他又在书店购得《扬州十日记》《嘉定屠城纪略》两本小册子，这两书都是清入关后血腥屠杀汉族人的纪实之作。当时蒋翊武阅未终卷，便愤然指斥清朝推行民族压迫的政策，并感叹："自古'夷狄'入主诸夏，岁不满百，今神州陆沉二百余年矣，胡尚无兴吊民伐罪之师者耶？"自此以后，蒋翊武更注意研读史传和政治方面的著作。岳飞、文天祥、史可法的高尚气节使他感叹；清初的文字狱使他愤慨；顾炎武"天下兴亡，匹夫有责"的名言，使他深有同感。历史上可歌可泣的人物，成了他学习的楷模。

1900 年，八国联军进犯中国，19 岁的杨载雄实现了参军从戎的梦想，投入湘军"劲字营"北上护驾。此时，年仅 16 岁的蒋翊武虽然没能与之同行，但他忧国忧民的思想以及救民于水火的抱负。却油然而生。8 月，八国联军攻陷北京，蒋翊武为多灾多难的国家命运深感苦闷，悲愤交加，一连痛哭了好几天，并在公开场合毫不畏惧地声言："中国欲图自强，首当倾覆清廷，建立新政府。"当时革命风气未开，人们听到此话，都吓得赶快走开，对之敬而生畏。

1901 年，丧权辱国的《辛丑条约》订立，他感愤时事，特别注意搜阅一些政治读物，并着重检索了近代史上外国强迫中国签订的各种不平等条约，以及由此带来的严重后果的有关资料，并再次看到了令人触目惊心的《时局图》，从而愈益增强了他的反帝反封建斗争的意志。

1902 年，各地遵循清廷"府及直隶州书院改为中学堂"的诏令，纷纷实行书院改制。创办于 1791 年（乾隆五十六年）的澧阳书院改制为澧州官立中学堂，并附设澧州官立高等小学堂，这也是澧州地区的第一所正式官办新式学堂。蒋翊武以具有同等学力被破例录取，编入第一班就读。该校学制四年。由于已有一定基础，加之勤奋好学，他"试辄优等"，仅用三个学期，就学完了全部课程，得以于 1903 年上半年提前毕业。

科举制度是中国封建社会自隋唐以来创立的历代朝廷选拔文武人才的考试制度，是分科举士的简称，到了明清两朝，这个制度已经发展得相当完备，基本上是每隔三年循环一次。

科举考试分为院试、乡试、会试和殿试。地方考试称为"院试"。考生先后参加由知县主持的县试和由知府主持的府试，录取后再应由中央派往各省的学道（或称学政、学台）所主持的院试。院试录取者即成为所在地县学（州学或府学）的生员，初入学的称附学生员，逐步升为增广生员和廪膳生员，统称为秀才。凡取得秀才资格的就可以不出公差和免纳田粮。

乡试逢子、午、卯、酉年举行。中央考试的第一步为在礼部举行的"会试"，第二步就是由皇帝主持的"殿试"。会试和殿试都在逢辰、戌、丑、未年举行。

1903年是癸卯年，1904年甲辰年。按照规定，这两年将要分别举行乡试、会试和殿试。为了让更多的学子取得"生员"（秀才）资格，1902年，澧州府照例举行了州试，读书人纷纷来到棚厂街参加应试。18岁的蒋翊武却对此无动于衷。父亲蒋定照希望儿子在仕途上有所作为，劝他参加科举考试，蒋翊武对此却不屑一顾："奴隶功名，要它何用?!"

可见，这个时期的蒋翊武，已经初步接触到了维新变法的思想，并萌生了"排满反满"的念头，对通过科举取得仕途、效忠朝廷的做法不屑一顾，希望通过自己的努力，聚集一些志同道合的仁人志士，共同完成推翻清廷统治的使命。

要完成这一宏大的理想，单凭澧州一隅，是难以实现的。于是，蒋翊武的视线投向了两百里之遥的常德府。

第二章

参加华兴会

常德，是湖南西北部又一个文化、经济中心，其地位较澧州更重要，规模也更大一些。常德古称武陵、朗州等名。春秋战国时期属楚国地，归黔中郡管辖。秦朝时天下设三十六郡，常德仍属黔中郡管辖。汉代设武陵郡，唐朝改称朗州，宋称鼎州，元称常德道，明清称常德府。明洪武初，拔澧州隶属常德府，其所辖范围，大体与现今常德市相同。今天的常德市管辖：桃源、常德（鼎城区、武陵区）、汉寿、石门、临澧、澧县、安乡、津市九个区县市。

在陆路交通不是很便捷的年代，人们主要是利用河流、湖泊、海洋等水资源作为交通的渠道。在内陆地区，常德的水运相当发达。它地处洞庭湖的南端，可以凭借有利位置将货物、人员向洞庭湖周边地区运送，接长江，抵武汉，达上海，出东海。而这一便捷的交通条件，对于常德以西、以南、以北的地区来说，其交通战略位置尤为重要。

沅水，发源于云贵高原的黔东都匀县云雾山，全长 1033 公里，流域跨湘黔两省，面积 9.2 万平方公里，是湖南四大水系中最长的河流，水量是长江水系中的第三大支流，在贵州境内称为"清水江"，在湖南境内则称为"沅水"。沅水自西向东流经云贵高原、武陵山脉、雪峰山脉，沿途经过芷江、会同、洪江、怀化、叙浦、辰溪、泸溪、沅陵、桃源、常德十多个县市，在常德市的德山注入洞庭湖。

由于常德的地理位置极为重要，历来都是兵家必争之地，素有"四塞之国""黔川之咽喉、云贵之门户"的战略地位。

到了 20 世纪初，随着交通的发展和新式学堂的兴起，常德已经成为方圆数百公里学子共同向往的地方。1903 年前后，以西路师范为中心的常德新式学堂对辛亥常德志士的民主革命思想的形成起了重要的催化作用，由于水路交通条件较好，常德与湘潭被开辟为"寄地港"，允许西方列强的轮船开展运输业务，交通的发展不仅带来了帝国主义更直接的侵略，也带来了日本以及上海等地出版的进步书刊,资产阶级革命思想的种子开始在常德落地生根,也为宋教仁、蒋翊武、刘复基等一批民主革命志士的诞生,提供了生长的条件。

一、湖南西路公立师范学堂

义和团运动之后,清廷也渐渐地意识到世界各国的强盛对衰弱的大清是一个极大的威胁,便主动地在新政方面推行改革,教育改革是新政的主要内容之一。1901年9月,清廷谕令将各省从来年(1902年)开始改书院为新式学堂。1902年,是农历壬寅年,所以中国教育史上把这次改革又称为"壬寅学制"。

在朝廷"按科递减科举取士之额为学堂取士之额"的朝议下,以及在"壬寅学制"的推行下,1902年7月,常德知府朱其懿决定在常德创办一所新式学堂。主持这个学堂的人是他的妹夫熊希龄。

熊希龄,湘西凤凰人,翰林院庶吉士,湖南时务学堂的创始人之一,由于戊戌变法失败遭受挫折。这个学堂的名称开始叫作"西路师范讲习所",地点设在府署东花厅一带。学生由湘西25县选派。教师除了熊希龄本人外,还有武陵的戴展诚、沅陵的冯锡仁等,西路各府、州、县部分名士也参与讲学。

1903年2月,朱其懿召集西路沅澧流域四府二直隶州五厅所属25县士绅在常德府署开会,决定由凤凰熊希龄、武陵戴展诚、黔阳黄忠浩、沅陵冯锡仁、汉寿刘棣芬、武陵蒋积文、永顺彭施涤等人组成筹备小组,共同筹办西路师范学堂。

同年7月,筹备小组拟定了办学章程,筹划了办学经费,由冯锡仁领衔,其他士绅联名,公呈办学报告给湖南巡抚赵尔巽,恳请改"西路师范讲习所"

为"湖南西路公立师范学堂",由省府委派校监,克期开学。赵尔巽上奏朝廷,得到朝廷的批准,以省府的名义委派熊希龄为首任监督。学堂地址选定在武陵北门城内玛瑙巷。省府拨了专款用于购置校舍,地方士绅蒋积文、蒋谦、李寿熙等捐助了部分开办经费。常年经费有两个来源:一是各县按年派送学生的摊派款,二是盐税附加费。

湖南西路公立师范学堂的创立,开湖南师范教育之先河,被誉为湘西北"成德达材"的"最高学府"。在这里任教的多为海内专家学者,有的还是留日留美的博学之士,如武陵人向上文讲授经学,芷江人裴钦讲授史学,慈利人田金楠、石门人李执中讲授国文,长沙人曹典球、邵阳人李宝圭讲授地理,邵阳人刘庚先讲授法律、经济,江苏人张嘉森、上海人平海澜、广东人李立夫讲授英文。此外,学堂还重金聘请了四位日本专家讲学,并为他们配备了翻译,模仿日本建筑的形式,专门为日本专家修建了一栋住房,后人称之为"日本矮楼"。

关于蒋翊武在湖南西路公立师范学堂就读的历史,早已从许多历史当事人的回忆中得到证实。然而,他到底是哪一年入校却一直得不到确认。有的说是1903年,有的说是1904年,有的说是1905年。前不久,蒋翊武的侄子蒋漫征先生从湖南省图书馆发现了一份珍贵的文物,即蒋翊武遇难10周年时,他的好友陈荆编辑了一个纪念册,以手抄本的方式赠送朋友珍藏。手抄本的书名是《蒋翊武先生就义历略》,封面上注明了"非卖品,藏名山,传子孙,赠朋友"。这份原件的主人是国民党"元老级"人物仇鳌,他于1939年6月4日将这份抄本赠送给湖南省图书馆收藏。

《蒋翊武先生就义历略》中,有许多历史的当事人撰写了蒋翊武的就义经过,以及怀念性文章,为我们研究蒋翊武提供了新的资料。从林伯渠的题词中,我们已经准确得知蒋翊武来湖南西路公立师范学堂的时间是1903年下半年。

临澧人林伯渠、澧州人夏国瑞都早蒋翊武一年来到"西师",他们是1902年下半年"西路师范讲习所"开办的时候入校最早的一批学生。1903年下半年至1904年上半年,林伯渠、夏国瑞与蒋翊武在"西师"同学,而且他们交往甚密。1903年冬,"西师"举行选拔留日学生的考试,林伯渠以第一名录取。1904年春,他以公费生的身份赴日本留学,入弘文学院就读师范科。

二、结识刘复基、宋教仁

在湖南西路公立师范学堂的附近有一个"启智书局","专贩卖港、沪出版之新书,摆架甚富,任人取阅,业务兴盛"。这个书局的经理唐承隋是林伯渠的父亲在武昌博文书院的学友,是个开明人士,即使没有购买能力的学生来了,他也热情欢迎他们在这里尽情浏览,从不给人家脸色。于是,蒋翊武等家境不是很宽裕的学生便经常光顾这里,读到了《猛回头》《警世钟》《革命军》《新湖南》《中国魂》《浙江潮》《湖北学生界》《伤心人语》以及一些西方社会和自然科学著作,这使他耳目一新,思想上受到很大启发。同时也批阅了《新民丛报》等改良主义报刊,使之对当代各种社会思潮、政治观点、国内外形势有了更深切的了解,从而使他对时局和各种重大政治问题有了正确判断和独立思考的可能,"知世界咸趣共和,清政不纲,国亡无日,乃潜以革命启发同学"。

那时,蒋翊武与林伯渠为了让更多同学读到这些书报,发起成立了"新知学社"。在一起集会,阅读书报,纵谈国事,无所忌讳。与蒋翊武过从甚密的黄贞元、刘全、杨晓东、朱昌燕等人都是这个读书社的成员,读书社共计发展到四五十人,对开阔同学们的视野、启迪同胞们的思想起了一定的积极作用。林伯渠离校赴日后,读书社在蒋翊武的维持下,没有中止活动。

来到"西师"求学的蒋翊武，已经是一个有一定思想、一定主见的"民族主义"者，革命思想渐渐形成。在校期间，他"好谈革命，人多目为不祥"。叛逆思想时有爆发，胆小的同学，对他敬而远之，志趣相投的同学常常是结伴而行，很快就成为"西师"中的学生领袖。

1904年2月，日俄战争发生，"西师"监督（校长）熊希龄针对这个事件，出了一道《中国如何自强》的作文题，鼓励学生畅所欲言，各抒己见。有的学生主张改革政治，有的学生主张发展教育，有的学生主张兴办实业，以谋"中国之富强"。而蒋翊武则大胆地提出了"革命排满"的政治主张，要求推翻专制统治。这种主张使熊希龄大为惊骇，他热心办学的本意是要把学生培养成维新变法的爱国人士，结果却使这所学校变成了培养"革命党"的摇篮，这是他始料不及的。

有一天，有个主管学务的清朝官员，召集各校学生前来训话，训导诸生不可学洪（秀全）、杨（秀清），而要学曾（国潘）、左（宗棠）。蒋翊武立即起而驳斥，大声疾呼道："洪、杨民族功臣，曾、左民族罪人，岂有攘斥功臣而效法办人者呼?!"他这句话掷地有声，语惊四座，清吏无词以对，瞠目而视良久，亦不敢对外声张，从此再未来校说教。此事在学界引起了强烈的反响，不少学生，如常德官立中学的覃振（理鸣）、梅景鸿（子逵）、孙安仁（迪卿）等都是在他的这种大无畏精神影响下迅速走上革命道路的。

在常德，蒋翊武除了与澧州籍的同学交往甚密外，还结识了对他走上革命道路具有重大影响的人物，那就是桃源的宋教仁、武陵的刘复基。

刘复基，字尧澂（又作瑶臣），出生于1885年元月20日。就农历而言，刘复基与蒋翊武都是"甲申年"出生，算是同年"老庚"。刘复基的出生地，当时属武陵县白鹤山乡泉水桥村，现已划归常德市"柳叶湖风景名胜管理区"。

宋教仁

　　刘复基的父亲刘文福在常德大河街经营一家灯笼店，惨淡经营，勉强糊口。大河街，是一条紧邻沅水北岸、从水路通往常德城区的街道，由于它连接府城和码头，每天吞吐货物量大，街面显得异常繁华，形形色色的人流异常复杂，信息交流也异常快捷。刘复基就读的德山书院，与常德府城隔河相望，位于常德府城东南5公里的沅水入湖处。从德山到大河街只能通过船只摆渡，在往来学校与大河街的过程中，刘复基从小就见多识广，渐渐形成了喜结天下豪杰的侠胆性格。

　　1903年，德山书院改为武陵县立高等小学堂，学习科目改为新式课程。在这里，刘复基接受资产阶级民主思想的影响，慨然立下革命大志，决心推翻清朝封建统治。

　　自古英雄出少年，刘复基在江湖上已经小有名气，他以学生身份参加了湘西哥老会，被会众们推举为"金凤山刑堂"。

刘复基认识宋教仁是在 1901 年。

宋教仁，字钝初，1882 年 4 月 5 日出生于桃源县上香冲一个破落地主家庭。他从读私塾启蒙，后到县城的漳江书院求学 4 年，具有较扎实的经学和文学功底。

1901 年，宋教仁参加科举考试取得了秀才资格。同年，他前往常德府参加府试，下榻于鲁家巷春发客栈，后移居五省客栈。当时正值戊戌变法失败不久，帝国主义在中国掀起瓜分狂潮，八国联军闯入北京，与腐败的清政府签订《辛丑条约》的动荡局势。宋教仁按捺不住对国家和民族的忧愤情感，在试卷中疾书"不惜杀一人，以谢四万万同胞；不惜杀一人，以安万世之天下"之句，以发泄对主持签订卖国条约的李鸿章和幕后主使那拉氏的不满。

常德知府朱其懿是一个有维新思想的官员，他曾因资助过戊戌变法而被革职，复职后仍然带有维新思想，他看了宋教仁的试卷，拟将此卷列为第一名。然而，由于守旧官僚的规劝和阻挠，宋教仁在这次府试中被排列为第八名，补博士弟子员。

名次虽然不是第一，但宋教仁的妙手文章却无意中被传了出来，前往五省客栈索稿者络绎不绝。刘复基就是闻讯找宋教仁索稿的进步青年之一，两人一见如故，成为非常要好的朋友。

1902 年，宋教仁毕业于桃源漳江书院，在前往武昌投考武昌文普通中学堂的过程中，往返都必须经过常德，宋教仁每次都要与刘复基小聚一下。

1903 年初，宋教仁进入武昌文普通中学学堂学习。当时的武汉，有"九省通衢"之称，经济、文化相对南方诸省都要发达，湖广总督张之洞是一个热心新政的官员，在他治理之下的湖北成为新政的模范省。就教育机构而言，除了文普通中学堂，还有文高等学堂、武高等学堂、湖北师范学堂、方言学堂、武普通中学堂、农务学堂等，为湖广地区和周边省份的学子提供了较为宽阔的求知世界。

宋教仁在武昌读书的 1903 年，也是中国思想界非常活跃的一年。拒俄运动风潮激荡，陈天华的著作《警世钟》和《猛回头》以及邹容著的《革命军》迅速传播，使得来自偏远山区的宋教仁很快接受了新思想，并投入到革命的洪流中去，成为沅澧流域民主革命的先行者。

蒋翊武结识宋教仁，是通过刘复基认识的，事由是宋教仁在长沙与黄兴等人秘密创建了"华兴会"，计划在慈禧太后 70 岁生日的那天举事，一举推翻清王朝。这次举事兵分五路，宋教仁负责西路，需要组织大量的志同道合者，自然需要通过在江湖上小有名气的刘复基。刘复基对宋教仁的胆识和计划赞赏有加，并且兴奋异常，很快将他所熟识的朋友介绍给宋教仁，蒋翊武不仅结识了宋教仁，而且很快取得了他的信任，担负起非常重要的组织工作。

三、华兴会起义

1903 年 11 月 4 日，是黄兴 30 岁生日，一群年轻人聚集在长沙保甲局巷彭渊恂家，他们以为黄兴祝寿的名义，秘密商议成立革命团体。经过简短的讨论，大家一致决定成立华兴会，共举黄兴为会长。

沅澧流域的革命先行者宋教仁参加了这次聚会，并且是该组织的骨干之一。除了黄兴和宋教仁，参加华兴会成立会的还有章士钊、刘揆一、周震鳞等人，没有参加成立会的骨干分子还有陈天华、杨毓麟、刘道一等。

华兴会确立自己的宗旨是："驱除鞑虏，恢复中华。"为了避免清政府的注意，对外采用"华兴公司"的名义，以半公开的形式出现，发展组织，拓展业务，并声称公司的业务是"兴办矿业"。

华兴会成立后，着手扩大组织，准备发动起义。按照黄兴的意见，他们采取的是"雄踞一省，与各省纷起"的战略。即先取湖南为根据地，同时联络各省争取响应，重点是邻近湖南的湖北、江西两省。

为了在湖南举事时尽快得到湖北方面的响应，华兴会领导人很快将视线投放到武汉，并且开展了卓有成效的组织工作。

胡瑛，字经武，1884年出生，是宋教仁的同乡，曾经在武汉经正学堂读过书，也是黄兴的学生，1904年投入湖北新军。通过他，宋教仁认识了吕大森、曹亚伯、刘静庵、张难先等湖北志士，共同筹建革命团体。1904年7月3日，湖北科学补习所正式成立，推举吕大森为所长，胡瑛为总干事，宋教仁为文书，时功璧为会计，曹亚伯为宣传干事。

科学补习所与华兴会遥相呼应，关系极为密切，领导骨干也是相互交叉，因此有不少人甚至认为科学补习所是华兴会的湖北支部。这两个组织约定：一旦湖南发动起义，湖北立即响应。

1904年春，在刘揆一的协助下，黄兴与会党首领马福益举行秘密会谈，双方一致同意联合举行反清起义，决定在"十月十日清西太后生辰，全省官吏在皇殿行礼时，预埋炸药其下，以炸毙之，而乘机起义。省城以武备各校学生联络新旧各军为主，洪会健儿副之。外分五路响应，洪会健儿充队伍，军学界人为指挥"。这五路分别是：浏阳、醴陵一路，衡州、常德、岳州、宝庆（今邵阳）各一路。

宋教仁除了担任华兴会领导和科学补习所的协调工作外，还承担着常德一路的组织发动工作。

1904年9月初，宋教仁回到常德，在城内武陵县衙门对面的"五省客栈"设立了"湘西联络总站"，作为响应长沙起义的指挥机关。他通过刘复基、胡范庵，联络到西路师范学堂的蒋翊武、黄贞元、梅景鸿，常德中学堂的覃振、孙安仁等，会党方面的首领有楚义生、游得胜、孙汉臣、晏熊等。宋教仁分别向他们介绍华兴会的章程，起义计划和策略等，并吸收他们加入华兴会。

通过几次接触，宋教仁认为蒋翊武是众多学子中思想激进、办事稳重的一个，便委以重任，令其负责组织学生，设起义联络分站于泮池街附近的祇园寺。该站的负责人除了蒋翊武，还有黄贞元、孙安仁、杨熙绩、陈孝骞、梅景鸿等为联络员。

为了提高宋教仁在会党中的知名度和威望，10月初，会党首领游得胜、孙汉臣在常德笔架城召集会党开会。宋教仁在聚会上介绍了国内形势和本次起义的目的，希望各位志士踊跃参加。这次聚会上，宋教仁被推举为龙头。大家还决议：起义的时候，会众扮作朝五雷山的香客，到笔架城边的文庙集合，听候指挥。

蒋翊武以"西师"为据点，经过一个多月的筹划与发动，起义的组织准备工作已大体就绪，他派遣同志多人介入会党和军旅，以期届时策应省城起义。11月2日，宋教仁因筹款离常德赴长沙。不料，长沙方面会党泄漏了起义机密，清政府大肆抓捕革命党人，华兴会起义还在襁褓中就夭折了。黄兴、宋教仁等流亡国外，蒋翊武、黄贞元、梅景鸿被校方开除，刘复基则潜回乡间老家，匿于柳叶湖一带。

四、开除学籍后的江湖生活

华兴会起义失败后，黄兴、宋教仁逃离长沙，相继东渡。蒋翊武虽刚开始从事革命活动，便遇到这样的挫折，但他毫不气馁，从此认定无论是在澧州，还是在常德，都没有一处求学之地，自己的命运将与革命斗争紧紧地联系在一起。于是，他在柳叶湖找到刘复基，分析了目前的处境，畅谈了自己的理想，希望相邀专志革命，重新聚集力量。难能可贵的是，这两位年轻的朋友，自相识以来就志同道合，他们对清政府的认识，以及对非采取革命行动不能达到革命目的的认识，都是一致的。从此，这两位沅澧流域的年轻人，便携手走上了职业革命家的道路，在以后的很多历史重大事件中，都能看到他们并肩战斗的身影。

浩瀚美丽的洞庭湖，不仅是人们祖祖辈辈辛勤劳作、获取生活给养的天堂，也曾经是湖区人民反抗封建压迫、争取人身自由的战场。宋朝的钟相、杨幺起义就发生在洞庭湖地区，现在仍然还能寻觅到当年义军驻扎的军寨以及与官兵搏杀的战场。历年来，湖区人民为了与湖匪斗、与官府斗，常常自发组织起来，建立了一个又一个渔会、帮会，以保生命和财产的安全。

蒋翊武与刘复基清楚地意识到，单凭自身力量不足以达到推翻清政府的目的，还必须借助其他力量。这个力量在当时情况下，自然而然地想到了利用江湖会党。于是，他们从常德出发，经沧港，由汉寿围堤湖、西港聚道南洲之茅草街入湖区，至沅江，又从临资口入湘江而到长沙，"奔走于沅湘间，招纳会党，晓以复汉大义，皆感泣，得死士（敢死队员——引者注）数百"。据考证，经过他们的宣传发动，其中有个"兰谱会"首领叫焦甲申（逸先）的，表示愿意接受其领导，率领会众打击洲土大王，不少农民卷入其中，斗争此伏彼起，东鸣西应，声势浩大，他们的活动对以后促成辛亥南洲光复有着重要作用。

1904年冬，因华兴会失败而走避广西之马福益，潜返洪江试图再举，派谢奉祺来通报消息，蒋翊武等立即响应，曾赶赴洪江参与谋议。

1905年4月，马福益因前往湘江联络旧部，途中被捕，于同月20日被湖南巡抚端方杀害于长沙。

当时的形势越来越严峻，革命的道路越来越艰难，但蒋翊武、刘复基并没有因此而退缩，而是不断地辗转各地，继续活动，并通过刘复基与流亡东京的宋教仁取得了联系。宋教仁也多次回信，介绍革命党人在海外活动情形，并对他们在国内的革命活动进行指导。

据宋教仁1905年8月26日《日记》："接到瑶臣（刘复基字——引者注）自长沙来函，述自去冬以来屡次失败之状，慷慨悲愤，令人泣下也，余即书一复信，告以近状焉。"其所告"近状"，就是8月20日，在他的积极参与下，孙中山领导的兴中会和黄兴领导的华兴会等几个革命团体实行联合，组建了中国同盟会，他本人已被湖南西路同乡会推荐为中国留学生总会馆评议员。这当然是一个令人振奋的消息，其9月1日《日记》又云："田梅溪、刘治斋来，二君新自湘中来，皆沅州（今芷江）人也，携有刘瑶臣信一封，述沅水流域各埠事甚悉。"宋于9月3日再次会见田、刘等"纵谈时事"时，又说"田、刘二君谈湘中事甚悉"。

宋教仁的来信，就像长夜之后出现的一缕晨曦，给举步维艰的蒋翊武、刘复基带来了新的希望。这年秋天，蒋翊武、刘复基二人见内地一时难举，决计同赴日本东京，以便全面了解同盟会的革命纲领和行动计划，促进革命事业的发展。10月，他们再次结伴而行，离开常德，前往上海，准备东渡日本。

不难看出，在这一时期，相比在家乡澧州，蒋翊武在常德较多地接触到了进步思想和书籍，更广泛地结交了一些志同道合的革命志士，并在宋教仁的引领下，加入了华兴会，承担了响应华兴会长沙起义的部分组织工作，最后因华兴会起义失败，他被校方开除了学籍。

初次参加革命斗争虽然失败了，但他并没有因此止步，反而立场更坚定，义无反顾地走上了职业革命家的道路。

如果说，蒋翊武的民主革命思想是从少年启蒙读书开始萌芽，并在其双重家族、家庭背景下萌生了伺机冒险、勇于抗争的个性品格，从小立志抵制朝廷科举取士之道，那么，到常德求学期间参加反清组织和斗争实践，其民主革命思想基本上已经奠定了基础，走过了它的萌芽时期，进入了第二阶段：民主革命思想的正式形成阶段。

第三章

参加同盟会

就读于中国公学

参与筹划萍、浏、醴起义

襄办《竞业旬报》

杨卓霖事件

一、就读于中国公学

1905 年秋天，蒋翊武与刘复基结伴而行到达上海，目的是和其他革命先行者一样，东渡日本寻求救国救民的良方。不料，抵达上海之后，蒋翊武却大病一场，因而只得滞留上海，暂时下榻于湖南会馆。与之同行的刘复基则直接去了日本。

刘复基抵达日本的时候，也正值中国同盟会刚刚成立不久，革命党人由原来的地方性团体聚合成一个全国性的政党，人们的思想进一步活跃，革命组织达到空前团结，革命斗志取得了进一步的高涨。1905 年 11 月 21 日，刘复基由宋教仁主盟在东京加入了中国同盟会。

其时，日本文部省公布了歧视性的《取缔清国留学生规则》，规定中国学生"无国书保送者不得入校"，激起了留日学生的极大愤慨，纷纷向日本政府进行交涉，但是收效甚微。12 月初，激进的民主革命家、宣传家陈天华在日本大森海湾蹈海自杀，以此勉励同胞们努力救国，一时间人心大震。刘复基来日本，自然没有清朝政府的"国书保送"待遇，也进不了日本国的学校。这时，很大一批中国留学生愤然离开日本回到祖国，刘复基就是随同首批归国学生回到上海的。根据宋教仁 1906 年 1 月 9 日和 2 月 13 日分别收到刘复基自沪、湘两地函件的记载推断，刘复基在日本滞留的时间没有超过两个月，大约是 1905 年 10 月到日本，12 月回到上海，并在上海稍作停留后回到内地运销《民报》。

在上海期间，经刘复基的介绍，蒋翊武加入了中国同盟会。

当时，从日本返回祖国的留日学生，大多具有革命倾向，而且有不少人已经在日本加入了同盟会。为了使回国后侨居沪上的各省留学生不致失学，由革命党人发起，部分归国留学生积极响应的一个重大举措很快得以实施：一群革命青年要在上海创办一所自己的大学。1905 年 12 月中旬，13 省的代表开会决定，这所学校定名为"中国公学"。

在上海，蒋翊武参加了中国公学的学习，并且结识了三位对其人生观产生重大影响的湖南老乡：分别是姚宏业、傅熊湘、杨卓霖。

姚宏业，字剑生，1881 年出生于湖南益阳，1904 年留学日本，1905 年由黄兴主盟加入中国同盟会，很快成为激进的革命活动家。1905 年冬，日本政府公布"取缔规则"时，积极开展与日方的斗争，在斗争无果的情况下，愤然率领留日学生回国，并极力主张创办"中国公学"。

1906 年春天，中国公学在上海的新靶子路黄板桥开学。

中国公学是学生们自筹资金、租赁民房为校舍而开办的。由于到开学时，日本那边反对取缔风潮已渐渐松懈，许多官费留学生又返回到日本复学，倡导办学者的力量自然有所减弱。而当时的上海还是一个眼界比较狭窄、文明开化程度不高的小商埠，许多国人见到中国公学里的一些年轻人剪了辫子、穿着洋装办学校，认为是一件奇怪的事情。而政府官吏则怀疑他们全都是革命党，更是有所防范。所以，社会上资助办学的人不是很多，学校开门还不到一个月，经济就陷入了绝境。由学生公选出来的干事姚宏业激于义愤，于 5 月 6 日投黄浦江自杀，留下了"老子云：哀莫大于心死。今人心死矣，夫复何言""我之死，为中国公学也"的遗书。他以身殉学的义举，一石激起千层浪，引起舆论和社会的普遍关注，中国公学也因此获得了一些社会赞助，教学赖以维系下去。

从 1905 年 12 月到 1906 年 3 月，先后发生了陈天华蹈海、姚宏业投江两起悲壮的事件，目的都是为了唤醒国人、激励国人。这两起事件发生的时候，蒋翊武就在上海，因而他为民主革命家的英雄气概所震撼、所感染。尤其是姚宏业事件，几乎就发生在他的身边，不能不令他心怀惆怅，不能自已。

蒋翊武、刘复基相继考入中国公学，决计在该校学有所成，日后服务于社会变革，以慰先烈在天之灵。但在开学之前，刘复基因有任务在身，带着从日本东京运回来的600份《民报》提前离开上海返回湖南，不久即在长沙府后街五堆子设立"中外各报代派所"，积极推销革命的宣传资料。刘复基在湖南开展了卓有成效的宣传工作，使湖南的革命情绪不断高涨，并按捺不住激动的心情向海外的宋教仁通报情况。1906年2月13日，宋教仁在东京收到刘复基从湖南发来的两封信函，"皆言湖南局势甚好，必有呼汉族万岁之一日云云，亦可喜也"。

根据与蒋翊武同期在中国公学求学的胡适先生回忆，当时的中国公学人员比较复杂："有剪了辫子的；有穿着和服、拖着木屐的；又有一些是刚出来的老先生，戴着老花眼镜，捧着水烟袋的。"由于蒋翊武在家乡已经完成了高等小学和部分中学课程的学习，被编入高等班学习。在中国公学中的教职员和同学之中，有不少的革命党人。在这里，要看东京出版的《民报》是一件很方便的事情。在这期间，蒋翊武系统地研究了同盟会章程中的"十六字纲领"以及孙中山先生的"民族、民权、民生"三民主义

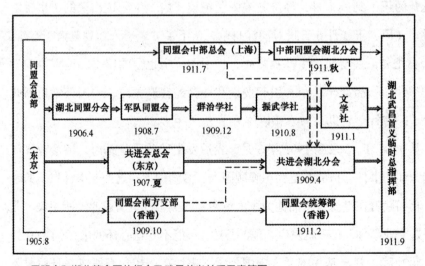

同盟会和湖北革命团体组合及武昌首义关系示意简图

学说，革命思想愈加成熟。

学校中有不少学生参加过革命活动，蒋翊武也很快就和他们打成一片，并在其中逐渐活跃起来。有一次，在革命党人的聚会上，他痛切陈述："中国在清统治之下已有二百余年，现在是政治之腐败、社会之污浊已经达到极点，而我国官僚鼾睡如故，即使以克虏伯之巨炮也不能惊醒其幻梦；而清政府则抱定一宁赠朋友之主旨，利用我汉人之愚钝，大肆施行专制统治，奴隶我，牛马我，以致国势日弱，瓜分之说喧腾于各国朝野之上，彼则哀如充耳，莫之或顾。今天要谈改革，唯有实施'种族革命'之手段，才能达到政治革命之目的，即使抛头颅、洒热血，我们也要在所不辞！"他的这番言论在同学中产生了强烈的反响，并在革命同志中广为传颂。

二、参与筹划萍、浏、醴起义

中国同盟会在日本东京成立之后，加强了对国内革命力量的渗透。在上海法租界八仙桥鼎吉里第 7 号的王宅，是革命党人的寓所；英租界留学生招待所张保卿处，也是革命党人的秘密联络机关之一。蒋翊武是同盟会上海机关部的干事之一，他使用的名字是蒋保。与他一道进行秘密工作的还有朱光环、张保卿、朱保康、李发根等。

1906 年春，湖南留日学生刘道一、蔡绍南受中国同盟会总部的派遣回国返湘，计划在湘赣边的浏阳、醴陵、萍乡地区发动一次武装反清起义。

湖南的浏阳、醴陵和江西的萍乡三县，地处两省边界，位于罗霄山脉的北段。"山深箐密，道路分歧"，峰峦起伏，竹木茂盛。造纸、爆竹和麻布等手工业相当发达。那一带还是湘赣两省的交通要道：从萍乡出发，山路可以北通浏阳，水路又可西经醴陵再北折直达长沙、武汉。商贾负贩往来湘赣鄂等省非常频繁。沿罗霄山脉开掘了不少的小煤矿，各矿之间常常发生纠纷和械斗，加上地处两省交界，当局统治力量相对薄弱，这就为会党的发展提供了绝好的条件。

在当地的会党中，势力最大的就是参加1904年华兴会起义的哥老会首领马福益。马福益于1905年被清政府捉拿杀害，"会众及革命党人闻福益遇难，无不义愤填膺，对清政府益增敌忾同仇之心。次年，参加萍、浏、醴地区起义之会党成员中即有不少人系怀抱'为马福益大哥复仇'的心情投入战斗者"。

马福益牺牲后，萍、浏、醴一带的会党力量并没有遭到多大的损失，新生的会党首领有浏阳的龚春台、姜守旦、冯乃古，萍乡安源煤矿的萧克昌，醴陵的李香阁等。龚春台是当地最有影响的首领之一，也是这次起义的主要领袖人物。

蒋翊武以同盟会员身份参与了这次起义的策划活动。这年的春夏之交，刘道一、蔡绍南约集革命志士到长沙水陆洲附近一条船上聚会，研究起义方略。参加这次秘密会议的有蒋翊武、龚春台、刘重、刘崧衡、张尧卿等十余人，关于这次发难，蒋翊武主张以军队与会党同时并举为上策，这个意见大体为与会者所接受，基本上确定了发动起义的策略、方法和步骤。准备纠合潜伏在萍乡安源的会党及矿工数千人，发难于萍、浏、醴地区，继而直扑长沙，而后鄂、赣、宁各省趁机响应。并就运动军队，联络会党等事项做了具体分工：由蒋翊武等负责策动新军，届时响应，蔡绍南、龚春台、彭邦栋等负责联络防营部分兵勇，布置会党。并议定农历丙午（1906年）年底清朝官署"封印"时发动起义。

会后，刘道一留在长沙统筹全局，蒋翊武则至长沙府后街五堆子"中外各报代派所"顺访刘复基。刘复基刚好从常德归来。蒋翊武根据水陆洲会议的精神，相邀刘复基前往武汉考察，联络同志。他们曾经到过武昌候补街高家巷圣公会，拜访了日知会阅报社司理刘静庵。刘静庵见两位年轻人胸怀大志、忧国忧民，便对他们宣讲日知会的宗旨，吸收他们加入其中，鼓励他们不断增长知识，为日后成为改造社会、改造世界的有用之才做好准备。日知会是继科学补习所之后的又一革命团体，其成员约百人，有些是新军官兵，这是蒋翊武、刘复基在接触军界人士的第一次行动。

1906 年 6 月 11 日，长沙学生及各界群众一万多人，不顾官府禁令，将陈天华、姚宏业二烈士的灵柩归葬于岳麓山，湖南巡抚及各级官绅极为震撼，惊恐革命志士和人民群众的巨大力量。发动和主持这次葬礼的是禹之谟、陈家鼎。宁调元、覃振、蒋翊武与刘复基都参与了这一重大行动的谋划。事后，清吏密令缉拿为首者。7 月 10 日，湘乡县令以"哄堂塞署"的罪名指控禹之谟。8 月 10 日，湖南巡抚庞鸿书下令逮捕了禹之谟，次年 2 月 3 日，禹之谟被绞杀于靖州东门外。蒋翊武、刘复基二人只得再度赴沪，由此"奔走长江上下游，结纳同志，迄无宁日"。覃振再度流亡日本，入早稻田大学学习。

12 月 4 日，萍、浏、醴起义全面爆发，其旗号均称革命军，以龚春台"中华国民军先锋队"为主力，10 天间聚众 3 万多人，波及三四县，拟直赴长沙，声势之大为前所未有，长江中游各省为之震动。不久，清廷调兵数万围攻，美、英、德、日各国派军舰驶至岳州"助剿"，起义军终以失败告终。

这是中国同盟会成立以后在国内开展的第一次武装起义，虽然起义的时间比较短暂，但在一定程度上唤醒了人民群众的觉悟，震撼了清王朝的反动统治。蒋翊武在这次起义的筹备过程中，虽然只是部分地参与了联络和准备工作，但却对起义的组织、起义的成员、起义的经过，以及失败的原因进行了深入的思考，为日后进一步开展革命斗争奠定了基础。

三、襄办《竞业旬报》

蒋翊武与刘复基因禹之谟一案而离开湖南，经武汉重新来到上海，继续就读于中国公学，完成未竟的学业，并参加了竞业学会的一些活动。

竞业学会是中国公学的学生组织，在中国公学开学不久就在学生中悄然成立了。发起人主要有钟文恢（号古愚，江西人）、谢寅杰、丁洪海。竞业学会制定有章程，并公开发表在自己的刊物上。该章程分总纲、规则、入会、办法、责任五章十五条。

从章程中不难看出，这个组织虽然为学术团体，但其中隐含有潜谋革命之意，因此很有吸引力。成立不到半年，据信息反馈，各地有许多热心志士，趋之若鹜，都愿意加入该会，纷纷汇寄"基本捐"和"经常捐"到上海。由于章程中以各省府厅州县设立分会、支会等事宜未作明确规定，所以蒋翊武返沪后，与同人反复磋商，决定将收到的"特别经常捐"概行照数退还，留作该分会办事费用，只收每名基本捐款一元作为入会依据，权作办公费开支。由于各处情形不一，除道德、法律两大纲领不能变通外，其余均可酌量施行，并设立咨询处。凡有"为图谋公益、改良社会、兴学育才、讲学辩难等事来函致问者，必定作复，以贡一得之愚"。

竞业学会成立后的第一项工作就是创办一份机关报，也就是著名的《竞业旬报》。该报以刊载时事政治材料为主，设论说、学术、译稿、时闻等栏目。对外声称其言论主张为"振兴教育，提倡民主，改良社会，主张自治"，"其实这都是门面语，骨子里是鼓吹革命"。"专以提倡'民族主义'为宗旨"，宣传爱国"排满"，抨击改良立宪，提倡科学，提倡妇女解放，鼓吹发展实业和普及教育。稿件体例概为白话文，以便将革命思想普及社会各阶层，在沪、湘、赣、川、浙、粤等省及日本的清国留学生会馆等都设有代办处。中国同盟会在东京本部之外建立的第一个分支机构就是"香港分会"，分会的机关就设立在《中国日报》馆内。《竞业旬报》创刊后，及时与《中国日报》保持了联系，便于向中国同盟会传递有关国内革命的消息。

《竞业旬报》每期60页左右，32开版，每月出版三期，逢一发行，1906年10月28日（农历九月十一日）正式创刊。与其说它是一份报纸，不如说是一本杂志。当时的编辑部没有主编、副主编之分，一般统称为编辑。第一期至第十期，主要编撰是傅熊湘。

傅熊湘（1882—1930），字钝安，湖南醴陵人，署君剑、钝根、文渠、屯艮等笔名。幼年随父就读，后留学日本弘文学院，并加入中国同盟会。回国后曾经担任教员。1906年6月，中国同盟会湖南分会因为组织长沙各校学生公葬陈天华、姚宏业，引起当局政府的极大恐慌，禹之谟被捕，其他重要分子宁调元、陈家鼎被迫远走上海。他们到上海后，很快就与当地的革命党人取得了联系，并于1906年10月18日出版了反清色彩很浓的《洞庭波》。傅熊湘应邀担任了该刊的编撰工作，"抨击汉奸'满虏'，不遗余力"。由于该刊言论激烈，措辞鲜明，革命群众欢欣鼓舞，统治当局自然也非常憎恨。《洞庭波》仅出一期，主编宁调元被迫东走日本，傅熊湘则接受了主笔《竞业旬报》的重任。

除了傅熊湘，杨卓霖、蒋翊武、刘复基、谢消庄、丁洪海、张丹斧、吴铁秋、胡适等人都参与了编撰工作。在其创刊号上，中国公学的教员、后来成为中国当代诗人的胡诗庐以笔名"梓方"撰写了《发刊词》；傅熊湘则以"君剑""钝根"的笔名分别发表了《明耻篇》和《毁学的问题》两篇社论；胡适以"期自胜主"为笔名发表了《地理学》的文章。一篇署名"大武"的文章《论学官话的好处》则出自蒋翊武之手。

在这篇短文里，蒋翊武首先感慨中国腐朽、落后的现状，以及举国上下希望国家"变弱为强"的愿望。中国要富强，就必须团结、加强联合，而加强联合就必须在语言和语音上进行统一。蒋翊武极力推行"官话"，特别是北京官话。这也是中国公学在上海推行的一个"标新立异"的举措。

据胡适先生回忆，当时的上海，"完全是上海话的世界，各学校全用上海话教书。学生全得学上海话。中国公学是第一个用'普通话'教授的学校"。

此外，我们还在《竞业旬报》的封底发现，"本报代派处"中有蒋翊武之父蒋定照先生在澧州开的商号"蒋兴发号"，并列刊印在"香港中国日报馆"同页上。证明蒋翊武不仅参与了《竞业旬报》的编撰工作，还主动将该刊的发行触角延伸到湘西北地区的沅澧大地。

四、杨卓霖事件

杨卓霖，又名恢，字公仆，1876年2月出生于湖南醴陵。早年投入清军张春发部，参加过中日甲午战争和抵抗八国联军的战斗。《辛丑条约》签订以后，深为清朝政府腐败而羞愧，愤然离开朝廷军营。1903年进入南京将弁(武备)学堂学习，谋求在军事上成为一个对于社会变革有用的人才。1905年赴日本东京高等警监学校学习。不久即加入中国同盟会，并积极参加抵制日本政府歧视中国留学生的"取缔规则"政策，还曾在横滨学习制作炸弹。姚宏业归国时，"到横滨与卓霖别，相对唏嘘泣下，各以死相勖"。

1906年4月初，杨卓霖从日本回到上海，此时，他的好友姚宏业已是壮志未酬身先死。他只好强忍着内心的悲痛，等待时机实现自己的革命理想。他在中国公学与马君武介绍廖子良加入了中国同盟会，并有较长一段时间寄居在《竞业旬报》的编辑部，这样，蒋翊武有机会认识了这位比自己年长8岁的革命家，并成为至交。不久，杨卓霖去南京一带开展革命活动。

12月初，得悉萍、浏、醴地区发难消息，蒋翊武乃商同刘震、黎兆梅、滕元寿等人联络长江一带会党头目袁有升、曾斌等9人，密谋在南京起义响应。杨卓霖为了策应萍、浏、醴三地起义，带着两名助手携炸弹赴扬州联络会党首领，计划刺杀两江总督端方以扩大事态。不料，杨卓霖的行踪被敌人打探，并在叛徒的告密和敌人的设计下遭到诱捕。他被捕之后表现得非常坚强不屈。他在供词中说："杨卓霖，革命党，以政治革命阅欧史。法国卢梭云：不自由毋宁死。佛家云：众生一日不出地狱，即余一日不出地狱。白种迫我黄种。卓心存保黄种之议，俟百年史家评论。"端方亲自对他进行审讯，他"且骂且起前掀案，案折。谓事与彼二人者无涉。我志不遂死耳，天下岂有畏死杨卓霖耶？速杀我，毋及无辜"。

1907 年 3 月 20 日，杨卓霖就义于南京。

杨卓霖虽然一人做事一人当，不断地为他的两位助手开脱责任，并最终使之得以释放。然而，他的助手之一李某经不住敌人的严刑拷打，不仅供出了杨卓霖的身份和行刺计划，还供出了上海总机关所在地及其任事者蒋保（即翊武）、朱葆康（少屏）、朱光环、张保卿、高某等人，使蒋翊武等人处于险境。

1907 年 1 月 24 日（农历十二月十一），《竞业旬报》照常出版了第 10 期。

在该期的目录旁边发了一条"本社紧要广告"：

> 本社旬报，原订逢一发行，以时计之，应于十二月二十一日出第十一期。惟岁聿云暮，腊鼓催人，主报与阅报者均有岁事旁午，不暇他故之势。兹议本年暂出至第十期止，其本年应出之第十一期，即于明年续出。至各处所定之报，仍当按期数寄，不以时日计算。

其实，广告中关于临时停刊所列的原因，只是一个大家可以接受的托词。《竞业旬报》临时停刊的真实原因是杨卓霖的被捕，有关编撰人员也受到牵连，原班人马难以继续从事编撰工作。不久，傅熊湘、蒋翊武、刘复基等革命党人不得不离开编辑部。1908 年 4 月，当《竞业旬报》复刊的时候，原来的革命党人已经一去不复回。从第 24 期开始，胡适担任了该刊的编辑工作，直到第 40 期完全停刊。

从 1905 年秋至 1907 年初，蒋翊武主要在上海学习和开展革命活动。当时的上海，虽然没有今日的繁华，但由于租界的开辟，以及出海的方便，也为革命者的活动提供了许多方便。蒋翊武出国求学的愿望虽然没有实现，后来他也始终未曾跨出国门，但在上海，作为一个内地来的革命者，他开阔了眼界，结识了不少海外归来的革命家，并在他们的影响下，系统地学习了"三民主义"，自觉地接受了孙中山的民主革命思想，欣然成为中国同盟会的一员。可以说，上海的学习和革命经历，是蒋翊武民主革命思想形成的重要时期，这为他今后的革命战斗中能够远见卓识奠定了基础，也为他日后潜入军队，开展隐蔽而深入的武装起义组织工作，奠定了良好的理论和实践基础。

潜入湖北新军

一、潜居家乡

萍、浏、醴大起义是中国同盟会成立以后的第一次国内革命武装起义。起义失败后，清政府通过清乡和大肆"围剿"行动，先后捕杀革命党人和革命群众达 1 万人以上，其反动统治秩序得到初步恢复，革命处于低潮。

面对这种情况，蒋翊武并没有退缩，仍暗设机关，发展组织，与刘复基"奔走于沪、宁、赣、湘间，运动革命"。不久，由于家庭出现变故，蒋翊武的革命活动不得不停滞了一段时间。

1907 年 7 月 24 日，蒋翊武的结发妻子唐氏不幸病逝，年仅 24 岁。唐氏生于 1883 年 2 月 10 日，比蒋翊武年长一岁多，于 1904 年 11 月 28 日生下一个女儿，取名蒋宗荣。蒋翊武长期在外地求学和开展革命活动，父母年老体衰，弟妹年龄尚小，唐氏担负起操持家务的重任，深得蒋翊武父母的信赖和弟妹们的敬重。唐氏的早逝，对蒋翊武来说是一个沉重的打击。一方面，清廷在沿江各埠大肆缉拿党人，风声甚紧，盲目在外地抛头露面，风险甚大；另一方面是爱妻新逝，上有老，下有小，家里需要为人之父、为人长兄的蒋翊武维持局面。因此，蒋翊武在家乡滞居了两年多时间。

这段时间，蒋翊武"杜门不出，日以诗酒自遣，时或仗剑高吟，旁若无人"。街坊们不理解其行为，都说他是个"怪人"。实则他是壮志未酬，借以抒发自己渴望重新投入战斗的豪情而已。此间他认真总结自己"以一书生从事革命，历经数年心血，以文人学士为主体，结果不成"的教训，又"鉴于戊申以前各次起义之失败，由于缺乏革命武装与革命干部，至于绿林豪杰与日本浪人，可利用而不可重用者"，"学界中人只能以文字鼓吹革命，无大宗武器不能举事"，于是"幡然大悟，谓当今天演竞争只有掌握武力才能制胜。欲实行革命，当以联络军队，侧身行伍为要着"。

至此，蒋翊武终于找到了夺取革命胜利的突破口。

面对蓬勃兴起的革命运动，为了维持自己的政治统治，清政府决定实行预备立宪。1907 年，清政府宣布在中央设资政院，在各省设咨议局，作为中央和地方的咨询机关，准备将来改为国会和地方议会。1908 年 8 月，清政府宣布预备立宪以 9 年为期，并颁布《钦定宪法大纲》。《钦定宪法大纲》共 23 条，其中维护君主大权的有 14 条，规定皇帝有至高无上的权力，其余 9 条规定广大人民有当兵、纳税、服从清政府统治等义务。人民没有任何实际的权利。

清政府颁布的预备立宪，得到了一批立宪党人的欢迎，他们希望朝廷推行君主立宪来实现自己的政治理想。对于革命党人来说，这一切只不过是朝廷玩弄文字游戏、愚弄百姓的手段而已。中国要富强，必须通过改朝换代；中国要改朝换代，必须实行武装革命。

在滞居家乡的日子里，蒋翊武的革命战友覃振发生了一件事情，那就是 1908 年，覃振奉中国同盟会总部之命，从日本回到国内运动革命。由于他曾经在 1906 年参与过公葬陈天华、姚宏业的活动，早已引起清方的注意，当他再次出现在长沙街头的时候，被官府逮捕。当局对他实行严刑拷打，他始终抗辩不屈。最后，由于当局一时查不到他谋反的确凿证据，加上有关人士的斡旋，覃振免遭杀身之祸，被判终身监禁，不久被解送到家乡桃源县监狱执行。

在覃振羁押的日子里，蒋翊武与刘复基多次到监狱探望他，通报情况，商讨对策。这样，一个伟大的计划终于在这期间酝酿成熟了。

1909 年仲秋的一天，蒋翊武应刘复基之邀在柳叶湖游玩，他试探性地对刘复基说："尧澂，现在朝廷推行预备立宪，一批立宪党人纷纷响应，似乎看到了中国民主宪政的曙光，这将误导民众的眼光，软化革命者的斗志，对于我们的事业来说是一个新的障碍。如果不抓紧时间，革命事业就会更加艰难。我听说湖北的新军中有不少革命志士，而且我也早有参军念头，现在想去湖北探个究竟，不知你能否一同前往？"

刘复基仰天大笑，"哈哈，简直是太巧了，我正想邀请你一起去湖北呢！"

原来，刘复基已经接到在武汉谋职的兄长刘星澂的来信，要他到汉口《商务报》担任会计和发行员。于是，两位志同道合的战友重新踏上了革命征程，开始了他们一生中最重要的革命时期。

二、参军

蒋翊武关于湖北新军的信息有两个来源，其一是来自老同学黄贞元。1904年底，蒋翊武与黄贞元因涉嫌参与华兴会起义，同时被湖南西路师范学堂开除后，黄贞元在家小居一段时间之后，于第二年赴湖北投考了新军，被编入第21混成协41标第三营。他们长期都有书信往来，湖北新军中发生的一些有趣事情，黄贞元都在信中自然有所涉及。

此外，在湖北新军41标中，还有一位同乡好友，那就是杨载雄。杨载雄曾于1900年参加湘军"劲字营"，并随军北上"护驾"。当他看到被八国联军赶出京城的皇帝、太后仓皇逃窜，而老百姓却匍匐在地对他们顶礼膜拜的情景后，非常不满，认为保护这样的窝囊皇帝没有出息，便告假回家。回家不久，经过一位好朋友岳景飞的推荐，也来到湖北参加了新军。1907年，他考入张之洞开办的陆军特别小学堂，1910年毕业，仍回41标服役。

关于新军，我们有必要做个简要介绍。

湖广总督张之洞是当朝官员中维新派的代表，他在湖北经营多年，对训练新式军队比较热心。他曾奏请朝廷以10年为期，将绿营、巡防营裁汰干净。先由总督衙门直接训练护军三营，聘请德国人为教官，施以新式操法。准备以后逐渐扩充，编成两镇。但是朝廷不愿意外省封疆大吏拥有重兵，只准成立一镇一协，即以张彪为统制的第八镇和以黎元洪为统领的第21混成协。

新军虽然以西方的军事训练方法为主，但其建制确沿袭清朝旧制军队体系。自上而下的建制是：镇—协—标—营—队—排—棚，相当于今天军事建制：师—旅—团—营—连—排—班。

新军与旧军的区别有三：一是服装新，官兵全着新式制服，整齐划一，精神抖擞；二是操练新，基本上聘请外国教官进行操练，摒弃了中国传统骑术、射箭等科目，开设了步兵、炮兵、辎重、测绘等全新科目；三是武器新，新军的装备全是火器，湖北因为在洋务运动中留下了汉阳兵工厂，新军中的步兵全部使用"汉阳造"步枪。

因此，湖北新军的装备和训练都比较好，它的战斗力仅次于北洋六镇，为南方各省之冠。

由于新军是以西方的方法进行操练的，"招募新军士兵标准，要以能识字为原则，文理粗通者更好"。恰好在这时，"科举已停，一般知识分子不能不另谋出路。家庭环境好的出国留学，其次就地投考学校，没有钱的就投入新军当兵。新军招收读书识字的人已经成为一种风气"。这样，新军士兵就和绿营、巡防营等旧军里的那些"兵油子"大不相同，读书识字的人占有很大比重。这些人因为有点文化，最容易接受新生事物，自然也更容易接受革命思想。有的人"起初还是想从这个途径出洋留学（张之洞曾在军队中挑选了几个知识分子，选送日本学习陆军），或升入本省的陆军学校，后来因接触革命思潮，便感觉到握有武器可成为发难的基础，还有些同志，先抱有革命思想，再投入军队，做宣传联络工作"。结果，大大出乎统治阶级的意料之外，清政府准备用来镇压革命的力量，却一批又一批地转到革命阵营里去了，成为清王朝的掘墓人。

当时的湖北，是一个水患无穷的地方，几乎连年水灾。由于水灾，湖北有的地方颗粒无收，人民生活极为艰难，甚至出现过"人吃人"的现象。1909年8月，统治当局为了防范灾民造反滋事，将驻扎在省城的部队分派到受灾比较严重的地区，以示震慑。

1909年10月，当蒋翊武与刘复基抵武汉的时候，黄贞元所在的41标已经被调往潜江、天门一带驻防。这样，他们只好先投靠刘复基的兄长刘星澂处。刘星澂当时任《商务报》襄理，由于社务的拓展，报社需要招聘一名会计兼发行员，刘复基担当了此任。蒋翊武也不能在那里无所事事、庸碌度日，于是，他担任了该报的"访者"（也就是今天所说的"记者"）。

在报社，有位湖南老乡的故事深深地吸引了蒋翊武。

何海鸣（1886—1936），原名时俊，湖南衡阳人，笔名"一雁""衡阳一雁""求幸福斋生""求幸福斋主"等。曾经在湖北新军21协第41标第1营当兵，由士兵升为副目（副班长）兼司书生。在军中参加了群治学社。1908年，湖北新军和江南新军在太湖进行秋季大演习，他所在第一营在凉亭河镇宿营，听到熊成基起义失败的消息，以及光绪皇帝和慈禧太后相继死去的消息，大家都觉得这是起义的最好机会。但由于官长监视甚严，不容许有任何行动，并奉命当晚开拔回湖北。急行军一天一夜赶到小池渡口，从九江上船回到武昌，此时标统已经换人，新任标统易某对士兵极为严厉。何海鸣因在军中是个活跃分子，又常常向汉口的报纸投稿，受到长官的警告处分。他"看情形不对，就索性请求退伍，到汉口实行办报去了。在汉口《商务报》社遇着了刘尧澂，又遇了蒋翊武，他也是湘西人，由同盟会派来武汉工作的。便跟着他二位，越发积极地继续那群治学社的活动"。

何海鸣退伍的41标，正是蒋翊武的老同学黄贞元所在部队。为了打探虚实，蒋翊武决定邀请刘复基、詹大悲以报馆访员（记者）的名义，前往天门、潜江一带进行实地采访，探寻群治学社。

这是一次重要的行动，因为他们三人都相继加入了群治学社，这对湖北革命的发展来说是至关重要的。1908年11月，在潜江的张截港，他们遇上了群治学社成员蔡大辅，聚谈三日，彼此谈得很投机。蔡大辅将群治学社的详细情况告诉了他们，并写信介绍他们去见四十一标留守处李抱良。

蒋翊武认为这个团体组织完善，份子纯粹，且尽属现役军人，对此感到非常兴奋。刘复基、詹大悲拿着蔡大辅的介绍信回到了武汉，而蒋翊武锐志从军的愿望还没有实现，于是，他与刘、詹二友分手后，在蔡大辅的指点下，前往天门寻找黄贞元。在天门的黑流渡，蒋翊武找到了黄贞元所在驻地，并通过黄贞元的介绍，化名蒋伯夔，投入四十一标三营左队充当正兵，是年25岁。

除了招募新军，张之洞还在湖北设立了一个陆军小学堂。朝廷最初也不准，后经张之洞再三请求，改称陆军特别小学堂，由新军挑考文化程度较高的士兵入学，毕业后担任下级军官。这些在校的士兵称为学兵，先后招收了一千多名。蒋翊武、邓玉麟、刘复基、蔡济民、吴醒汉、高尚志、黄申芗、甘绩熙都在这里学习过。学兵一般都是走读，白天在学堂学习，晚上各自回队。这批人自然就成了革命种子的有力传播者。

也许有过在陆军特别小学堂的经历，蒋翊武回部队后由正兵升为正目。并和他的队官建立了良好的私人关系。其队官（连长）李树芝见他"品端学萃，而会计有法，爱而敬之，令帮办文书庶务事宜，免守卫及一切杂差，出入自由"。因而使他得有更多的机会奔走各标、营、队，联络豪杰，很快就以乡谊身份与群治学社的几个发起人取得了联系。

不料蔡大辅因与丁小轩、詹大悲前往天门联络刘英商筹革命的行动，被排长杨震亚获悉，排长认为蔡大辅目无纪律，不务正业，为了严肃军纪，对蔡大辅进行了"笞责"。蔡大辅愤而想退伍，蒋翊武劝道："今言革命者，欲借权倾清廷，莫如投身军界，联络兵士，君奈何去耶？"蔡大辅才忍耐地留在军营。

然而，排长对蔡大辅的态度耿耿于怀，将此事报告给管带（营长），报单上称"蔡大辅勾结地痞，企图暴乱，证据确凿，请即正法，以遏乱萌而保治安"，恰好蒋翊武在队办公处缮写，将报单酌情加以删改，最后上峰将蔡大辅予以除名了事。

三、《商务报》

《商务报》是蒋翊武在革命生涯中介入的第二个报刊媒体。

《商务报》的全称是《汉口商务报》，1909 年 10 月 8 日（农历八月二十五日）创刊，"馆设汉口英租界致祥里 8 号，罗某集资商办。革命党人何海鸣、刘蛰庵等参与社事。详称以'沟通商务'为宗旨，实则为革命作鼓吹。日出一小张。旋因资金困乏，陷于停顿"。

刘复基的兄长刘星澂也是该报的小股东之一，因而，刘复基、蒋翊武来到武汉得以投靠。

报社还有一位主笔不得不提，那就是后来在文学社的创建和武昌首义中都发挥过重大作用的人物———詹大悲。

詹大悲（1887—1927），原名瀚，字质存，湖北蕲春人。肄业湖北黄州府中学，成绩常列第一。后因得罪监学赵某，竟被开除学籍。由于家中人口众多，难以生存，适逢同学宛思演创设证人学会，就请他襄助其事，供给食用。不久，詹大悲经人介绍，到汉口的《商务报》谋事。在报社，詹大悲如鱼得水，深深地被报纸的魅力所吸引，从此注定了他在很长一段时间内与报业相关的经历。

当《商务报》因经费短缺难以维系的时候，詹大悲仍然不甘心离开，便试探性地将自己想继续办报的想法告诉了老同学宛思演。没想到，这个宛思演居然答应了詹大悲的要求，变卖了自己几乎全部的家产，准备与他一道大办报业。

1910年2月5日，"宛思演以变卖田产所得6000元（亦说2000元或3000元），顶办《汉口商务报》。宛思演、邢伯谦分任正副经理，刘复基任会计兼发行，詹大悲、何海鸣主编，梅宝玑、查光佛、杨王鹏、李抱良等参与撰述。大成印刷公司承印，日出两大张，以宣传革命为主旨"。

詹大悲、刘复基从潜江回到武汉后，拿着蔡大辅的介绍信见到了李抱良。此时的李抱良，是群治学社的庶务，社内许多具体工作由他操办。他听说《商务报》经费短缺，几乎难以维持，便将社中积款补充《商务报》。这样，本来宣传进步思想、倡导社会变革的《商务报》就成了群治学社的机关报。

蒋翊武参与《商务报》的活动并不是很多，主要是在投入湖北新军之前，他曾通过刘复基兄长的关系投靠该报编辑部，并成为该报的"访者"，得以前往新军第41标驻防的湖北潜江、天门一带探寻革命组织的踪迹。蒋翊武实现自己的从军之梦后，很快加入了军中革命组织"群治学社"。在主持社务的李抱良支持下，《商务报》得到了"群治学社"一定的经济资助，并成为该社的机关报。

1910年4月11日，汉口《商务报》同人"愤杨度公开支持清政府借债筑路和反对铁路商办，决定予以惩治。是日，刘复基、李抱良等趁杨氏离湘北上途经武汉之机，诱其出站，将之痛打一顿。次日，复详细予以报道，公诸《商务报》端，以张其丑"。于是，群治学社的机构被官方侦知，该报也被迫停刊。刘复基、李抱良也因此事遭到英国巡捕房的拘禁。

4月中旬，革命党人多次在《商务报》报馆集会，计划趁长沙爆发饥民抢米风潮时发动起义。议定4月25日夜发难。馆内意见有两派：查光佛、梅宝玑、李抱良等"以机不可失，主张发难尤先"，而宛思演、邢伯谦认为新军发展尚不成熟，力劝不可。结果因保密工作的疏忽，将起义计划走漏出去，被当局所注意。加上该报对杨度事件"著评攻击，不遗余力"，湖广总督瑞澂下令江汉关道齐耀珊对《商务报》"勒令停版"，并函请英国驻汉口领事饬令该报"迁出租界"。投资人宛思演、邢伯谦"相偕走黄州，馆员星散"。

四、创建文学社

文学社是武昌起义的基本政治和军事力量之一，创建文学社是蒋翊武在辛亥革命中的伟大贡献。

1907年1月，日知会遭受破坏后，湖北的革命活动也经历了一年多的

文学社秘密总部，武昌小朝街85号。武昌起义的临时总指挥部曾设在这里。

沉寂。但是，由于社会矛盾的继续激化，加之革命志士的理想并没有放弃。"军中内在之活气，实日益滋长。彼此默识心通，缔结极固。一遇机会，仍可表暴于外也"。

1908 年 3 月，湖北潜江人任重远投入四十一标三营前队当士兵。"适是时，黄兴举义于钦州之马笃山，声势汹汹，各地志士咸思响应而无从措手。任重远频与军士郭抚宸、王子英、覃炳钧、黄申芗、杨王鹏、钟畸、彭新振、章裕昆等就李亚东于汉阳狱中商再举"。

任重远等人与同盟会素无联系，只是一群有爱国思想的革命士兵，他们鉴于日知会的失败，认为应该建立一个更加严密的组织，取名为"军队同盟会"。

经过三个多月的分头联系，愿意加入的同志达四百人。1908 年 7 月 26 日，成立大会在武昌洪山罗公祠召开。到会的除发起人任重远外，还有黄元吉、王守愚、蔡大辅、林兆栋、廖湘芸、曹振武、陈绍武、祝制六、邹毓琳、陆国琪、黄亦僧、单道康、孙昌复、黄驾白、李慕尧、张文选、莫定国、万奇、邹润猷等。会议由覃炳钧主持，宣传宗旨，大家都赞成，但到"议及名义，多数人认为不妥，反复辩论不能决"。最后，大家同意经过酝酿之后再确定名称。

不久，任重远去了四川，组织的核心人物没有了，可以说"军队同盟会"便无形解散。这个组织虽然只召开了一次会议，而且正式名称也没有得到确认，但它在新军中的思想传播和影响力还是不可小视的。

三个多月后，一个新的秘密组织在"军队同盟会"的发源地四十一标应运而生。

1908 年 11 月 24 日，湖北新军开往安徽太湖，与江苏新军会操。20 天后，会操结束，准备举行一个阅兵典礼，结果传来皇帝和太后相继死去的消息，人心震动。接着，"熊成基忽举事于安庆，杨王鹏、钟畸、章裕昆以为有机可乘，皆跃跃欲试，乃密议于会操宿营地，以事先毫无准备，未敢妄动"。

杨王鹏、钟畸、章裕昆都是四十一标的士兵，在一定程度上接受过任重远关于组织革命力量的宣传。不料，参加会操的湖北军队接到命令，于当夜赶到九江对岸的小池口，乘轮回鄂。回到湖北驻地的当晚，杨王鹏邀钟畸、章裕昆与同标的唐牺支等人商议，认为成立革命组织已经是刻不容缓了，经过讨论定名为"群治学社"，推钟畸起草宗旨和简章，并以杨王鹏、钟畸、章裕昆、郭抚宸、邹毓琳、唐牺支、邹润猷、张文选、莫定国等十人为发起人。

12月13日，群治学社在武昌小东门外三里许沙子岭的金台茶馆开成立大会。这次会议通过了《宣言》《简章》，作出了两项决定：

第一，《简章》中规定设社长一职，因社务尚未发展，暂只设庶务一人，推举钟畸担任；

第二，不得介绍官长入社，以防不测。

群治学社成立以后，仍以第41标为活动基地，在该标发展了王守愚、蔡大辅、廖湘芸、李筱香、姚钧等人入社，并经章裕昆在同协的42标发展了祝制六、黄亦僧等，使群治学社的组织扩展到42标。

1909年7、8月间，杨王鹏在考试中名列第一，提升为第四十一标第一营左队司书生，与队官潘康时接近。潘康时也是一个有革命思想的人，经杨王鹏的介绍，群治学社破例吸收他为会员，他在组织内用的代名是"天问生"。不久，钟畸随管带曹进去江苏，李抱良投入该队当兵，加入了群治学社，接替钟畸担任庶务。潘康时又将李抱良调到队部，协助工作。这样，湖北新军混成协第四十一标第一营左队就成了群治学社的机关部。

这一年，湖北天门、京山、潜江、公安等地发洪水，清政府担心灾民暴动，便把军队派了下去。潘康时将李抱良留在省城继续主持社务，并同各方面保持联系。李抱良以同乡的关系，发展了炮八标的黄驾白、李慕尧，以及三十二标、陆军特别学堂的单道康、孙长福、叶正中等人入社。群治学社的势力日见雄厚，同时也引起了清政府的注意。

1910年9月，秋收以后，第四十一标全部回防武汉。李抱良召集会议，报告了殴杨事件发生后社务渐趋停顿的情况。大家认为，为了避免暴露目标，不能再沿用群治学社的名称，决定改名为"振武学社"，并推杨王鹏起草《简章》。

9月18日（中秋节），振武学社在黄土坡的天一酒馆举行成立大会。到会的有杨王鹏、李抱良、章裕昆、祝制六、廖湘芸、单道康、孙长福、李慕尧、黄驾白、蒋翊武等。会上，杨王鹏宣读了《简章》，公推杨王鹏为社长，李抱良任庶务兼文书。

振武学社的《简章》与群治学社大体相同。改动的地方除了社名外，最重要的是：各标设标代表一人，由标社员中推任之；各营设营代表一人，由各营社员中推任之；各队设队代表一人，由各队社员中推任之。"这样严密的组织形式，在以往资产阶级革命党人的团体中还不曾有过。……这是以后武昌起义能够取得成功的重要组织保证，是一项值得大书特书的重大创举"。

这个伟大的创举是蒋翊武完成的。革命党人张国淦回忆道："振武学社成立一月，蒋翊武乃利用星期假日，召集各标营代表二十余人在蛇山抱冰堂开秘密会，制定标营队各代表负责公约规程。"我们看到的这个《章程》，是当事人章裕昆在事后回忆记录下来的，至于标、营、队代表制度是在成立大会之前就有了，还是像张国淦所说的"振武学社成立一月"以后才制定，一时难以考证。但这个士兵代表制度的创造者是蒋翊武，已经是无可争议的事实。

古人云：桃李不言，下自成蹊。蒋翊武自参加新军并加入群治学社以来，始终秉承着他的先辈遗传给他的脚踏实地、埋头苦干的优秀品格，同时也不失时机地展示出自己意志坚毅、聪敏睿智的个性，在重大问题的处理上非常有主见。这为后来振武学社领导人被迫离开部队，将革命组织的领导权托付给他，奠定了良好的基础。

振武学社成立之后，在已经发展社员的标、营、队，纷纷选举出自己的标代表、营代表和队代表。10月11日（重阳节），在黄鹤楼的风度楼召开第一次代表大会。到会的有杨王鹏、李抱良、章裕昆、孙长福、黄驾白、蒋翊武和四十一标代表廖湘芸、四十二标代表祝制六、三十一标代表江光国、三十二标代表单道康、炮八标代表李慕尧等。各代表报告征集的社员总人数是二百四十余人。这次会议还讨论了社务扩展问题，规定"各同志每人每月必须介绍新同志一人入社，但不得滥收"。

从各方面看，无论是组织机构，还是组织规章，还是社员的甄别，振武学社比群治学社严密多了，但是，因群治学社的活动早已引起清方的注意，所以在它成立后不久，第二十一混成协协统黎元洪就将潘康时的职务给撤了，改委施化龙接任。施化龙到任后，表面上态度谦和，暗中却派人在军中充当密探，暗查振武学社的动向。虽然杨王鹏采取了一些防范措施，但是，施化龙的密探还是把振武学社的基本情况弄得一清二楚了，并报告给了黎元洪。11月，黎元洪将杨王鹏撤差，将李抱良和四十一标第一营的营代表钟倬宾重责开除，迫使他们离开湖北。

杨王鹏、李抱良是振武学社的主要领导人，他们被迫离开，对振武学社来说是十分沉重的打击。他们潜居在阅马厂附近的文昌阁。经过一个月的观察和思考，加之久留此处会再次引起敌人的注意，对革命事业不利，杨王鹏与李抱良商议，将振武学社的党务领导工作全权托付给了蒋翊武，李抱良经手的文书兼庶务工作，交给邹毓琳接管。之后，杨王鹏、钟倬宾回了湖南，李抱良去了广东。

蒋翊武接管振武学社之后，并没有急于开展大规模的行动，而是采取了以静制动的办法，给敌人造成一个错觉：振武学社为首的该开除的已经开除了，该离队的已经离队了，在群龙无首的情况下也没有什么作为了。

但这种低调的行事方式，是振武学社那些热血男儿难以忍受的。于是，各标营代表找到蒋翊武，责问为什么没有采取相应措施。蒋翊武耐心地对他们说："此时风声仍紧，望各同志忍耐，不可轻躁，否则徒坏事，无益也。"

其实，身负重托且踌躇满志的蒋翊武，无时无刻不在思考着革命组织的建设和革命事业的发展。为了重振革命组织，他多次深入基层，作动员宣讲，广泛征询意见。

同乡好友杨载雄，前几年一直在陆军特别小学堂学习，现在已经毕业回营，仍然在 41 标服役，担任教官。1911 年 1 月 25 日，蒋翊武与刘复基、李桂森、杨载雄等人雪夜同游，纵谈时事，感叹道："我国自甲午战争以来，外人更加肆无忌惮，占领我们的国土，侵扰我们的边疆，强辟租界，占据军港，致使国家财源外溢，民不聊生，这都是清政府腐败无能造成的。国难当头，不趁此机会设法挽救，瓜分之祸，迫在眉睫，中华民族将会灭亡。"

杨载雄道："翊武兄既然有凌云壮志拯救同胞，兄弟我愿意牺牲一切，以利天下。"

蒋翊武道："清廷防范革命甚严，我们必须谨慎行事，才能确保革命力量免遭摧残。我想成立一文学社，联络同志，阳托重文之义，阴寓用武之意，你们以为如何？"

众人听后皆喜形于色，一致表示赞成。

于是，蒋翊武约请詹大悲、刘复基、章裕昆等人在阅马厂的"集贤酒馆"聚会，商讨革命团体的建设事宜，大家一致同意将振武学社改名为"文学社"，并委托詹大悲起草文学社章程。

1911 年 1 月 30 日，是农历的新年，各路同志以新年团拜名义作蛇山

风度楼（又名奥略楼）。1911年初，振武学社改名为文学社，推蒋翊武为社长，刘复基为评议部部长，詹大悲为文书部部长。以"推翻清朝专制，拥护孙文的革命主张"为宗旨。组织发展迅速，数月后，社员近三千人。1月30日（旧历春节），文学社在这里召开成立大会。

之游，然后聚集在黄鹤楼之侧的风度楼三楼，召开了文学社的成立大会。到会者除蒋翊武、詹大悲、刘复基、章裕昆、邹毓琳、孙长福外，各标代表分别是三十一标江光国、三十二标单道康、炮八标李慕尧、四十一标廖湘芸、四十二标祝制六等。大会由蒋翊武主持，他阐述了将振武学社改名为文学社的原因，并宣讲了《章程》，与会者均表示同意。然后，蒋翊武提议选举社长、部长、代表、议员。章裕昆发言，认为目前规模有限，建议暂时不设副社长；至于各标代表，既然是振武学社的延续，无须改选。大家都表示赞成。最后，会议一致推举蒋翊武为社长，詹大悲为文书部部长，刘复基为评议部部长，蔡大辅为书记，王守愚为会计。

蒋翊武最后强调，当前最紧要的任务是"扩大范围为要，号召同志尽力介绍新同志入社"。与会者回忆道："因黄鹤楼人多地杂，不便谈话，只好分开吃茶。文学社就这样表示成立了。"

五、革命宣传与组织建设

《大江报》不是蒋翊武创办的报纸，但它与文学社有着紧密的关系，也是蒋翊武革命生涯中介入的第三个报刊媒体。

1911年1月3日，詹大悲利用黄梅人、胡为霖提供的资金，重组革命舆论机关《大江白话报》，实为《汉口商务报》的续刊。该报日出一大张，馆设汉口新马路52号。胡为霖为经理，詹大悲、何海鸣分任正副总编辑。馆内工作人员从编辑到校对，都是《商务报》的旧部。以"灌输国民常识、提倡社会真理"为宗旨，鼓吹革命。

文学社成立前的1月21日，汉口发生了英国巡捕无故踢死人力车夫吴一狗事件。次日，英巡抚对示威民众进行开枪镇压，引起极大的民族愤慨。23日，清廷江汉关道为了讨好外国列强，粉饰太平，谕令"各报纸勿登录"，并特地以"手谕"关照《大江白话报》，"勿言车夫系伤死"，企图掩盖事实真相，以求息事宁人。其他报馆都遵照了官府的旨意，封锁了消息，唯独《大江白话报》予以拒绝，连日以头号标题对这一事件进行大胆揭露。在所刊发的社论《洋大人何敢在汉口打死吴一狗》中，严厉谴责英国侵略者的暴行，抨击武汉当局："外人这样虐待我们，与当局的腐朽是分不开的。"从此，《大江白话报》名声大振。

《大江白话报》这种毫无顾忌地披露和抨击，使广大民众了解了真相，鞭挞了洋人和官府，大快人心，得到社会普遍赞誉，但同时也引起办报者家属的极度恐慌。经理胡为霖的父亲担心事态扩大，危及儿子的性命，春节以后急召胡为霖回家，致使该报失去经济来源，陷于停顿。

热心办报的詹大悲再度处于"英雄无用武之地"。

文学社成立后不久，蒋翊武决定接管这张报纸，使之成为文学社的机关报。他从文学社的经费中，拿出3000元交给詹大悲，接办《大江白话报》，更名为《大江报》。詹大悲任经理兼主编，何海鸣任副主编。其余工作人员基本上留用原来的班子。办报宗旨是"提倡人道主义，发明'种族思想'，鼓吹推翻清罪恶政府"。1911年7月17日，《大江报》发表何海鸣所作的时评文章《亡中国者，和平也》，批判立宪派和清政府出卖主权的卑劣行为，呼吁人民放弃幻想，进行"轰轰烈烈"的革命斗争。

7月26日，《大江报》接续刊发另一时评文章《大乱者，救中国之妙药也》，署名"奇谈"，出自湖北蕲春人黄侃。全文二百余字，高昂悲歌，疾呼"无规则之大乱"，进行反清革命宣传。该文所宣扬的革命言论，使清政府极度恐惧和仇恨。湖广总督瑞澂遂以《大江报》"宗旨不纯，立意嚣张""淆乱政体，扰害治安"的罪名，饬令查封该报。8月1日，清军警包围《大江报》馆，逮捕詹大悲、何海鸣，报馆被查封。

《大江报》虽被查封，但它在革命宣传方面所作出的贡献是不可磨灭的，其宣传功效已经烙印在武汉三镇的人民心中，为武昌起义的爆发起到了极大的舆论推动作用。

文学社成立之后，社长蒋翊武重点抓了党务拓展工作。他利用一切可以利用的机会和关系，亲自深入各标营士兵中，反复进行革命宣传，发展社员，壮大力量。比如，他利用当时存在的满人与汉人之间的矛盾，以及士兵关心的军饷待遇问题，在第八镇三十标的士兵中演说道："清政府官吏，腐朽无能，丧权辱国，鱼肉人民，窃据汉族山河……本镇各标营旗籍官兵，均系双粮双饷。其他一切享受，均在汉人之上，反说我汉人食毛践土二百余年……本标第一营旗兵营，他们无论做什么事，都要高人一等。我们除了实行'种族革命'，兴复汉族，救国救民外，再没有其他办法。"

文学社是在它的前身振武学社、群治学社，甚至军队同盟会基础上发展起来的，它们的根基都在第二十一混成协第四十一标，绝大部分党员也来自四十一标。因此，要拓展党务，就必须在其他标营发展党员。四十一标、四十二标同属于第二十一混成协，已经都有了自己的同志，蒋翊武把工作重点放在革命力量比较薄弱的第八镇。王宪章成为他实现这一计划的重要帮手。

王宪章（1886—1914），贵州遵义人。曾经在贵阳某部当过兵，肄业于贵州警察学堂。有一天，因为一个小小的过失，遭到长官严厉的处罚，他据理力争，结果竟被开除。他听说湖北新军训练认真，且有革命党人活动，便毫不犹豫地自备旅费投奔鄂军，在第八镇三十标当兵。参军不久，因操课优良，很快被提升为正目。由于他阅历丰富，加上待人真诚，在营中人气很旺。他与同营的张廷辅、蔡济民、罗良骏等关系尤密，共组"将校团"。名曰将校，其实专以联络士兵；名曰切磋学问，实则鼓吹革命。

发展了王宪章，也就抓住了第 30 标。

功夫不负有心人，通过蒋翊武本人和其他党人的共同努力，在文学社成立后短短的一个多月时间内，先后发展了四百多名社员，其重要成员有：第三十标的王宪章、张鹏程、张廷辅（排长）等，第二十九标的张喆夫、蔡济民（排长）等，第四十一标的阙龙等，第八镇工程第八营的马荣等，第二十一混成协炮队第十一营的晏柏青等，辎重第十一营的余凤斋等，还有宪兵营的彭楚藩和第三十一标的万鸿阶等。

值得一提的是，新军中原有不少自发性革命小团体，因为组织者已经加入文学社，其他成员也相继加入，小团体也就融入到文学社这个大团体之中。社员发展到哪里，组织体系就建设在哪里。

蒋翊武的工作作风是埋头苦干，不事张扬。即使文学社的组织建设取得了如此迅速的发展，外界也一无所知。1911 年 2 月下旬，谭人凤为配合黄兴发动的广州起义到武汉进行运动，将所带经费 800 元给予共进会，希望他们抓紧发动。然后，谭人凤到了《大江报》馆，从詹大悲那里才得知湖北新军中还有文学社，而且规模还不小。于是他决定在胡瑛那里探个究竟。

胡瑛是因日知会案被捕入狱被判为终身监禁的。他所关押的武昌监狱，对他的管制比较宽松，每逢节假日，允许他与外界的亲友见见面。正是这样，他得以对湖北的革命进程"狱中指导"。因为志同道合，又是同乡老友，蒋翊武在很多决策上都征求胡瑛的意见，"故文学社之成功，胡赞之力实多"。

胡瑛是同盟会老会员，也是谭人凤的老朋友。当谭人凤去武昌监狱探望胡瑛时，蒋翊武、李长龄、罗良骏、王守愚等也在探监。"谭见蒋、王如田舍翁，李如老学究，罗如贵公子，心初不嫌"。

胡瑛看出谭人凤的心思，便极力推荐蒋翊武他们："你不要误会了，湖北党人自成风气，类皆埋头苦干，不以外观夸耀也。"这样，谭人凤才转变了自己对蒋翊武的第一印象，此时他的疑虑也涣然冰释，"方知他是湖北党人的中坚分子"。

1911 年 3 月 15 日，文学社党人在黄土坡招鹤酒楼召开了第一次代表大会。蒋翊武主持了大会，首先他通报了近期组织发展情况："我文学社声势已达湖北全军，进展速度之快，是我们始料不及的，希望同志们再接再厉。"接着谈及社务繁忙，不是一个人的精力所能胜任的，必须增选干部。于是他提议增选新近入社的"将校团"负责人、第三十标正目王宪章任副社长，大家都表赞成。

接着，蒋翊武还进行了工作安排：现在湖北新军各标营，几乎都有了本社同志，唯有马队是个空白，我们应当主动开展工作，积极运动马队同志入社，尽早建立我们的组织。于是，派章裕昆前往马队八标发展社员。

既然《大江报》已经产生了较大的社会影响，而且在经济上得到文学社的支持，蒋翊武为了把公开的舆论宣传同秘密的革命组织结合起来，提议将《大江报》作为本社的机关报，像当年的《商务报》一样，免费向各营队赠送一份，供同志们传阅，以扩大宣传声势。并在各标营设通讯员，倡议本社社员积极投稿。詹大悲表示支持，建议由各代表开出负责收报同志姓名，按址分送。

　　从此之后，《大江报》经常刊登新军中的消息，特别是对一些不法军官给予了揭露。第二十九标统带李襄邻克扣士兵军饷，被《大江报》揭露出来，引起社会普遍关注，迫使他的上级将他革职查办。"军中官长畏报如虎，恨报刺骨；而士兵同志乃信仰益深，志向益坚。《大江报》之声誉因之与日俱增，销路大畅，每日到报社之士兵同志，户限为穿"。

　　在这次大会上，章裕昆又提出了一个动议：鉴于组织发展迅速，"入社捐"和社员"月捐"的收入已经使文学社的经费比较充足，建议取消社员"月捐"和"入社捐"。立即遭到刘复基的反对，他认为，作为革命的组织，要开展革命的活动，必须储备相当充足的活动经费，在目前条件下，"入社捐"和"月捐"是积累经费的最主要途径，一旦取消，对于革命事业的发展恐为不利。但是，经过反复讨论，大家最后同意了章裕昆的建议。

　　文学社是在第四十一标发源，然后向其他标营扩展的。随着组织建设的不断发展，党人不断增加，组织联络工作也越来越庞杂。蒋翊武认为，随着形势的发展，建立自己的机关至关重要，而主持这个机关日常工作的人必须是政治上非常可靠、能力上非常出色的人。刘复基成为他心目中的第一人选。

　　刘复基在1910年春参加殴打杨度事件后，由于《商务报》的停刊，也就失去了依附的工作，他"知革命非由军界发动不为功，乃决投入四十一标第 1 营左队，并参加振武学社活动"。有趣的是，蒋翊武参军时化名"伯夔"，刘复基参军时则化名"汝夔"，并且同营同队，这就进一步加深了两位革命战友的情谊，为共谋事业发展创造了极好的条件。

文学社的迅猛发展，难免受到官方的注意。尤其是广东爆发黄兴领导的"三·二九"起义，对清朝政府的震撼很大，各地都加强了对革命党人的防范，文学社的常会也难以正常召开。"刘复基虑失联络，决计出营，居阅马厂文昌阁，逐日轮流往各标营相问讯，诸同志得以明了近日状况，精神愈奋，团结愈坚，力量日见充实"。1911 年 5 月 10 日（农历四月十二日），蒋翊武在黄土坡的"同兴酒楼"主持召开文学社代表大会。首先对组织发展做了最新统计，总计党人三千多人。然后形成两条决议：

第一，增设机关"总务部"，推举第 30 标排长张廷辅为部长；

第二，租赁张廷辅在小朝街 85 号的寓所为文学社机关部，刘复基驻机关办公，王守愚、蔡大辅协助工作。

端午节时，军队放假，蒋翊武在小朝街机关部主持会议，增选王文锦、罗良骏为评议员，助理社中事务；推举刘复基为联络员，负责与武汉其他革命组织的联系；针对第四十二标代表祝制六提出辞呈，改由胡玉珍接任，并决定在江北建立文学社阳夏支部，胡玉珍任支部长，支部设在汉口郑兆兰寓所。

到 1911 年 6 月，湖北新军中的革命团体文学社，已经形成相当规模，占整个新军的五分之一以上，大大地超越了它的前身，为武昌起义做好了充分的组织准备。为了全面展现文学社的组织建设，笔者通过对有关资料的梳理，将其组织体系归纳如下。

社　长：蒋翊武

副社长：王宪章

文书部部长：詹大悲

评议部部长：刘复基（常驻机关总部）

总务部长：张廷辅

参议：张廷辅、杨济五

参谋：黄振中、杜武库、杨载雄、王华国、马保黄、徐继庶

交通员：彭楚藩、陈达五

外交员：胡经武、詹大悲

庶务员：刘复基、陈树三（陈磊）

评议员：王文锦、罗良骏等

招待员：李桂森、沈廷桢

会计员：王守愚

书记员：蔡大辅、李长龄

标营代表

第二十九标：张喆夫

第三十标：王文锦（前为张鹏程）

第三十一标：江光国

第三十二标：单道康

炮队八标：孟华臣（前为李慕尧）

马队八标：黄维汉

工程八营：马荣

宪兵队：彭楚藩

第四十一标：廖湘芸

第三营：阙龙

第四十二标：胡玉珍（前为祝制六）

炮队第十一营：晏柏青

炮、工、辎：余凤斋

辎重第十一营：余凤斋（兼）

测绘学堂：方兴

第五章

筹划武昌起义

一、联合共进会

正当文学社组织不断发展壮大，踌躇满志地准备武装起义的时候，与另一个革命组织发生了联系，甚至产生了摩擦。这个组织就是"共进会"。

共进会是1907年在日本东京成立的一个革命团体。这一年，同盟会领导人孙中山、黄兴致力于筹划在南方起义，屡不得手；东京本部因人事、意气和宗派的纠纷，组织日趋松散。不少来自长江中游地区数省、在会党中有较高地位的会员，如四川张百祥，湖北刘公、彭汉遗，湖南焦达峰，江西邓文翚等，认为同盟会"行动舒缓"，不重视在长江流域起义，因而倡议另行组织一个革命团体，以结纳会党为主，谋在长江发难。1907年8月，共进会在日本东京成立，参加者有川、鄂、湘、赣、皖、浙、粤、桂、滇等省人士百余人，绝大多数是同盟会会员。其中，参加共进会成立大会的湖北党人有刘公、居正、杨时杰、刘英、宋镇华、彭汉遗、袁麟阁等。

共进会成立之日，当即发表白话、文言两个宣言，着重强调"排满"，宣言称："共进会者，合各派共进于革命之途，以推翻清政权，光复旧物为目的。"并制定红底十八星军旗，举张伯祥任会长。后张伯祥回国谋发展，邓文翚继任，加推居正任参谋，彭素民任文牍，何庆云、潘鼎新、孙武、袁麟阁、陈兆民、温尔烈分任交通、党务、参议、理财、调查、纠察各部部长。入会者逐渐增多。

1909年8月，第二任会长邓文翚回国，刘公继为第三任会长。居正任参谋长，孙武任军务部部长，彭汉遗任外交部部长，袁麟阁任理财部部长。为了准备回国组织起义，又推刘公为湖北大都督，焦达峰、聂荆等分任湖南大都督、广东大都督。

共进会虽自称是同盟会的"行动队"，但实际上是自行其是。在会章里，对同盟会纲领中的"平均地权"，借口其意高深、不易为会党了解和接受而改为"平均人权"。在大多数场合，共进会也基本上没有接受和奉行同盟会的指示和部署。所以，共进会成立时，谭人凤就力持不可，指出这是与同盟会分道扬镳的举动。

从共进会的诞生来看，它与文学社有如下不同：

第一，前者成立于海外，主要领导人留过洋，并与中国同盟会有着一定的联系；后者成立于国内，主要领导人除了刘复基曾经短暂到过日本，其他都没有出过国门的经历，他们与同盟会的联系不是很直接。

第二，前者在起义之前就非常注重政治建设，人员尚在国外，工作还未开展，领袖就准备好了，班子也搭建了；后者虽然也有自己的政治目标，还相应地建立了士兵代表制度，但在与前者的合并前夕，也没有像前者那样搭建一个"政府班子"。

孙武

第三,前者的成员复杂,牵涉地域比较广泛,除了湖北、湖南,还有四川、江西等省;后者成员比较单一,除了报界的詹大悲、狱中的胡瑛等人外,绝大部分是军人,而且没有在外省设立分支机构。

此外,还有一个是在革命进程中显露出来的差异,那就是前者的名义领袖是刘公,由于他"为人忠厚,才情不高,共进会实权在孙武手中"。而后者的名义领袖和实际领袖都只有一个,那就是蒋翊武。

1908年冬,刘公因一时尚难离开日本,由孙武代他回鄂活动,与孙武同行的还有湖南的焦达峰。

孙武(1879—1939),原名葆仁,字尧卿,号梦飞,湖北夏口(今汉口)人,比蒋翊武大5岁。"因便于号召,才改名孙武"。1898年入湖北武备学堂,与吴禄贞、傅善祥等友善。毕业后曾任湖南新军教练。1900年,自立军欲起兵,他被推为岳州司令,后因事泄失败,避走广东。1904年回鄂,参加科学补习所,同年10月,科学补习所被封,遂东渡日本,入成诚学校习海军。后因反对日政府颁布取缔中国留学生规则,愤然返鄂。1906年加入日知会,协助刘静庵办江汉公学及党务。1907年1月,因日知会案发,刘静庵等九人被捕,孙武走奉天(今辽宁),投奔吴禄贞。不久,转赴日本,在东京与张伯祥、刘公等发起组织共进会,被推为军务部长。1908年入大森军事学校学习,研究野外战术及新式炸弹制造。

孙武是个活动能力很强的人,加上他使用"孙武"这个名字,许多人以为他是孙文的弟弟,这就无形之中增加了号召力,为开展革命工作带来了极大的方便。回国后,他先后在武昌发展了吴肖韩、邓玉麟、黄申芗、刘玉堂等几个人入会,并在吴肖韩的寓所设立了机关。他的工作重点是运动会党。

与文学社相比,共进会领导人是比较急于求成的。

1909年春,共进会在经过一番奔走联络后,建立了全省性的起义机关,

"以黄、刘、彭、袁、刘等五部编为五镇，以黄申芗为第一镇统制，宋镇华为第二镇统制，其余三镇拟以彭（汉遗）、袁（菊山）、刘（英）等分统之。仍推刘公为大都督，刘英为副都督，设总机关于汉口鸿顺里"。焦达峰也往来于湘、鄂间，在长沙设共进会湘部总会，并亲往浏阳、醴陵及江西萍乡等地与会党扩大联络，也仿湖北的做法，分别编成几镇。江西共进会则由邓文翚主持，以原有的反清小团体易知社为基础，扩大改名建成。三省共进会共谋反清举义大计。这时，刘公仍在日本，共进会国内的核心在湖北，起义机关的灵魂则是孙武。

这次起义的规模看起来不小，而实际上由于会党纪律涣散，各自为政，加上泄密在先，行动在后，致使湘、鄂两省共谋起事的计划完全落空。孙武在总结经验教训时说："运动官吏，官吏利禄熏心；联络会党，会党又野性难驯；今后唯有运动士兵，借矛夺盾。"这年夏天，刘公、杨时杰虽已由日本回到湖北，并开展了一些联络活动，但一直没有多大建树。

共进会在湖北的起义失败后，广西的刘玉山准备在南宁起义，孙武应共进会任命的广东大都督聂荆的邀请，偕吴肖韩等人于 1909 年 11 月 13 日赴梧州参加发难。不料刚到广州，南宁的事已经失败。孙武转赴香港，经冯自由介绍，正式加入了中国同盟会。邓玉麟也离开湖北到江苏投入两江总督卫队服役。

第二年的冬天，孙武、杨时杰相继回到武汉。在共进会的另一位骨干杨玉如的寓所，杨时杰约请孙武"朝夕密谈，筹划革命事宜"。经历多次失败而士气低落的孙武，"由港归来，经杨舒武（即杨时杰）多方鼓励，孙颇心动。舒武又告以中国革命业将成熟，孙更兴奋，乃复重整旗鼓，于文学社争取军界党员。又因军界误传孙武为孙总理之弟，是以军人加入者踊跃"。这样，从 1910 年底开始，共进会的工作重点才放在发展新军上来。当他们的工作有了初步进展的时候，便与同盟会取得了联系。而此时，文学社的前身群治学社因领导人杨王鹏、李抱良的被迫出营，领导权交由蒋翊武接管。

1911年2月中旬，共进会会员、同盟会的筹划者居正，由东京回湖北广济探亲后来到汉口，接到黄兴为筹划广州"三·二九"起义托人带给他的信："吾党举事，须先取得海岸交通线，以供输入武器之便。现钦、廉虽败，而广州大有可为，不久发动，望兄在武汉主持，结合新军，速起响应。"居正一时无从下手，便通过杨时杰找到了孙武等人。孙武听了这一信息亢奋不已，进一步恢复了斗争的勇气。

没几天，谭人凤于2月23日从香港来到汉口，约集居正、孙武等人在旅馆见面，将所带的2000元现金中的600元给了居正，200元给了孙武，鼓励他们加快行动，积极配合黄兴的广州起义。

共进会得到谭人凤带来的800元经费后，除了在汉口法租界长青里租屋一栋作为总机关，又在武昌胭脂山租了一间屋作为分机关，还在武昌黄土坡开设了一家"同兴酒楼"作为联络军队的地方，并把邓玉麟从江苏召

同兴酒楼，位于武昌黄土坡，邻近新军营地，是革命党人的秘密交通站。

共进会重要成员邓玉麟

回武汉。

邓玉麟（1879—1951），字炳三，品三，湖北巴东人。少年时曾在宜昌、沙市一带从事贩卖活动。曾经投入宜昌巡防营。不久，来到武昌，投入新军第八镇第 31 标充当正目，1909 年春，经孙武介绍加入了共进会，成为该组织非常出色的干将之一。孙武去广州时，他便去了江苏。孙武、居正等认为他同军中人熟悉，又有办事经验，就写信将他召了回来。4 月 29 日，邓玉麟回到武昌，从孙武那里得到 100 元的开办经费，同兴酒楼就开张了。这个酒楼坐落在黄土坡 20 号，位于工程第八营和炮兵第八标的驻地之间，是城外炮兵第八营、马队第八营、第二十标入城的必经之地。邓玉麟"效法梁山朱贵酒店"，"店开不一月，而食指大进，酒酣耳热之后，邓君微示其意，咸慷慨激昂"。对共进会在新军中的发展起到了重大作用。"凡各协标营之入党者，将姓名登于账簿，以钱数记其年龄；各营什、伍长则记一元，以便识别。"到 5 月间，通过这个酒馆，共进会在新军中发展的会员达一千五六百人，"其中以工程营和炮八标的人数为最多，几乎占半数以上"。

共进会发展会员后，为了便于联络，借鉴蒋翊武创造的士兵代表制度，也在有会员的标营设立了代表。这样，在有的标营里不仅出现了交叉的党员，而且还存在着两个不同的组织体系，各自设有总代表，争相发展党员。到后来，"又发生有奇异现象：即本来为文学社社员，多改为共进会；而本来为共进会会员，又多改而文学社。各位同志跨社、跨会视若当然，究其原因，乃两革命团体的宗旨根本相同……早已无彼此之分"。

这样一来，两个革命团体合并之事已迫在眉睫。

文学社和共进会都在各标中发展党员，并且发展得都相当快，有些党员甚至是交叉的，彼此之间自然会产生一些摩擦和冲突，这种冲突在马队第八标就曾发生过。蒋翊武派章裕昆前往马队开展工作，经陈孝芬介绍到马队第八标三营左队入伍，仅十天左右，就发展同志四十余人。与此同时，共进会也在马队发展党员，孙武以开会为名，叫黄维汉填写了志愿书，而该标的士兵多数是拥护文学社的，因为文学社先期进行了宣传，所以一致主张加入文学社，还说这是团体行动，不应该个人单独填写，黄维汉即函告共进会取消自己的申请。后来黄维汉被推为文学社马队八标代表，黄冠群、文东明、萧志和为营代表。陈孝芬是共进会员，客观上帮了文学社的忙，使共进会处于被动地位。孙武认为他此事办得有失体面，一度责难于他。

类似这样的事情任其发展下去，对革命形势是极为不利的。因此，双方都有联合行动的意愿。

1911 年 5 月初，广州"三·二九"起义失败的消息传来，双方都更积极地进行武装起义的准备工作。5 月 3 日，共进会湖北、湖南两省的骨干召开紧急会议，讨论革命方略，决定在两湖采取主动行动，并决定："文学社革命团体与本会宗旨是一致的，我们向（来）认为（是）友党，宜将本会议决事项争取文学社同志赞助。务期同舟共济，严防两败俱伤。"文学社与共进会，都是革命团体，它们的联合无疑对湖北革命事业的发展是有益而无害的。但是，由于它们的各自发展历史不同，领导成员也不相同，在联合的问题上是有距离的。这种距离首先体现在心理上的顾忌。蒋翊武认为他们那些"穿长褂的人（文人）难与共事"，曾经无不担忧地对陈孝芬说"合作固好，但是他们出了洋的人是不好惹的，我们一定会上他们的当"。

即便如此，为了顾全大局，蒋翊武于 5 月 11 日，派刘复基、王守愚、蔡大辅代表文学社正式与共进会进行接触。对方代表有杨玉如、杨时杰、李春萱，会谈地点在长湖西街 8 号是文学社社员龚霞初的寓所。他们因初次接触，彼此都存几分客气。首先就武昌革命的进行方略交换意见，双方的观点没有太大分歧。然后，就当前最迫切需要解决的党员交叉问题达成协议："拟令各标营两团体的代表极力避免摩擦，万不可互争党员，只要是受了运动的同志，都是革命党员，不必分某社某会的畛域。双方均表赞同，决定即日施行。"

两个组织的第一次接触，可以说是愉快而富有成效的，但双方都回避了一个棘手的问题，那就是领导权问题。共进会本拟谈合并问题，但与会代表杨时杰、李春萱没有及时提出，认为两团各有历史，各有组织，尤其领袖人选不易解决。要解决这个问题，必须由双方领导人出面交涉，结果，双方领导人谈了个不欢而散。

在前次谈判的基础上，蒋翊武在刘复基的陪同下，于这年的 5、6 月间，前往汉口主动拜访孙武，与共进会的邓玉麟、高尚志、杨玉如等人会谈合并事宜。这次会谈发生了严重的争执，焦点是谁来领导的问题。

蒋翊武说："现在文学社在军营中发展的力量很大。我们合作后，少数应该服从多数，我们是可以成为主体的。"

孙武说："我们共进会是同盟会的系统，直属东京本部领导，与各省都有联络。在本省的同志很多，单说军队，共进会成立在群治学社之先，黄申芗、林兆栋等，以陆军特别学堂为基础，向部队中发展，黄、林目下虽然离开军队，但大部分同志，还在进行革命工作，据初步估计：人数超过文学社，我们联合后，共进会当然居于领导地位。"

这次会谈时间不长，因为双方距离太远，只好无果而终。

谈判虽有分歧，但蒋翊武始终坚持殊途同归主张。在蒋翊武主持的6月1日会上，刘复基被指定为文学社联络员，全权负责与共进会的谈判。6月14日，刘复基、王守愚与共进会代表邓玉麟、杨时杰、杨玉如、李作栋等再次在龚霞初家中会谈合并事宜。会上决定：由刘复基、邓玉麟负责研究具体办法。会后，他们两人商议，合并后的领导可以由双方负责人共同担任。

同年8、9月间，四川保路运动进入高潮，武汉地区革命党人也是摩拳擦掌，想一试牛刀。9月8日，保路同志会包围成都，四川各州、县相继起义，端方奉命入川查办，为了壮声势，他奏请湖北新军调派第十六协统领邓承拨率领第三十一标及第三十二标第一营的右、后两队前往。接着，清方又令第四十一标第一营准备开往宜昌、沙市，第三营准备开往岳州，马队第八标第三营准备开往襄阳，统一规定在9月12日出发。而这些部队中有着不少的革命党人，尤其是以第四十一标为最多。他们的离开，无疑分散了革命力量，因此，对湖北革命党人来说，起义已是刻不容缓了。

9月12日，蒋翊武在总部机关主持召开文学社代表大会，布置与共进会合作事宜。因将随营赴岳州驻防，社务委托王宪章负责，刘复基协助。经过与王宪章交换意见，两人达成共识：只要有利于革命力量的联合，在必要的情况下，他们都可以放弃领导职务。这一天，应当是蒋翊武随队开赴岳州的时间，他不得不给长官告假两天，参加了对于两党联合来说至关重要的会议。

9月14日，文学社和共进会在雄楚楼10号的刘公寓所召开联合会议。

武昌雄楚楼 10 号刘公、杨玉如寓所。
杨曾在此编印《雄风报》宣传革命。

　　孙武首先发言："我们湖北革命已有七年历史，尤其最近三四年间，完全是由我们文学社、共进会两团体担负这个重要任务。……武昌革命是文学社与共进会双方的事，如果一方动手，彼一方仍袖手；反之，如果彼一方动手，此一方袖手旁观，都是不能成功的。所以，今天召集我们两团体负责同志会商，这是紧急关头，希望切实讨论。"

　　接着，刘复基代表文学社发了言："武昌革命本是共进会与文学社两团体的事。我们两团体向来是合作的。不过，以前的合作只算消极的合作，现在，我们要积极的合作了。我们已到'箭在弦上，不得不发'的时候了。本人建议：我们既到了与清拼命生死关头，应该把以前双方团体名义如文学社、共进会等，一律暂时搁置不用，大家都以武昌革命党人的身份和清廷拼个死活。'事成则卿，不成则烹！'就是这个时候。我们全体同志要群策群力，冒险以赴，一切都不需顾虑了！"

刘复基的这番讲话，事前与蒋翊武商议过，他的发言既有实质性建议，又有革命的感召力，很快在与会者中产生了共鸣。

共进会会长刘公随即表示：既然两个革命团体的名称应当化除，那么原来两个团体分别推定的负责人也应作废，并表示愿意取消共进会推他担任的湖北大都督的名义。

蒋翊武、王宪章也提出：愿意取消自己的文学社正副社长的名义。

在新的领导人选问题上，蒋翊武、刘公、孙武、居正等人互相谦让，不肯担任。最后，居正建议：大家都这样谦让，不争权利，这是好事；但事权仍须统一，组织要有重心，建议请同盟会领袖黄兴、宋教仁、谭人凤来武汉主持，名义待他们来后再定。这个提议得到了全体与会者的同意，决定派居正、杨玉如赴上海，邀请黄、宋等即刻来汉，以便大举；并携款1000元，在上海购买手枪，以备起义时使用。

文学社与共进会的联合总算正式形成，蒋翊武终于放下心了。他将有关起义的准备事项对王宪章和刘复基进行了详细交代，为了不引起上司的注意，他连夜赶赴了岳州。

二、武装起义总指挥

湖北新军总计一镇一协，即第八镇、第二十一混成协，共辖步兵六协，并配有炮、马、工程、辎重等部队，合计12000人。武昌起义前夕，随着革命形势的迅猛发展，清廷的中央和地方政府都有一种不祥的预感，为了防范"暴乱"，先后采取了一些应变措施。

湖广总督瑞澂担心新军之中多革命党人，集聚在武汉一地，容易形成合力，不如将其分散瓦解，决定把"不稳"的新军分调各处，这样，既能分散革命力量，又能震慑地方。这个分兵的计划在闰六月就开始实施了。

恰在此时，四川保路运动兴起，清廷任命端方为"铁路大臣"，赴四川平息"叛乱"。端方在入川前向瑞澂借兵，瑞澂唯恐端方久居湖北对己不利，非常乐意地送了个顺水人情，将一标又两营的兵力调配给端方使用。另外还有三标多的兵力驻省城以外的其他地方，结果，留在省城的只有新军总兵力的三分之一，约4000人。

再从武昌城内外新军中的革命党人来看，力量最强的是第八镇的炮八标和工程第八营，第二十一混成协的工兵队和辎重队；其次是第二十九标、第三十标中，一营全旗籍兵士，二三两营，旗汉参半。但革命党人仍有不小的势力，仅第三营的文学社党员就有250余人，该营右队排长张廷辅是文学社的骨干分子，后队三棚的正目是文学社的副社长王宪章。起义前夕，革命党人到底有多少，没有一个确切的数字，有的说3000人，有的说5000人，最多的是张难先在《湖北革命知之录》提供的11000人。

城内新军中，只有辎重第8营和教导队一营中没有革命党人的力量。

共进会第三任总理刘公

9月23日，文学社和共进会再次在雄楚楼10号刘公寓所共同集会。这时，蒋翊武已经随第四十一标第三营赴岳州驻防，刘复基作为文学社的全权代表出席会议。共进会的与会代表是孙武、邓玉麟、杨玉如、李作栋等。会上，刘复基、邓玉麟共同提出以蒋翊武为军事总指挥，专管军事；孙武为军政部部长，专管军事行政；刘公任总理，专管民政。关于全体重大事件，由三人集合大家共同商决处理。还确定了军事筹备员、军事计划起草员、参议、侦查、交通、传令等的人选，以秦洛民为蒋翊武的参谋。

这是一个为了武装起义成立的一个领导集体，核心是将翊武、孙武和刘公三人。而在权力分配上，则实行了相互牵制：蒋翊武居于总指挥的最高位置，但在军事和民政方面分别还受到孙武、刘公的制约。在当时条件下，同盟会的黄兴、宋教仁等人不能及时赶到，而武汉的革命形势发展迅猛，革命党人不得不为武装起义组建自己的领导集团，便形成了这样一个折中方案。参加会议的李作栋事后指出："这样划分，职权极不明确，究竟谁指挥谁，也未加以规定。不过当时只有这样划分，才能使三人的矛盾得到统一；事实上三人从此形成了各不相上下的恶劣局面。所以，武昌首义成功后，三人明争暗斗，矛盾逐渐发展，才被立宪党人钻了空子，为黎元洪制造了机会。"

在领导人问题取得一致意见后的第二天（9月24日），文学社和共进会在武昌胭脂巷11号胡祖舜家召开了各部代表会议，双方的重要分子都参加了，陆续到会的有近一百人。会议由孙武主持，讨论军政府组成和武装起义计划问题。刘复基提出了讨论草案。

会议推举的军政府组成人员如下：

总　理：刘　公
总指挥：蒋翊武

参谋长：孙武

军务部：孙武（正长）蒋翊武（副长）

参谋部：蔡济民（正长）高尚志（副长）徐达明（副长）

内务部：杨时杰（正长）杨玉如（副长）

外交部：宋教仁（正长）居正（副长）

理财部：李作栋（正长）张振武（副长）

调查部：邓玉麟（正长）彭楚藩（副长）刘复基（副长）

交通部：丁立中（正长）王炳楚（副长）

参　谋：张廷辅、徐万年、杜武库、王宪章、吴醒汉、唐牺支、李济臣、黄元吉、王文锦、杨载雄、张斗枢、宋镇华等

秘　书：谢石钦、邢伯谦、苏成章、蔡大辅、费榘等

军　械：熊秉坤

司　刑：潘善伯

司　勋：牟鸿勋

司　书：黄元斌、袁汉南、罗秉襄等

会　计：梅宝玑、赵学诗等。

庶　务：刘玉堂、钟雨庭、李白贞、刘燮卿等

会议还推举刘公、孙武、居正、李亚东（狱中）、胡瑛（狱中）、李长龄、詹大悲（狱中）、刘复基、邢伯谦、牟鸿勋、查光佛、梅宝玑、何海鸣（狱中）、杨时杰、杨玉如、李作栋、蔡大辅、龚霞初、陈宏诰等人为政治筹备员。刘公、孙武、李作栋、潘善伯常驻汉口长清里98号办公。政治筹备处的主要任务是制作起义时用的旗帜、印玺、文告等。

推举蒋翊武、刘复基、邓玉麟、蔡济民、彭楚藩、徐达明、杨宏胜、张廷辅、杜武库、黄驾白、蔡大辅、吴醒汉、王守愚、王宪章、李济臣、

祝制六、张喆夫、黄元吉、胡祖舜、王文锦、罗良骏、陈磊、阎鸿飞、马骥云、陈孝芬、王华国、钱芸生、杨载雄、胡培才、萧国宝等为军事筹备员。刘复基、邓玉麟常驻武昌小朝街 85 号办公。军事筹备处的主要任务是制定武装起义计划。

会议还决定在 1911 年 9 月（农历八月）择日起义，并派党人李擎甫火速前往岳州通知蒋翊武潜回武汉，筹划起义。

蒋翊武极其信任刘复基，孙武极其信任邓玉麟，因此，他们俩在文学社和共进会的合并过程，以及武装起义的准备过程中，起到了举足轻重的作用。但是，从这次会议出台的军政府组成名单来看，文学社与共进会的权力比重开始发生明显的变化：

第一，原文学社的领袖蒋翊武，虽然处于"总指挥"的位置，但却在军务部屈居于孙武的副职。文学社的第二号人物王宪章仅列为一般参谋，副部长一级职务也没有安排。

第二，在蒋翊武、刘公、孙武三人核心领导集团中，这次会议分别明确了刘公的"总理"和孙武的"参谋长"身份，使在前一天会议上确立的领导体系权力更加不明确，实质上压制和削减了蒋翊武的权力。

第三，在拟建的七个部门中，外交部正长宋教仁是同盟会的领导人，参谋部正长蔡济民具有文学社和共进会双重党籍，其余五个正长都由共进会把持。有人对这次会议产生的"预备班子"进行了统计，"在各正副部长、参议及各处长人选中，共进会占 67%，文学社占 10%，具双重身份者占 10%，其他占 13%"。

第四，会议确定的汉口、武昌两个指挥机关，分别是政治指挥机关和军事指挥机关。但在常驻人员安排上，前者人数多于后者，而且前者常驻人员全是共进会党员，后者除刘复基外，还渗入了共进会骨干邓玉麟。

形成这种局面的原因，客观上是蒋翊武不在会议现场，加上原文学社的领袖级人物不像共进会那么多；主观上是共进会成员注重政权建设，而且在举事之前具有搭建"政府班子"的丰富经验。

三、第一道起义命令

在文学社与共进会正式联合的会议上，大家一致同意派人前往上海邀请同盟会领导人黄兴、宋教仁、谭人凤来湖北主持大计。1911 年 9 月 25 日，居正、杨玉如到达上海，先后找到主持同盟会中部总会工作的宋教仁、陈其美和谭人凤。"连日在英士（陈其美）寓所，召集上海机关部会议，决定南京、上海同时发动。"

这时，山西、陕西、云南、广东、四川、广西等省，都有代表在上海总部参与会议。大家听了居正、杨玉如关于武汉方面的情况介绍，都非常惊喜和激动，会后即密报本省同志加强准备，随时响应。然而，此时的黄兴在香港，一时不能前来；谭人凤在前两天刚因病住院；宋教仁是最有资格和时间启程的，他却几乎与居正到上海的同时接到狱中胡瑛的来信，信中"极言湖北之人不能发难"，致使他对居正等人的报告半信半疑，犹豫不决。如果宋教仁能够及时赶至武汉，以他的才智和威望对湖北革命党人的起义工作进行指导，也许辛亥革命史的许多内容都会因此而改写。虽然我们不能对革命先烈有过多的评说，但宋教仁一再延误来汉时间，不能不说是一个历史的遗憾。

谭人凤对武汉的情况比较了解，"确信湖北事急，因于十二日（10 月 3 日）复开会，促钝初（宋教仁）往"。"钝初颇惭谢，并允中秋（10 月 6 日）决往。及临期，又以于君右任（《民立报》社长———引者注）不在报馆难摆脱告"。谭人凤十分气愤，就带了药品出了院，在 10 月 8 日赶到南京，召集当地党人嘱咐准备响应。10 日，他和居正同轮从南京赶往武汉。当他们赶到汉口的时候，已经是武昌起义爆发后的第 4 天了。

关于上海是否来人的情况，以及革命党人在 9 月 23、24 日的两次会议，由于当时交通条件的限制，作为总指挥的蒋翊武在岳州是概然不知。但他对武汉革命党人的信息渴望是非常迫切的，正是"人在曹营心在汉"。

李擎甫奉令来到岳州，找到总指挥蒋翊武，告知武汉革命组织作出的决定和最近发生的一些事情。蒋翊武为革命形势的发展感到欣喜若狂，并心急如焚地逃离了军营，不顾一切地返回革命的大本营。

就在蒋翊武火速赶回武汉的当天，汉口租界发生了宝善里事件。

汉口长清里 98 号，原是共进会的总机关，两个团体合并之后便成为政治筹备员常驻的办公地点。由于筹备工作紧张，出入人员频繁，难免引起租界巡捕的注意，于是又改租俄租界宝善里 14 号的一栋空房子作为总机关。

1911 年 10 月 9 日，就在起义的各项准备已经就绪的时候，一件意外的事情发生了。

这天中午，孙武在新设立的总机关宝善里 14 号配制炸弹。这批炸弹原系黄复生、喻培伦等革命志士在前几年由日本携来，准备炸端方用的，一直放置在长清里 98 号内，共计三个，每个能装五六磅炸药。大约下午三时，刘公的弟弟刘同进来，叼着纸烟，在旁观看配制炸弹。无意中一个火星落入配药的面盆内，立刻引起熊熊大火，烈焰带着浓烟直透窗外，邻居高呼火警。孙武面部和右手当即烧伤，李作栋等人用一件长衫罩在他的头上，匆忙逃离现场，叫了一辆黄包车，将他送到德国租界的同仁医院进行治疗。

俄租界的警察们闻讯赶来，在室内发现了革命党人所遗文件、名册、旗帜、炸药等什物，得知这里是革命党机关，就派警察继续监视。黄昏时，刘公忽然想起屋内还有重要物品不能落入警察之手，便派妻子李淑卿和弟弟刘同回去寻取。一进屋，他们就被俄国巡警逮了个正着，俄警将他们先关在巡捕房，随后引渡给清军的江汉道。

然而，汉口和武昌虽然是隔江相望，但那时并没有桥梁可通，宝善里失事的消息，不可能很快传到武昌。

蒋翊武离开岳州之后，先到了宜昌，与驻守那里的唐牺支等人进行了秘密磋商，吩咐武昌一旦举事，宜昌立即响应。然后，他日夜兼程，于1911年10月9日凌晨风尘仆仆地赶回武昌主持起义大计。

他先到山后马家巷蔡大辅寓所，随后与蔡大辅来到小朝街85号军事指挥部。常驻指挥部的刘复基对蒋翊武的到来喜不自禁。

一阵寒暄后，蒋翊武首先问道："我到岳州多日，这里的情形很不清楚。现在本党势力究竟可否举事？"

刘复基说："近日的情形，非常危险。本党军队人数，十成约莫有了九成。若一举事，不但可以据武昌，得汉口，就是去打北京，也甚容易。"

蒋翊武又问："既是有了这样，倒也可以举事，但是前月派往上海的居正、杨玉如去与宋教仁办交涉的事，现在到底办好了没有呢？若是已经办好，我们便择日举事吧。"

刘复基回答道："杨玉如返汉，购枪未果，居正尚留沪，只是黄克强目前在香港，接得谭人凤的报告，对于湖北一方面很不放心，表示各省机关没有一气打通，湖北一省恐难做到，必须迟到九月初（阳历10月底），约同其他省同时起义才好。但是，在军队里的同志，听说要推迟几天，心里都不愿意，日日只向我催，要我打电报催你回来。"

蒋翊武听后，沉吟了半晌，才说："克强（黄兴）的心里很有把握。凡事从谨慎方面去做，自然百无一失。我们这里人数虽多，假若各省与湖北不能同步行动，岂不是徒劳无功吗？克强既然叫我们推迟几天，我也很赞成。"

但是，这样大的事情，必须与各标营代表商议才能决定。于是，蒋翊武立刻派人到步、马、工、辎、炮各营，把代表们请到总指挥部开会，讨论起义日期。不一会，代表们陆续到齐。各位代表见总指挥召集开会，兴奋异常，估计这是一次部署起义的重要会议，历史即将从此改写。

蒋翊武先把黄兴建议推迟至月底起义的意思，委婉地做了介绍，然后对大家说："各位的意思，到底如何？我今天请各位到这里来的原因，也是为的这种问题。"

代表们听了，齐声说道："现在外面谣言很大，若不及早起事，势必发生意外。那时还可以悔得及吗？况且军中同志，已占十之八九，若一举事，何患武汉三镇不唾手而得，何必以他人为转移？"

蒋翊武解释道："我的意思，不是不想早日起事，而是怕我们这里一旦起事，外面没有相应，岂不是随得随失吗？且我离省已有半月余，党内外情形都不甚清楚。各位如果给我一点时间，让我详细调查，从容布置，那时不但外省有了救援，就是本处也不致仓促坏事。这是我的管见，还须各位考虑考虑。"

代表们听了蒋翊武的一番话，感觉到他是为了慎重起见，以防万一。他们答道："既然这样，我们又何妨多迟几日？但现在外面风声不好，假如出现突发事变，我们又何以对待呢？"

蒋翊武宽慰道："大家如有危险，兄弟自有对待的办法，请各位放心。"

这样，代表们才慢慢地散去。这时已是上午 11 点多钟了。

各标营代表离去后，蒋翊武、刘复基留在总指挥部继续研究行动计划。不久，张廷辅从营队回来，与蒋翊武等叙了几句温寒，然后便用午饭去了。

午餐后不久，忽见邢伯谦飞奔而来，一进门就慌慌张张地说："不好了，不好了，汉口的机关都已经失事了！"

蒋翊武先是一怔，继而惊讶地问道："怎么回事？"

邢伯谦便把孙武在汉口宝善里配制炸弹，以及巡捕房搜查机关部的情况说了一遍。

听完情况汇报，蒋翊武不胜嗟叹，想到积数年努力，革命力量竟将毁于一旦，起义又要功败垂成。他愣了半晌，才慢慢地说道："唉！万万想不到啊……"说着就哽住喉咙，不禁难过得热泪盈眶。

刘复基，张廷辅、蔡大辅等人在旁，也不觉戚戚伤心。

过了一会，刘复基大声说道："事到如此，就不如一不做，二不休，决定就在今晚起事吧！"

蒋翊武也感到事态的紧迫："事急矣，宁我薄人，勿人薄我，其生死以之。"又说："我不杀贼，贼就杀我，此时不干，更待何时？只有提前干，或可死中求生。"

这时，邓玉麟也从汉口那边赶过来，到总指挥部寻求应急办法，听了蒋翊武的感想，说："说得好，就这样办。翊武，你是我们公推的总司令，就请你即刻下道命令，准于今夜起事。"

蒋翊武见大伙都是异口同声，断然地说："刚才我已经吩咐各标营代表回去准备，如有突发事件随时听候通知，就决定今晚起义吧！"

刘复基从一个匣子里拿出上次讨论过的作战计划和地图来，供其参考。蒋翊武阅后说："好！非常详细！"

于是，蒋翊武以起义总司令的名义，拟定了武昌起义的第一道作战命令，

全文如下：

命　令

（一）本军于今夜十二时举义，兴复汉族，驱除"满虏"。

（二）本军无论战守，均宜恪遵纪律，不准扰害同胞及外侨。

（三）凡属步、马、炮、工、辎等军，闻中和门外炮声，即各由

原驻地拔队，依左列之命令进攻：

甲、工程第八营，以占领楚望台军械库为目的。

乙、第二十九标二营，由保安门向伪督署分前后进攻：一营前队，出中和门迎接炮队；左队守中和门；右队防守通湘门；后队助工程营占领楚望台（三营出防郧阳，故不列）。

丙、第三十标扑灭旗兵后，即向各要地分兵驻守。

丁、第三十一标留守兵，分进驻各城门防守。

戊、第四十一标留守兵，进攻伪藩署及保护官钱、善后、电报各局。

己、马队八标一营进城后，即分配各处搜索；二营向各城门外搜索，以四十里为止（三营及混成协马队第十一营因出防襄阳故略）。

庚、塘角辎重第十一营，于本夜十一时在原驻地放火助威，藉寒敌胆。

辛、塘角工程第十一营，掩护炮队。第十二营由武胜门进城，占领凤凰山。

壬、卫生队于天明时，往名处收殓阵亡尸首。汽球队于十二点钟时在咨议局前听遣（辎重第八营现在伪督署守卫，谅不可靠）。

（四）炮队第八标，于十一点半钟即拔队由中和门进城。以一营占领楚望台，向伪督署及第八镇司令部猛烈射击；以二营左右队占领蛇山，向伪藩署猛烈射击，中队留守原驻地；三营占领黄鹤楼及青山一带，防守江中兵舰（我军占领时，均即停射）。

（五）第四十二标一营左队，进攻汉阳城；前、右、后三队，占领大别山及兵工厂；以后队为援队。

（六）第四十二标二营，占领汉口大智门一带。

（七）第四十二标三营右、后两队，堵塞武胜关；前、左两队防守花园、祁家湾一带。

（八）武昌弹药枪支，暂由楚望台军械库接济。阳夏暂由兵工厂接济。

（九）凡各军于十九日上午七点钟皆至咨议局前集合，但须留少数军队，防守已占领地点（阳夏驻军不在此例）。

（十）予于十二时前，在机关部。十二时后在咨议局。

（注意）本军均以白布系左膀为标志。

总司令 蒋翊武

这是武昌起义的第一道作战命令，对于起义的爆发具有决定性意义，在起义进程中发挥了重要指导作用。著名历史学家黎东方在其《细说民国创立》中对此命令作了详细归纳，指出蒋翊武的方略是使"各部队同志分别控制其部队，利用清军原有的编制进行作战，每个部队的指挥官，以各标营的代表替代清方原有的部队长。这样，革命并非另在一军，而是化清军为革命军"。

四、三烈士遇害

起义命令拟就后，蒋翊武叫在场的同志誊写了二十多份。然后对众人说道："今日这个命令，乃是一时权变。我先前叫各代表推迟几天，现在忽然叫他们今夜举事，岂不是自相矛盾吗？似此朝令夕改，还有哪个肯信服呢？你们这回往各处送命令去，预先说明改期的缘故，才不至于使他们产生误会。"蒋翊武又说："传递命令，尤其是炮队的命令，事关全局，最为紧要，你们谁愿前往？"

邓玉麟道："我去！"

蒋翊武认为邓玉麟本来就负责联络，便郑重地将事关起义信号的命令交付给他，又朝壁上的自鸣钟一看，说："不早了，已经四点钟了，你身边有铜板没有？要坐车子去。"

邓玉麟道："我有铜板，立马就去。"

其余的命令则由杨宏胜、胡祖舜、陈磊等人分头送达。值得一提的是陈磊（字树三，湖北黄冈人），他是一个非常能干的军人，也是革命烈士陈潭秋的二哥，当时在湖北工业学校就读，是文学社在该校的总代表。他不辞劳苦，又富有事务才干，社中每有重要任务由他担任，照例完成不误。蒋翊武下达起义命令之后，他承担了向第二十九标、第三十标、第三十一标、第四十一标各单位送达命令的任务。虽然信号参差，当夜未能按时动作，但他的命令是准时传达到了。

传达命令的同志出发后，蒋翊武即写了一封信，发往湖南岳州，叫李擎甫和那里的几位同志赶紧行动，叮嘱驻防该地的同志加紧联系，准备响应。接着便来到王宪章住处，碰见杨宏胜，问道："你店中不是藏有炸弹吗？今天起事，你赶快将炸弹运送工程八营。现在不过四点多钟，还来得及，你愿意不？"

杨宏胜道："送炸弹，我是送惯了的。革命死都不怕，哪有不愿之理！"说毕即走。

蒋翊武又叫王宪章同彭楚藩几个人运送炸弹到蔡济民、张廷辅、徐达明等处。然后，他又去了邹毓琳的学堂，到了蔡大辅的寓所，料理来日的一些事情，并嘱咐蔡大辅同王守愚、陈磊几个人多准备一些旗帜、告示，只等炮声一响，便拿出去悬挂张贴，以彰革命声势。

夜幕初降，晚上七点多钟，蒋翊武在蔡大辅家吃过晚饭回到机关部，对大家说："恭喜各位，现在已是万事俱备了，你我只等中和门的炮响，就好出去督队。"说得众人欢喜极了。

过了一会，王宪章、彭楚藩回机关部复命，说他们的命令已经送达。

武昌中和门。工程起义后，驻扎城外南湖的第八镇炮队由此门入城，在蛇山等制高点安设炮位，炮轰总督署。

王宪章问蒋翊武："你的事都布置好了吗？"

蒋翊武说："诸事都办妥当了，只等炮声一响，就好了的。"

王宪章哈哈大笑了几声，然后又问刘复基："炸弹还有吗？"

刘复基兴奋地回答："还有，还有。"说着就从夹墙内拿了几个炸弹，递给王宪章，并教他怎样使用。

王宪章接过炸弹，揣进怀内，说了几声："后会！后会！"头也不回地就走了。

王宪章走后，楼上楼下忽然鸦雀无声，空气中凝聚着莫名的寂静。蒋翊武好像有一种预感，为了打破这种沉静，他从房内取出留声机，打开匣子，播放《三娘教子》《华容道》《空城计》等戏曲唱片。当事人龚霞初描写道："他是在极度危险而迫切的当儿，故意表现着闲情逸致的镇静态度，一则是借此掩饰，麻痹敌人，再则是安慰房内妇女们惧怕的心理，然后是消磨这等待时刻的苦闷。"实际上在座的各位根本没有心思听戏，而是急切等候邓玉麟的复命。

此时，小朝街机关已处在危险之中。这里原定为起义指挥中心，往来党人络绎不绝，由于起义时间紧迫，届时已来不及更改，蒋翊武只得冒险在此坐守机关，以应对非常情况，便于指挥起义。最后留在楼上与蒋相伴的有刘复基、彭楚藩、牟鸿勋、龚霞初、陈宏诰共6人，楼下张廷辅的夫人贺氏、岳父贺某以及一个女佣在听留声机。

　　为了打发难熬的时间，也许是为了壮壮胆，蒋翊武派人出去买了一些酒菜，几个人就在楼上痛饮起来。

　　饮酒其间，革命党人潘善伯曾经来到总指挥部，打听今晚起义的情况，刘复基对他说："我料此处万分危险，今晚会将发生意外，你们无须在此等待，可速往巡道岭学社，那里地区稍偏，比较安全，听见枪声再出来行动不迟。"

　　刘复基又说："起义之前，这里是指挥中心，我们不能离开。你说的话也不无道理，多一个人即多一个人的危险，你就不要留在这里了。"说完硬把潘善伯推下楼去。

　　潘善伯"怀着沉重的心情在门外徘徊了一阵才走开"。

　　喝了一会酒，看到墙上的挂钟指向十点，刘复基笑道："快了，快了，不过只差点把多钟了，我们赶快预备，大家装扮起来吧。"

　　楼下留声机的唱片都唱过几遍了，蒋翊武起身说道："唱戏已毕，百事大吉，静听炮声，恭喜恭喜。"这四句吉利话，引起了大家的振奋。大伙一齐起立，"穿的穿皮鞋，绑的绑裹腿，换的换短装，系的系腰带"。一副整装待发、冲锋陷阵的样子。

　　这一夜，月色分外光明，照得大地河山点尘不染，好似在半空中遥祝革命成功；这一夜，万家灯火，灿烂中寂静无哗，一般市民都沉睡在梦乡里，全然不知今宵有扭转乾坤的大事即将爆发。这时，蒋翊武遥望着一轮明月，靠倚栏杆，赳赳桓桓，俨然有那横槊赋诗的气概。两眼极目星空，恨不得将那几点浮云，登归扫尽。这亦是英雄的怀抱、豪杰的胸襟。

兴奋不已的龚霞初对蒋翊武说："翊武兄，你看今夜星光灿烂，似有天公相助的吉象。我们今夜一得武昌，明日便将队伍开往北京。自古道'兵贵神速'，若是我们连夜赶到北京，些须放他两枪，包他就要不战自乱。"

蒋翊武说："此事我早已筹划好了的，只是到了明日，我想留一半军队守护城池，一半军队开往北京。若军队都去了，那是一定不妥的。"

正在讨论之际，负责与杨宏胜联络的党人张某，慌慌张张地跑上楼来，"坏了，坏了！"

蒋翊武、刘复基等众人惊恐地问道："又是怎么的？"

张某说："适才杨宏胜的那几个炸弹，用篮子提着，皮面盖些白菜，刚刚走到工程营的门口，那个守卫的排长，就把他拦住，不许他进去，接着又来翻他的菜篮。宏胜见势不好，只得从篮里拿出一个炸弹，向他丢去。那个排长的眼快，见他手里忽然拿着个东西，知道不是好事，当时就往里面一跑，所以宏胜丢了一个空，反把自己的脸炸坏了……我看他那种样子，所以忙跑回来报告。我走到工程营的背后，忽又遇着一排人，如飞地向十五协那里去了。"

彭楚藩听到这里，指着墙上的挂钟自我安慰般地说："不要紧，不要紧，这钟已到十一点多了，还怕什么？不久就可以听到炮声响了呢。翊武，你快将攻守的地图、调查手册早些看熟，以便临时指挥。"

刘复基接着说："这个时候，我只怕营队里的同志已经预备了哩。牟君（鸿勋）请你主稿，将我们的姓名录起，恐怕我们阵亡了，也落得一个名儿。"

蒋翊武仰望天空，似乎是祈祷，似乎是无奈："只有等待！"

起义的命令正在送达途中，而清军也在加快"围剿"革命者的步伐。双方都在与时间赛跑，就看谁跑在前面。

宝善里失事后，俄国驻汉总领事奥斯特罗维尔霍夫即命巡捕房将所搜查的物证和逮捕的人员移交清廷江汉关监督齐耀珊。"是时，耀珊亲到俄领事馆晤领事，并察看革命宣传品等件。即据情呈报总督瑞澂"。

瑞澂得报后，大为惊恐，一面向俄总领事"致函申谢"，一面下令紧闭城门，调集巡防营、守卫队、教练队巡查街巷，又"当派荆襄水师巡防队与徐提来署审讯"。将李淑卿、刘同等押解武昌湖广总督督署，当即开庭审讯。

李淑卿虽女流之辈，曾多次协助刘公从事革命的联络工作，在敌人的审讯面前，表现得非常沉着冷静，拒不招供。而刘公的弟弟刘同，一袭学生洋装，神态极不自然，官吏对他稍加威逼，不等用刑，就将自己所知道汉口、武昌各地的革命机关，悉数招出。审讯官吏将刘同的口供禀报瑞澂，瑞澂且惊且喜，下令当夜进行搜捕。

于是，小朝街 85 号、雄楚楼 10 号、胭脂巷 11 号、巡道领同兴学社、三道街数学研究所、巡司河陈子龙寓所，以及杨宏胜杂货店等处，均在清军的包围搜查之列。

当晚 11 时，第八镇统制张彪在"司令处查防，当有炮队退伍正目（班长——引者注）邓某驰报，有革党密居小朝街 82 号、85 号、92 号"。张彪立即禀报瑞澂，亲率巡防兵、督院卫兵数十人，直奔蒋翊武所在的总指挥部小朝街。

接近子夜时分，楼下传来急促的敲门声，比打雷还要急。蒋翊武遂在楼上向外面大声问道："深更半夜，有什么事？"

外面答道："会你们老爷的！"

蒋翊武一听不妙，就对众人道："事已至此，我们要沉着应敌，不要慌！大家准备炸弹。"说着，顺手在墙边拿出一颗炸弹，只望一人当先。

刘复基认为蒋翊武总揽全局，阻其前往，慨然道："让我来，你们只替我打接应。"说着也拿了两枚炸弹，直奔楼下，向破门而入的军警掷去，"老爷来了！"

只听得"哎哟"一阵叫喊，却不见炸弹在军警中爆炸。蒋翊武等在楼上又向下面投放了几枚投弹，结果也没有引起巨大的爆炸。

原来，这批炸弹是三天前送过来的，为了安全起见，有位同志把炸弹中的栓钉给抽了。而这时匆匆应战，慌乱之中炸弹来不及上栓，没有顶针，所以爆炸力很小。

军警见炸弹是假的，胆子大了，蜂拥而上，一把将刘复基按住。楼上的同志见炸弹已经用光，又手无寸铁，寡不敌众，只得从瓦上逃逸。蒋翊武他们几个上了屋顶，见旁边有条巷子，便傍着墙跳了下去。然而，小朝街的周围早已布满了军警，蒋翊武等人刚从房上落地，埋伏在此的军警即刻围了上来。那个报信的张某，乘军警们去捉拿蒋翊武、彭楚藩的间隙，从旁边侥幸逃脱。陈宏诰见警察中有几个相识的，便借口说父亲要他来抓人的，他的父亲是警务公所的科长，认识他的警察们信以为真，陈宏诰乘隙也跑掉了。

与蒋翊武一同被捕的有刘复基、彭楚藩、牟鸿勋、龚霞初以及张廷辅的家人等，附近客栈和居民中一同被捕的还有几十人。

到了兰陵街警视厅，蒋翊武故作乡愚状，谎称系房东伙夫，佯问抓我做什么。因所捕之人甚多，该局警官只注意穿洋服而且无辫者，见他长袍短褂，像个乡里教书先生的样子，遍搜其身，又无一物，与所捕诸人不同，以为真是清朝的奴隶百姓，压根儿不像革命党，没有对他重点看守，就随便将其押在花园里的东花厅。蒋翊武趁那警官到前面去打电话，监视稍疏，便瞅准这个机会，一纵身，翻越花园的围墙，逃了出去。

当天晚上，城内和草湖门外驻军中的革命党人，在接到命令后无不枕戈待旦，等待着南湖炮队的信号，准备闻声即起；被捕的同志也焦急地期望炮响得救。然而，南湖炮队的号令，一直没有按时打响。

在蒋翊武下达的起义命令中，南湖炮队的炮声是全军行动的首发信号，担负送达命令任务的邓玉麟也是革命党人的主要骨干。然而，由于他的行动迟缓，致使当夜起义的计划落空。原来，邓玉麟没有首先去执行自己的任务，而是先与杨宏胜到了工程第八营，找到该营总代表熊秉坤，嘱咐他说："我们决定今夜起事，以炮队先行发动，""军械所原系你们驻守，今夜无论如何困难，一听炮声，你们即先行占领。"并交代："今夜口号名：同心协力。"

离开工程营后，邓玉麟与艾良臣才一起同往南湖。那时天已将黑，街市开始戒严。武昌天黑就关城门，当他们俩绕道文昌门出城，已是晚上 11 时。然后，沿着江边过巡司河，抵达炮队时，已是深夜。

炮队此时灯光全灭，营门紧闭。他们只好从后营外壕的土墙上翻了过去，找到代表徐万年、孟华臣、蔡汉卿等，在马房中向他们传达了起义决定，并说："指挥部已通知各营，今晚 12 时以南湖炮队炮响为号，同时响应。"

炮队同志说："照你们所说，动手的时间快到了，但同志们都已睡着，事先又没有准备，今夜举事，实不可能。"因此，到原定的午夜 12 时，炮队革命党人不能按时发炮，各营也不敢轻举妄动。

10 月 9 日晚的起义计划就这样流产了。

武装起义没有如期举行，革命力量也没有遭到重大破坏，但却在当夜失去了三位重要的革命党人，彭楚藩、刘复基、杨宏胜三人于 10 月 10 日凌晨，被斩首于督署东辕门，史称"首义三烈士"。

五、军政府成立，大权旁落

蒋翊武被捕脱险后，首先来到山后马家巷蔡大辅的寓所，此时王守愚、陈磊由各营送命令回来，也在这里静候起义的消息。原定的起义时间已经过了许久，大伙却没有听到发令的炮声，正在焦急的时候蒋翊武来了，便惊问道："你是怎么来的？钟点过了，为什么还没有动静？"

蒋翊武痛心地说："机关遭到破坏，还谈什么动静？"

王守愚急切地问道："到底是怎么回事？"

蒋翊武便把小朝街机关遭破坏的情形详告大家。众人听了，一时也想不出一个补救的办法。过了半晌，王守愚道："既是这样，何不再通知各标的代表，约定今夜乘机起事。不然，我们怎能对得住几个死去的战友呢？莫讲监狱里有几个要救出，就是不救他们，也不能失去这个机会。往后还想有这样的势力吗？"

蒋翊武说："话虽如此，只是瑞澂今日正在满城捉人，凡无辫子的都被抓捕。你们既然没有辫子，又是本社的职员，那姓名册子现已搜去，情形已是十分危险，当前要注意隐蔽，保全自己，以待时机。"

当时众人苦于没有辫子，也不便抛头露面，只好请蔡大辅的内兄出外探听虚实。与此同时，蒋翊武吩咐蔡大辅将平时收藏文件的箱子打开，将"所藏的章程、会议录及一切有关系的东西，尽行焚化，之后分头而散。即或不幸被抓，也不至于让他们一网打尽"。

不一会，内兄回来报告，外面风声异常紧张，正如蒋翊武所言，瑞澂派出大量军警满城捕人，凡剪辫者一律拘捕。

第二天一大早，武昌城内已经张贴出彭、刘、杨三烈士被斩以及悬赏捉拿革命党的告示。蒋翊武"意欲即图再举，无如一刻又难通消息。加以满城乱捉，草木皆兵，不得已才同守愚、大辅等分途出走"。

傍晚，蒋翊武等人乔装打扮，在城门关闭之际混出了位于城东北的武胜门。

出了武胜门，蒋翊武"四顾凄凉，无处可匿。天色迷离，暮气渐布，此时只身无主，万念攒心，将欲即赴长江，以赊一死"。回头一想，刚刚死去的三位革命兄弟，谁去为他们复仇？而且革命大业，运筹多年，难道就此中断？他情不自禁地摇了摇头，对自己刚才愚蠢的念头苦笑了一声，决定从长计议，便与王守愚雇了一小舟逆汉水而上。他们在汉川上岸，王守愚决计在汉川投靠朋友，蒋翊武没有停留，走了一段陆路，到了新沟，再换一小型客货混装的机帆船，计划直奔安陆县，纠合同志，以图再举。

　　同船的船客很多，狭小的船舱几乎难以容身。独处一隅的蒋翊武情绪低落，因念及三位死去的战友被害惨状，不觉泪流满面，暗自哽咽。船中人多，不敢明哭，到了半夜时分，腹中因一日未食，才知饥肠辘辘。加之身上衣衫单薄，更觉河风分外寒凉，船上条件简陋，没有保暖什物，蒋翊武只好抱膝而坐，囊中仅有彭楚藩所分之银币七元、铜圆数十枚，且因连日辛劳，精神困顿，不多时，也就迷迷入睡。岂知屋漏偏遭连夜雨，行船遇逆风，银币竟被扒手窃去，待他醒来的时候，准备购点食品充饥，却发现囊中已被窃贼洗劫一空。

　　就在这天的晚上，武昌的革命同志，已经按照他在9日下达的命令，在群龙无首的情况下，打响了武装起义的第一枪，并经过彻夜奋战，夺取

辛亥革命前的武昌城。1911年10月10日，震惊中外的武昌起义在这里爆发。

了湖广总督督署衙门等前清机关，取得了武昌首义的初步胜利。蒋翊武虽然没有亲临起义，但是，起义部队所展开的军事行动，都是按照他在9日下达的命令进行的。

10月11日，武昌首义胜利的消息不胫而走，省城内外议论纷纷、沸沸扬扬。打算去安陆的蒋翊武，从刚上船的船客那里打听到武昌起义成功的消息，惊喜不已，立即登陆上岸，重新搭船返回武昌。

10月12日，蒋翊武返回武昌。

此时，湖北军政府已经成立，原新军第21混成协统领黎元洪被推上都督宝座。这天中午，蒋翊武进了城门，守城同志见到举义前的领袖回来，自然是欣喜若狂，并告知起义情况和都督府的建制。蒋翊武从同志们那里得知自己的职务安排，没有流露出任何不满情绪，再次表明革命同志不以争功为先、而以推翻清廷为要的态度。在同志们的引见下，他来到都督府会见黎元洪。

黎元洪对于这位昔日的部下不是很熟悉，更不知道他在革命党人中的地位。旁边担任守护的同志介绍了蒋翊武在起义前的身份，黎元洪只是木讷地点点头，一语不发，继续保持对革命形势的观望态度。

蒋翊武见其态度暧昧，非常担忧，便向黎元洪出示了起义前拟定的以"刘公为正都督、刘英为副都督之委任状"。

蒋翊武的用意很明显，告知黎元洪革命党人事先对于都督的人选自有安排，希望黎元洪让出都督大位。

黎元洪对于蒋翊武出示的证据当然信以为真，说："既然你们是孙文派来的革命者，我就让出这个位置，就请他们来干就是。"

蒋翊武说："我不是这个意思，是想告诉都督我们革命之前的计划，既然您已经被推上都督的宝座，就要不负众望,带领我们取得革命的完全胜利！"

后来，刘公从外地返回武昌，大伙为了打破这个尴尬局面，向都督黎元洪提议为刘公另置一机关，叫做"监察部"，意为监察都督府各个职能部门，刘公为正部长，曾尚武为副部长。

从都督府出来后，蒋翊武对张难先说："都督如此情形，将奈之何？"他不是担心黎元洪推脱不干，而是担心党人物色的这个旧官僚会贻误大局。他虽然有意推翻黎元洪，但是对于这个由起义人士集体形成的决定，他却只能无奈地接受。不过，据张难先后来在《义痴六十自述补遗》中说，当时"蒋翊武执余手泣，屏人谓黎且不可测"，并议定"今夜黎不决，明晨即弃诸市，更定督耳"。可见他们曾经计划要搬掉这个绊脚石，只是受到各方面的制约没有付诸实现。

黎元洪并非等闲之辈，经过一段彷徨和不同人物的劝说，他终于答应"与你们帮忙"。就在蒋翊武回到武昌的当天，在蒋翊武和蔡济民的建议下，黎元洪答应剪去发辫，遂由丁仁杰、刘度成二人给他剪掉了辫子。蔡济民抚摸着黎元洪的头开玩笑地说："都督好像个罗汉。"黎元洪笑着说："有点似弥勒佛。"众人还为此燃放了鞭炮，祝贺都督用实际行动参加了革命。

湖北军政府成立之初，黎元洪没有行使真正意义上的都督职权，权力中心在谋略处手上。谋略处成立后，在都督府建立了四部，并发布文告：

> 参谋部：部长杨开甲，副部长杨玺章、吴兆麟
> 军务部：部长孙武，副部长蒋翊武、蔡绍忠
> 政务部：部长汤化龙，副部长张知本
> 外交部：部长胡瑛，副部长王正廷（尚在上海）

看得出来，孙武出任军务部部长、蒋翊武出任副部长的职务，基本上是9月24日两党干部会议上预备方案的再现。

蒋翊武回城后，没有计较个人的位置安排，除了拜会黎元洪，还向其

湖北军政府都督黎元洪

他同志了解了一些起义的经过，在得知刘公、孙武等领导人物尚未到场的情况下，主动承担起革命党人指挥员的责任，按照起义前的约定，立即派同志前往湖南，敦促湖南革命党人即刻举义响应。湖南都督府首任军务部部长阎鸿飞回忆道："武昌起义的第三天，湖北派蓝综、庞光志到长沙，携有蒋翊武的介绍信。他们先到体育社找焦达峰、阎鸿飞两人。"

军务部初成立时，孙武任部长，蒋翊武、蔡绍忠为副部长。孙武到职前，共进会成员张振武为代理部长。蔡绍忠虽是个副部长，但他非党人也不便管事，不久即辞去。蔡绍忠去职后，张振武接替为副部长。名噪一时的湖北"三武"就是指军政府的孙武、蒋翊武和张振武，而且他们都是在军务部。对于他们的评价，一向压抑文学社的共进会成员李春萱（作栋）说："三武比较起来，孙武不如振武，振武不如翊武。翊武纯朴，即敌对者亦表示好感。"还说："刘公才干不如孙武，孙武品质不如翊武。"

10 月 25 日，出院后的孙武进入军务部，对于汤化龙的分权行为进行了干涉，他利用军务部部长职权，重新调整了部门机构，委任大批共进会干部担任高官，而文学社的干部却遭到排斥。蒋翊武虽名义上是军务部副部长，只不过是借以联系文学社一般同志。

显然，文学社和共进会为发动起义而结成的联盟开始瓦解，这两个组织的领导人蒋翊武、孙武在不同的价值观和名利观引导下，也开始分道扬镳。

据《董必武年谱》载：十月中下旬，董必武离开黄州中学到武昌，"在蒋翊武领导下的军务部工作，动员并带领市民群众向前线送饭送水，支援起义军在汉口刘家庙、三道桥等地作战"。可见，身为军务部副部长的蒋翊武并没有坐镇机关指手画脚，而是积极投身于汉口保卫战等紧迫的军事运动之中。

此外，蒋翊武兼任军政府顾问之职，安排党人蔡大辅担任军政府的咨议；杨王鹏因湖南焦达峰被杀，来到武昌，蒋翊武推荐他任军令部人事局长；潘康时从外地归来，也急寻蒋翊武"聚商作战事宜"。由于蒋翊武的人格魅力，在他的周围很快就聚集了一批优秀的革命同志。

一、汉口军政分府

汉阳与武昌、汉口隔江相望，为汉阳府所在地，有当时全国最大的钢铁厂、兵工厂和一些附设工厂，是民军和清军的必争之地。湖广总督瑞澂逃上"楚豫"舰后，曾派两艘鱼雷艇前往汉阳，以控制兵工厂。然而，武昌起义后，汉阳驻军很快反正，清方保住汉阳兵工厂的企图化为泡影。

新军第二十一混成协的第四十二标第一营驻防在汉阳，第二营驻防汉口，第三营驻防河南信阳以南至汉口刘家庙的京汉铁路沿线。该标的革命组织是文学社的第四支部，标代表原为祝制六，后"胡玉珍为本支部正代表，邱文彬为副代表"，书记王瓒承，会计杨洪涛，第一营营代表陈建章，第二营营代表赵承武，第三营营代表刘化欧。

由于大江的阻隔，10月9日发生在宝善里和小朝街的事件，汉阳驻军一无所知，而且，蒋翊武下达的起义命令也没有及时送达。但是，对于整个起义的计划和任务，第42标中的革命同志早在9月中旬的会议上就明确了。

10月10日清晨，胡玉珍担任采买，他借故跑到汉口交通机关范明山寓所，恰巧遇上文学社副社长王宪章从武昌逃来。王宪章将革命机关遭到破坏和彭、刘、杨三烈士就义的详细情况告诉了他，并一再嘱咐胡玉珍立即准备起事。

胡玉珍回营后，因为外出时间超过，受到值日官的禁闭处罚。到了深夜12时，他趁值日官就寝的机会，将上述情况转告给同志王瓒承。王瓒承是该营的司书，第二天借送文件的机会派后队代表袁金声渡江到武昌打探消息。袁于下午四时回营，带回了武昌已经被起义军占领的消息。"胡玉珍即与在营各职员及诸同志策划响应事宜"，"约定十时举义"。

胡玉珍赶往汉口，将起义的计划通知了第2营代表赵承武、巡防营代表范明山，准备当晚起义，占领汉口。王瓒承负责通知本营前、左两队，准备当晚占领汉阳兵工厂和钢药厂。

10月11日傍晚7时许，王宪章从汉口来到汉阳，协助起义。晚8时许，胡玉珍在汉口布置完毕后也回到汉阳。第1营营部和后、右两队，驻防在兵工厂和钢药厂之间的灯笼堤。胡玉珍回到营房，随即从夹箱里拿出三发子弹，鸣枪为号，第1营后、右两队士兵在队代表的率领下齐集操场。胡玉珍命令取营部子弹发给士兵。左队队官宋锡全原来曾参加过同盟会，那天正好担任值日官，见士兵集合还想加以阻止，文学社阳夏支部参议黄家麟突然将白布条缠在他的左膀上，"你不要糊涂。"

王瓒承也大声说："请宋队官指挥！"宋锡全就这样参加了起义。

驻在兵工厂的左队，由文学社阳夏支部的副支部长邱文彬鸣枪集合，并布哨龟山，又以大炮三尊架于山顶。从武昌逃来的清军辎重第8营的残部见汉阳已变，转逃汉口。驻在钢药厂的前队，由戈承元、张大鹏带领驱散厂警，以一小队分防黑山。

天将拂晓时，胡玉珍率队过来，设指挥部于龟山，设司令部于兵工厂公务厅。10月12日晨，一艘满载清军士兵的军舰，自刘家庙上溯至黄鹤楼江面，转向龟山而来，邱文彬当机立断，下令开炮轰击，击中船尾，敌舰知道情况有变，仓皇向下游逃去。后来才得知此舰专为瑞澂、张彪运兵进驻兵工厂的，故这次龟山炮击，影响也非同一般。

起义军占领汉阳后，派人到监狱迎接已被囚禁5年的日知会会员李亚东出狱。此时，清朝的汉阳知府已经逃走，同志们就推举李亚东为汉阳府的知事。

第四十二标第1营占领汉阳，掌握军事工业，不仅关系到武汉的战守，邻近各省起义军的军火供应也可保障。在当天的清仓统计中，共计快枪

8000余支,半成品11万余支,子弹200万余发,过山炮56尊,钢炮108尊,炮弹3万发。钢药厂库存棉花一库,硫黄、无烟白药等数百罐,其他战略物资若干。光复后,即日开工,日夜生产。这些武器和战略物资,为随后的阳夏战争及接济江西、湖南、四川等省的起义,均发挥了重要作用。

清政府在汉口设黄德道兼江汉关道,湖北巡警道也设在汉口。汉口地方行政则有夏口同知,隶属汉阳府,厅有仁义、礼智两个巡检司。驻军有巡防营和新军第四十二标第2营,标部亦设于此。

文学社第四十二标第2营的赵承武虽然接到胡玉珍的通知是与第1营同时举义,但由于该营驻防比较分散,汉口的发难相对汉阳的起义略晚一些。汉阳发难成功后,第1营派了一个排的士兵到汉口的硚口放了一排枪,赵承武听到枪声后,吹哨命令各队在操场集合,宣布起义。排长林翼支被推为指挥。党人温楚珩趁着混乱到巡检处把詹大悲从狱中放了出来。

起义后的第四十二标第1营、第2营革命党人,认为为了维护阳夏两镇的市面,以及应付战争,必须在现有两营基础上实行扩军。10月12日早晨,汉口、汉阳的起义军士兵在汉阳兵工厂集商,决定将阳夏新军扩充为一镇,公举胡玉珍、王宪章负责。胡玉珍当即申明革命非为权位,力荐队官宋锡全出任首脑。于是,又公推宋锡全为统制,邱文彬、梁炎昌为正、副参谋,文学社副社长王宪章为第一协协统;文学社四十二标第2营代表赵承武等推举该营排长林翼支为第二协协统。然后,由胡玉珍以文学社第四支部部长兼原第四十二标标代表的名义向武昌呈报。14日,黎元洪批复:所议各节均有见地,但军政府初组,经济困难,扩充一镇似嫌过大,着以宋锡全为第一混成协协统,王宪章、林翼支为标统,其他照议施行。朱振汉、祝雄武、赵承武、陈建章、戈承元、张大鹏六人分任第一协管带。

这样,以文学社为主的第四十二标,不仅在汉阳、汉口的光复中立下了汗马功劳,而且在很短的时间内建立了一支以文学社为主的新的革命队伍。

詹大悲出狱后，立即渡江到武昌，与湖北军政府取得了联系。军政府派蔡济民率领两队（连）官兵随他返回汉口，驻扎在四官殿。他们到汉口后找到汉口商会总理事蔡辅卿等商议，于10月14日宣布成立汉口军政分府，由詹大悲任主任，何海鸣为副主任，下设司令、参谋、交涉、军需、军械、军法、稽查、军政八处。

汉口军政分府的主要成员不同于武昌军政府，完全由革命党人组成，并且以文学社成员为主，他们"都怀着不满武昌军政府的思想，更不满黎、汤二人掌握了军政大权"。他们想在汉口独立支撑门户，以待将来改组武昌军政府。因此，汉口军政分府的权限很大，兼管军、政、外交及筹措粮饷，并往往"自行其是，不受武昌军政府指挥"。同时，汉口军政分府还得到汉阳宋锡全的大力支持，"如分军械，分府要多少就给多少，对于武昌军政府则不完全供应"。

文学社与共进会这两个革命团体虽然为了共同的目标走到了一起，但自联合之初，二者就有一些分歧。9月24日的会议上，由于蒋翊武的缺席，在预备起义之后的军政府组成方案时，共进会就明显地占了上风。为了革命的利益，以蒋翊武为首的文学社虽然没有公开提出异议，但谁高谁低的局面还是看得很清楚的。

到了10月11日夜，武昌军政府成立的谋略处，文学社的比例继续下降，大大地弱势于共进会。形成这个局面的理由也很明了：参加武昌首义的新军以工程第八营和炮兵第八标为主力，这两支队伍中的革命党人都以共进会会员为多，因此，武昌军政府中原共进会会员掌握的权力就远远地大于文学社社员。

而汉阳、汉口的光复中，立下汗马功劳的第四十二标第一、第二营革命党人，原来几乎全是文学社成员，两地彼此又能联成一气，因而，对共进会争强要胜的不满势头，终于有机会发泄和对抗，也就出现了不甘心接受武昌军政府管束的局面。

从武昌出狱的胡瑛虽然参与了武昌军政府的建设，并出任了外交部部长，但也随同詹大悲来到汉口，为汉口军政分府出谋划策。

蒋翊武返回武昌后，见军政府给自己的职务是军务部的副部长，而且在部长没能到位的情况下，已经有人代理，便无心滞留在军政府，也到汉口军政分府帮起忙来。在这里，绝大部分同志都是文学社成员，人际关系比较好处理，而且他在武昌那边兼有顾问之职，在重大问题上还具有一定话语权。

这样一来，湖北军政府中的立宪党人，以及孙武等共进会成员对汉口军政分府产生了疑忌，曾有人"献计要取消汉口军政分府，以免所谓'尾大不掉'"。但那时文学社成员在民军中的力量很强大，取消之议，不便实行。

由于四官殿地方狭小，汉口军政分府不久又移往黄德道衙署办公。

汉口军政分府的成立，在稳定汉口局势、招募士兵、支援汉口保卫战等方面，作出过重大贡献。但它自成立伊始，就与湖北军政府存在矛盾，而且这种矛盾愈演愈烈，在一定程度上加深了黎元洪把持的湖北军政府对文学社的疑忌。

二、汉口失守

武昌首义之后，军政府面临严峻的军事压力，亟须扩大自己的军事力量，以抵御清廷的反扑。最先提出扩军计划的是以文学社为主体的阳夏起义军，他们已于1911年10月12日向都督府提出了扩军方案。14日，都督府在回复阳夏起义军扩军方案的同时，也拿出了自己的扩军方案：计划"暂编步兵四协，马队一标，炮队二标，工、辎各一营，军乐队、宪兵队个一队"。在告示中规定，凡能募得三四十人者任排长，百人上下可任队长（连长）。招募事宜，指定老兵执行。招兵旗所到之处，工农商学和退伍军人，纷纷踊跃报名。秀才、教师奋起参军，父子、兄弟同时参军的也不少。四协步兵，不到三日即满。10月16日，军政府又成立第五协和工、辎各一营。10月中旬，随着战争的吃紧，军政府一再扩军第六、第七、第八协，增扩马队一标、炮队一标。

在步兵八协中，第四协和第六协的统领由文学社的成员担任，标统中也有文学社成员。第一协是在原第四十二标第一、第二营基础上扩充而成，第四协是在原第四十一标留守部队基础上扩充而成，这两标都曾经是文学社的大本营，实力比较强大。因此，文学社在军政府的高级干部中虽然没有优势，但在军事控制力上还是举足轻重的。这与蒋翊武的努力是分不开的。比如杨载雄，他是文学社的参议，也是两党合并之后的军事筹备员，他在10月10日攻打清督署、藩署的战斗中也表现出色，在民军扩编时，军务部曾任命他为第十标统带，隶属第五协统领熊秉坤的领导。但他与熊秉坤不和，协调起来很困难，第六协是在原第四十一标和第三十二标各一部分的基础上扩建起来的，所以在第六协统领提名时，军务部副部长蒋翊武力荐杨载雄，使他由第十标统带升为第六协统领。

与此同时，由于战争的需要，在短时间内集结起来的新军，虽然在人数上达到三万之众，新兵来不及训练就推上战场，老兵却尾大不掉，导致整个民军纪律松散，战斗力不强。但是，无论是新兵还是老兵，他们对参加革命的激情是非常高昂的，在战斗中涌现出了许多可歌可泣的英雄事迹。

武昌起义爆发后，清廷于10月12日，派陆军大臣荫昌率领由第四镇、混成第三协、第十一协编成的陆军第一军大举南下。海军提督萨镇冰率领巡洋舰队及长江水师溯江而上，进入武汉江面，配合陆军行动。

清军在武汉方面，由于瑞澂、张彪等军政要员逃离省城，忠于清廷的军队多作鸟兽散，仅在汉口郊区刘家庙火车站一带，龟缩着从武昌仓皇逃出的第八镇统制张彪所率领的辎重第八营、教练队及其他残余部队。此外，于10月10日接到瑞澂电令的湖南岳州夏占魁巡防营乘轮于12日抵达汉口，也集结在刘家庙。13日，河南混成协协统张锡元所部两营及巡防营一营也抵达刘家庙。这些部队的总兵力仅两千多人，而且兵无斗志，士气低落。

然而，湖北军政府没有抓住清军主力尚未入鄂的有利时机，坐失了主动进攻的机会，致使在汉口保卫战中处处被动。

蒋翊武返回武昌后，劝黎元洪剪掉了辫子，使得革命党人看到了他反清的姿态。然后，蒋翊武又以顾问名义向黎元洪建议：兵贵神速，应在北军集结之前，请派张廷辅率师出武胜关，依据天险以阻其南下。黎元洪以领事团禁止在租界10里内交战为由，拒绝向盘踞在刘家庙的张彪残部及豫军发起进攻，自然，北出武胜关的建议没有得到及时地采纳。在这种情况下，蒋翊武知道自己既不能左右黎元洪，也不能左右都督府，便投入较多的精力关注汉口军政分府方面的军事工作。

军政分府的首要任务就是稳定地方和招募兵士，积极备战。当时，以原混成协第四十二标第二营扩建起来的民军第二标就驻守汉口。10月15日，荫昌的先头部队抵达武胜关。湖北军政府才开始意识到问题的严重性。当日晚上八点，军务部以黎元洪的名义下达出兵汉口的命令。以原第二十九标第一、第二营基础上扩建的民军第二协统领何锡藩为前线指挥，命令第三标统带姚金镛率领部队先行渡江，会同第一协第二标的林翼支的部队向清军作战。

在10月16日军政府的军事会议上，蒋翊武提议：成立义勇军两大队，直属于军政府，各队按师编制组织该军人事。第一支队拟选派詹大悲兼任，第二支队拟选派张卿云担任，克日赴汉川招募。18日，张卿云到汉阳兵工厂领取快枪一千支、大炮四门、枪弹十万发、炮弹五百发，又抽调干部六十余人，"均由蒋批准"，前往汉川招募游勇，扩编军队。后来，当张卿云的部队到达汉川时，梁钟汉已经在汉川建立了军政分府，他不便另树一帜，便将司令职务让位于梁钟汉，自己为副司令。

张卿云是湖北汉川人，在武昌工业学校读书期间经过李诚、张皇炎的介绍加入文学社。而文学社成员以军人为主，他被蒋翊武提名并任命为支队长，同志们不理解，他本人也不理解。大概是蒋翊武为了尽快光复汉川地区，减轻清廷对汉阳的军事威胁而采取的一个行动。至于支队长的人选，军中文学社的人员比较打眼，共进会成员占据的职务又比较多，便推荐张卿云这样一个一般人不知道他的党籍的人出任，也就不会产生异议。这也反映了以蒋翊武为首的文学社在军事控制力上的良苦用心。

军事会议后，蒋翊武即刻渡江参与汉口的军事行动。他驻汉口燮昌火柴厂，集同志多人组织督战队，亲临前线与士兵并肩作战，反击清军进攻，并与汉口军政分府的主任詹大悲共筹一切，组织动员民众支持战争。并由汉阳兵工厂拨快枪五百支交商团使用，在刘家庙设第一粮台，在大智门设第二粮台，存储粮秣弹药，接济前方各战斗部队。

在汉口期间，文学社原第四十二标第三营代表刘化欧偕同志数人从信阳回来，向蒋翊武报告了第三营响应起义及分散回撤的情况。蒋翊武鉴于武胜关早已被北洋军控制，清军大批南下已成事实，只好对自己的老部下进行安慰，并吩咐刘化欧在武昌设了一个招待所，专门收容从信阳撤回的第三营同志。

10月18日，凌晨三时，民军第二标、第三标向刘家庙发起进攻，揭开汉口之役的序幕。到19日下午三时，民军完全占领了刘家庙江岸车站，取得了"刘家庙大捷"的胜利。但在这次战斗中，民军第一协第二标第一营的管带赵承武在骑马冲锋时，被敌人的子弹击中。他的牺牲，使民军失去了一个斗志坚毅、骁勇善战的骨干，这对在当时奇缺政治、军事方面人才的情况下，是重大的损失。

民军本应乘胜前进，但汉口前线指挥、旧军官出身的何锡藩却借此收兵。后以敢死队第一队为前卫向涅口方向追击敌人，敢死队遭到敌人强大火力压制，队长徐兆斌英勇牺牲。何锡藩用手枪自击左臂，托言受伤，返回武昌。

10月20日，汉口前线的代理指挥为第四标统带谢元恺。同日，民军陆续向汉口增兵。谢元恺虽然也是旧军官出身，但他作战非常勇敢，而且备战的决心也很大，一直到27日，使民军仍然坚守在刘家庙一线。

就在何锡藩离职后，军政府改派张景良任汉口前线指挥。张景良原系第八镇张彪的部下，曾任第二十九标统带，武昌首义后入军政府任参谋长。他与铁忠、宝瑛等前清官员有亲戚关系，因而在军政府任职期间似乎别有用心，他与"蔡登高、姜金标、邓矮子在一起谈话，蒋翊武、张振武等疑是密谋，当令斩首"。结果被黎元洪挡驾护了下来。10月15日，传闻清廷派兵增援，张景良兴奋异常，意欲挟持黎元洪作为效忠朝廷的礼物，不料，李翊东等人发现了他的不良动机，将其拿下，准备就地正法。结果他的部属"蔡济民、高尚志念旧，不忍置诸死地，力为解脱，下狱中"。正值汉口前线对何锡藩不满之际，他突然请求上前线杀敌，为民国立功。很多革命党人对他"报效革命"的热情提出异议，最后由蔡济民出面担保，军政府让张景良这样一个有嫌疑的人物继任了前线指挥官。

张景良奉命来到刘家庙之后，成立了自己的前线司令部，所统辖的部队除了原有的第二协、第三协、第四协以外，新增了熊秉坤统领的第五协。刚成立的第六协杨载雄部则接防武昌。张景良作为指挥官，理应积极筹划军事，整饬部队，侦察敌情，作好战斗准备。而他却对前线的事不理不问，也不向上级反映情况。这种状况，让革命党人顿感不妙，并开始怀疑他的动机、盯梢他的行踪。

也就在汉口前线与敌厮杀的时候，有人提出要提高军政府机关工作人员的待遇，实行高薪制。当时由于前线军情紧急，没有及时通知蒋翊武到会。此事关系重大，影响前线士兵的士气，甘绩熙奔告蒋翊武，蒋翊武火速回到武昌，竭力反对干部高薪制。于是，军政府将此事进行专题讨论，规定军政府从都督以至各机关录事、大小员司，一律月支津贴法价洋20元，士兵则略有提高，班长12元，士兵10元。从而体现了新政权大公无私的廉洁精神，这也是蒋翊武等人有着平等思想的反映。

张景良是黎元洪的心腹，军政府派他出任汉口前线总指挥，一个主要目的是钳制文学社党员为主的汉口军政分府。张景良有黎元洪做靠山，加上铁心忠于朝廷，根本没有把蒋翊武等人放在眼里，"凡蒋所计划,悉不容"，导致形势急转直下。

正当民军贻误战机之际，清军却加快了大战的步伐。10月27日，清内阁奉上谕，授袁世凯为钦差大臣，湖北前线陆军均受他的节制；命冯国璋统领第一军、段祺瑞统领第二军，均归袁世凯调遣。与此同时，清廷将大量弹药运往前线。同日拂晓，清军大举向刘家庙发动进攻，民军虽经苦战，仍然没有守住刘家庙。第四协统领张廷辅受伤，所属部队伤亡过大，被迫后退；第二协统领何锡藩受伤就医；炮队第二标统带蔡德懋、第二敢死队队长马荣，壮烈牺牲。尤其引起部队惊骇的是，值此紧急关头，指挥官张景良下令烧毁刘家庙子弹库及其辎重，前线民军军心动摇，相继溃退。此时，指挥官张景良不知去向，加上他的属下军械官罗家炎扣发子弹，怀疑的矛头直指张景良。

当天晚上，武昌军政府根据汉口前线的报告决定：以谢元恺代张廷辅统领职务；以罗洪升代何锡藩统领职务；以胡效骞代谢元恺统带职务。汉口前线指挥官以炮队协统姜明经继任。

此时传来消息说：冯国璋率领的北洋精锐已经开到前线，准备在次日凌晨三时水陆并进，会攻武汉。"总指挥姜明经闻知，不知所措，并谓大局去矣，吾不愿任此总指挥"。并在午夜借口侦察地形和巡视步哨而潜逃。士兵们也纷纷逃散。

最后，军政府决定由谢元恺代理指挥。民军在短短的五天时间内，三易主帅，犯了军事上的大忌。

在第二天的战斗中，前线代理指挥官谢元恺，身先士卒，英勇牺牲。就在前线鏖战之时，失踪的指挥官张景良与前第八镇司令部参谋刘锡祺匿居汉口，被民军侦知。愤怒的革命军人当即将他们捆送汉口军政分府。詹大悲亲自审讯，发现张景良已经通敌，担心若将他解押武昌会被黎元洪宽大处理，这样不能给前线的官兵一个交代，于是决定将张景良在江汉关就地枪决，并枭首示众。

第一任指挥官何锡藩住进了医院，第二任指挥官张景良因通敌被枭首示众，第三任指挥官谢元恺英勇牺牲。民军汉口前线再次出现群龙无首的局面。10月28日晚，各部长官在华洋宾馆开会，推举胡瑛为总司令。胡瑛说："我对军事不甚精通，建议此职由罗洪升出任。"

罗洪升，湖北黄陂人，黎元洪的同乡，起义前在黎元洪手下担任管带（营长），胡瑛提名他担任总指挥也许就是出于这层关系的考虑。然而，此时的罗洪升畏难不就。不得已，军政府只好将汉口民军阵地分为五区防守：以熊秉坤、胡效骞、甘绩熙、杨传建、伍正林五人，分区维持。

正当汉口战事处于千钧一发之际，同盟会的两个重量级的人物黄兴和宋教仁来到武汉，尤其是黄兴，以领导历次武装起义而名扬四海，他的到来使民军精神为之一振。

黄兴是在香港获悉武昌起义的消息的，他当即离开香港，于10月24日到达上海，当晚，即与上海的革命党人举行会议，决定派人去南京策动新军起义，他本人与宋教仁赶赴武汉。28日下午五时，黄兴、宋教仁一行抵达武昌，蒋翊武亲自带领卫士一队及军乐队，到汉阳门江岸迎接。革命党人视黄兴为救星，黎元洪值此战况危急之秋，也急需黄兴这样的人物来维持局面。军政府为黄兴特制了两面大旗，上书斗大"黄"字，"由领队人收执前进，使沿途人人知道黄兴到汉督战"。

深孚众望的黄兴抵汉后，不顾旅途劳顿，当夜即赴汉口视察阵地，他见各部分区防御情况尚佳，各部官兵见黄兴亲临前线，也无比激动，军心由此大振。10月29日上午，黄兴在汉口满春茶园设临时总司令部，并于当晚发出作战命令，民军于10月30日早晨组织反攻，给予敌人重创，并夺回民军失去的山炮数尊，缴获子弹数百箱。

10月31日，交战双方保守原来阵地。上午9时，黄兴派蒋翊武与张振武、胡瑛率参谋人员吴兆麟、杨玺章等视察各阵地。因清军陆续增援，而汉口民军不及五千人，防御力量单薄。当晚军政府召开紧急会议，讨论对策，蒋翊武与孙武、张振武，以士兵伤亡太大，均主张再扩充步兵两协及先锋队一协，又建议各协赶练补充兵一团，以补足所有战斗队伍之缺额。这个建议被采纳了，也就是后来组建的第七协、第八协，但还没有来得及实施，汉口就失守了。事后居然有人将此事委过于蒋翊武，指责他"任意扩军，求遂其私"，其实，被提拔为第七协的统领邓玉麟是共进会员，第八协的统领罗洪升是黎元洪的老乡，蒋翊武同意这些人事任命，并无私心可言。

然而，源源不断的清军从北方开拔过来，无论是在武器质量上还是兵员人数上，都大大地超过了湖北民军。从11月1日起，清军采取了惨无人道的"火攻"，焚烧汉口街市房屋，使民军无法藏身。清军每焚烧一段就前进一段，民军以街市为掩体的战术毫无屏障，不得已节节后退，最后放弃了汉口向汉阳撤退。刚刚投入战斗的黄兴，恋恋不舍退出战场，同志们挟持着他渡过汉江，他望着汉口的漫天烟火，叹息不已。

11月2日，清军完全占领汉口。

三、汉阳失守

1911 年 11 月 1 日，黄兴从汉口撤到汉阳，然后返回武昌，经与黎元洪会商后，湖北军政府召开了紧急军事会议。会上，首先由黄兴对汉口军事做了总结性发言。他在报告中分析汉口军事失利原因有五：一、各队新兵太多，未受过训练，难以指挥；二、军官多从弁目提升，指挥能力太差；三、各队战斗日久，伤亡过多，官兵均甚疲劳，一闻敌方机关枪声，即纷纷后退；四、兵士是在武汉附近招募来的，夜间多私自回家，战斗员减少了多少，军官亦无法查实；五、我军只有步枪而无机关枪，且只有山炮，亦不能抵御敌方的管退炮，因此较敌人的损失为重。但黄兴又指出，我军有一点为敌人所不及，即我军冲锋时异常勇猛，敌人虽系北洋久经训练的军队，每遇我军喊杀时即后退；我军所恃者全靠这一点猛劲。黄兴的这些透彻分析，

黎元洪都督（右一）在武昌前线指挥作战。

揭示了敌我双方的实际情况，黎元洪等人听罢，唯鼓掌而已，没有补充意见。

接下来，会议讨论黄兴的名义和地位问题。

当时湖北、湖南两省的都督都不是革命党人，蒋翊武认为这与革命的初衷是不一致的。现在，黄兴、宋教仁等久负盛名的革命领袖已经莅临武汉，他们应当名副其实地承担起领导革命的重任。在黎元洪出任湖北军政府都督已成事实的前提下，蒋翊武认为黄兴应当成为统领湖北、湖南的"两湖大都督"。因此，蒋翊武率先发言，提议推举黄兴为"两湖大都督"，直接掌管两湖军政事务。他的提议自然得到了一批革命党人的响应。

然而，他的提议却招致吴兆麟等旧军官的反对。吴兆麟认为，目前大敌当前，不能动摇根本。他的发言在旧军官、立宪党人中产生强烈共鸣。加上他在担任起义"临时总指挥"期间，在攻打督署、藩署的战斗中，指挥有方，在革命党人中也有一定的威望，少数革命党人对他的发言也点头称是。

革命党人中立场坚定者毫不示弱，激进派代表杨王鹏等予以反驳，说湖北拥黎、湖南推谭，乃一时权宜之计，现在同盟会的领袖已经来了，事实上已经成了革命战争的总司令，确定黄兴为"两湖大都督"也是顺理成章的事。革命党人杨玉如居然为吴兆麟帮腔，指责蒋翊武等人的提议是出自所谓"地域观念"。辩论再三，两派相持不下，后经宋教仁调处，遂以革命党人妥协而告终。

这场论战，本来是革命党人与旧军官、旧官僚之间在革命领导权上的斗争，结果反倒成了革命党内部之间的派系之争：共进会的部分成员借以文学社的主要领袖是湖南人，当蒋翊武提出由黄兴出任"两湖大都督"时，便丧失革命理性地扣以"地域观念"的帽子。客观上，他们的言论在为旧军官、旧官僚帮腔，正好印证了"鹬蚌相争，渔翁得利"的古训。这次会议的后果是极其严重的，共进会与文学社两大革命团体的联合，已经名存实亡，而两个团体的分裂对革命事业的发展是极为不利的。

既然"两湖大都督"的提议没有获得通过，会上决定由黄兴出任"战时总司令"。黄兴在汉口督战时，实际上已经担负起了总司令的职责，目前是要以一个形式确定下来。

在"总司令"的职权及由谁任命的问题上，又产生了分歧：蒋翊武等人希望与黎元洪分权，"总司令"不能由黎元洪任命，应当由革命党人推举；吴兆麟等人提出，为了统一事权，必须由黎元洪委任。在这个革命党人与旧官僚争斗权力的大是大非问题上，孙武的意见起到了很大的副作用，他居然背叛革命党人，主动地站到旧官僚的阵营中去，主张黄兴的职务必须通过黎元洪来任命。

孙武自负有首义之功，其权术在军务部乃至都督府已经是游刃有余，但在革命党中的地位和威望自然不如黄兴。黄兴的到来，他已深感身价锐减，如果再对黄兴进行推崇，孙武内心更加不安。因此，在这次会议上，由于孙武的倒戈，会议最后决定由都督黎元洪向黄兴授予总司令称号。

11月3日，也就在半个多月前为黎元洪授旗、授剑的阅马厂，高筑将台，举行拜将仪式。湖北军政府都督黎元洪向黄兴授以战时总司令的委任状，又授以印信和令箭。黎元洪在讲话时，自然对黄兴这位名声显赫的革命领袖推崇备至；黄兴不计个人名利，慷慨激昂，表示"为国尽瘁，义不容辞"，并提出，军人以服从命令为天职，"兄弟愿从黎都督与诸同志后，直捣虏廷，恢复神州"。这一典礼是模仿汉代刘邦、韩信拜将故事而炮制的，经此典礼，黎元洪俨然成为"主公"，同盟会的第二号人物黄兴反倒成为黎元洪任命的"大将"，造成了啼笑皆非的滑稽局面。这一闹剧对革命党人及革命事业的发展，其负面影响是非常严重的。

黄兴随即在汉阳伯牙台（又称琴台）组织总司令部，后因该处在汉口清军的火炮射程之内而迁至昭忠祠。总司令部的组建是：李书诚为参谋长，杨玺章为副参谋长，田桐为秘书长，王安澜主持总粮台，蒋翊武为经理部部长。

蒋翊武组建经理部于归元寺，调度全军后勤。以蔡济民、康济民、何献为副部长。经理部组织庞大，其日常事务委之何等数人办理，任孙明哲为秘书长，郭成育为执事官，金永祺为稽查长，孙德成为军需科长，宋功成为运输科长，陈磊为金柜科长，谢震华为庶务科长，焦桐琴为侦查科长。王安澜为行营粮台总办，徐寿林为十里铺分粮台总理，调任胡祖舜为全军后方勤务，湘军来援之兴汉营及新编之输送兵力均归其节制。当时汉阳的民军总兵力在一万三千人以上，后增到两万余人，又雇用民夫数千人修筑工事，其全部给养即由蒋翊武所主持之经理部负责办理，有力地配合并支持了黄兴指挥的反攻汉口和汉阳保卫战。

湖南民军（又称湘军）援鄂，是早有计划的。原湖南新军第四十九标教练官王隆中升为湘军第一协统领，积极响应都督府的号召，于 10 月 28 日率队从长沙大西门乘船赴鄂，湖南都督焦达峰、革命党人谭人凤一并送行。在赴汉途中，得知正副都督均为奸人所害，一部分激进的革命党人，计划重返长沙，为焦达峰、陈作新报仇。王隆中等人权衡再三，认为目前要以保卫首义之区武汉为重，在岳州稍作停留之后，继续北进，于 11 月 2 日抵达武昌，暂住武昌两湖书院。

王隆中所率的湘军第一协，是在原第四十九标基础上扩建的，虽然总人数只有一标多（四个营），但毕竟都是老兵，战斗力比较强。他们是各省援鄂的第一批部队，他们的到来，无疑对湖北军政府是个极大的鼓舞。因此，湖北军政府对王隆中部举行了热烈的欢迎仪式。王隆中也发出告示，强调湘军的英勇战史。11 月 5 日，王部即开赴汉阳，6 日集中完毕，并向黄兴总司令请缨杀敌。

11 月 8 日，湘军第二协抵鄂，协统甘兴典原为巡防营管带。该协由湖南的巡防营改编而成，革命斗志相对较弱一些，纪律也比较松散。他们是徒手来到武昌的,领取枪支后也开赴汉阳。湘军两协,合计有1万多人,成为保卫汉阳的主力。他们的到来,黄兴和汉阳各部都十分兴奋,认为民军转败为胜、扭转乾坤的时机到了。

到11月10日,总司令黄兴所辖的汉阳守军有:鄂军第一协大部队被宋锡全带走,只有一营留在汉阳,军政府以蒋肇鉴继任该协统领,紧急招募新兵,补充成两标。另有第四协张廷辅两标,第五协熊秉坤两标,第二协第四标,工程、辎重各一营,炮队一标;湘军第一协王隆中部、湘军第二协甘兴典部。总计兵力2万余人。

清军方面,荫昌早已回京,袁世凯经过一番讨价还价后,于11月3日从河南彰德来到孝感前线。此时清军在武汉及其外围的兵力有第四镇、第二镇和第六镇各一混成协,共计3万多人。冯国璋的司令部设在汉口大智门。

在民军与清军隔江对峙期间,蒋翊武一边为备战而筹划后勤,一边惦记着昔日的革命战友。11月9日,是革命烈士彭楚藩、刘复基、杨宏胜英勇就义的忌日,一个月前的今天,蒋翊武与他们一同运筹帷幄,筹划起义大计,并一同招致清廷的逮捕,现在已经分处两个世界,想到这些,蒋翊武不禁黯然神伤。这天上午,蒋翊武、宋教仁,以及参加首义的部分革命同志,纷纷来到前清督署衙门,为三烈士就义举行隆重的纪念和追悼大会。与会同志提议:在三烈士就义的东辕门内,建立三烈士纪念碑,将"皇殿"改名为"辛亥首义烈士祠",将平阅路(平湖门至阅马厂)改名为"彭刘杨路",还将三烈士就义处附近的一条街改名为"三烈士街"。现在,这些为纪念革命烈士的地名和建筑,虽然有些因早前城市建设而毁弃或象征性地予以保留(如"辛亥首义烈士祠"仅存一座牌楼),但武汉市政府已于前些年将阅马厂改为"首义广场","彭刘杨路"与都督府旧址相接,使辛亥首义和三烈士的纪念融为一体,为后人留下珍贵的历史遗产。

武汉清军炮兵阵地

在 11 月 16 日民军反攻汉口的战斗中，由于各军配合不力以及天公不作美，致使民军全线溃退，让清军摸清了民军徒有士气没有战斗力的底子。

清军在固守汉口阵地的基础上，展开了对汉阳的进攻。清军向汉阳的进攻，避开了从汉口渡过汉水的正面进攻，而是从汉阳的上游渡过汉水，然后从西向东对汉阳的侧后发动进攻。

11 月 27 日，汉阳保卫战进入最后阶段。清军一路继续向汉阳前进，另一路由汉水渡河占领了汉阳兵工厂和钢药厂，并指挥炮兵轰击民军阵地。正在与黄兴谈话的副参谋长杨玺章不幸中弹阵亡。

27 日傍晚，黄兴回到昭忠祠总司令部，面对敌人猛烈的炮击和民军溃散无序的状况，颇为感触地对部下说：战事一败至此，眼见汉阳即失，我"无颜见人，唯一死耳，愿君等好自为之"。

经理部副部长何献等人好言相劝，"请黄（兴）早渡江，为革命千万自重"。当晚，黄兴率司令部人员乘小火轮渡江，退回武昌。

在激烈的汉阳争夺战中，蒋翊武一直坚守岗位，协助黄兴处理军务，召集散兵固守兵工厂，直至失守之前日，才将该厂枪支弹药尽行抢运武昌，安排各部队有计划地撤退，并以文学社员张廷辅所率第四协殿后。

四、武昌防御总司令

1911 年 11 月 27 日，汉阳失陷，武昌暴露在清军炮火威胁之下。当日晚，湖北军政府召开紧急会议。黄兴在大会上报告了战事的情况，他说："汉阳以方城为城，汉水为池，原易守。但师克在和，今两湖军有歧见，湖南新旧军亦不一致，危城难久守。已下令撤守，重予部署。兵工厂拆卸，粮台亦毁，免资敌用。为今之计，宜并撤武昌，率师攻南京，用以出奇制胜，局势客观也。"

黄兴的发言立即受到与会人员的严厉指责，有的甚至拔出了手枪。黎元洪见势不妙，乃请黄兴退出会场。当晚，黄兴渡江到汉口，第二天早晨，搭乘日轮"岳阳丸"号赴上海。

黄兴并非是随意离开武汉的，而是另有打算。不久前，江浙方面派代表来汉面请黄兴出任联军总司令。黄兴东下，正是前去就任新职。与黄兴同行的有李书城、汤化龙、黄仲恺、黄恺元、陈登山、陈磊、雷寿荣等，其他人士离开的也不少。黎元洪的家眷也迁居上海麦根路。

黄兴与宋教仁的到来，曾经对武汉地区革命党人注入了强大的兴奋剂，革命斗志达到空前的高涨。现在，他们的离去，对武汉革命阵营是个重大的打击，宛若失去了革命信念的依靠和支柱。

当时的武昌情形，清军大炮自龟山向武昌城内轰击，以致机关职员、居民和投效人员纷纷逃避，城内秩序混乱。黎元洪虽然口说坚守，实际上极为勉强；孙武貌似镇定，内心非常怯弱。黄兴既去，战时总司令一职开缺，孙武会商黎元洪，任命万廷献为护理总司令，蒋翊武为监军。

万廷献原系南京陆军第四中学总办,阳夏战争期间自北京来到武昌。他思想守旧,仍然保留发辫,不肯剪去,被黎元洪任为军政府顾问。他形迹诡异,革命党人疑其为汉奸,被张振武拿获,行将处决,又为黎元洪保释。现在他被突然授以护理总司令职务,革命党人对此嗤之以鼻,认为将武昌防御的重担托付给这样一位旧官僚,如同儿戏。他自知不是吃这碗饭的人,受命仅一日,便对潘朕凡等人述其苦衷说:"昨夜要杀我,今日又公举我为总司令,胜了则无功可言,败了则证明我是汉奸,实在不敢出任此职。"又说:"黄兴以数十年革命专家,也不能挽救这里的局面,我有何德何能?"当晚,他匆匆收拾行装,离开武汉到上海去了。

黄兴走了,万廷献几乎没有上任,也走了。总司令之职再次空缺。

黎元洪如果立场坚定,完全可以以都督的名义兼任战时总司令,带领大家一起共渡难关,然而,他却做不到;孙武一直以首义功臣自居,也可以以军务部部长兼任总司令之职,然而他却没有这份勇气,甚至也没有这方面的才华;"三武"中的张振武在革命党人中的威望也不低,敢说敢干,但给人"一介武夫"的莽撞形象,尤其是对黎元洪的顶撞,几乎没有把都督放在眼里,因此,黎元洪不会把指挥权授予对自己藐视的人物。

在此危难之际,出任总司令之职,既要有能力和威望,又要有胆识和信心,因为他的一言一行都将影响着官兵的斗志,甚至还会影响到人心浮动的军政府。谁来受此大任?曾经武昌首义中出任过临时总指挥的吴兆麟打破了僵局,说:"蒋君翊武甚得人和,足以胜任。"最后,军政府决定,蒋翊武以监军护理总司令职务。

监军是在军中起监督、辅助作用的,在总司令离职的情况下,以监军代理总司令之职是名正言顺的。在总司令根本没有到职的情况下,完全可以直接任命蒋翊武为总司令,然而,这是以孙武为首的新贵们所不甘心的。甚至可以说,蒋翊武以监军护理总司令之职的初衷,就暗示着随时可能撤换。

这时，都督府参谋长杨开甲辞职，副参谋长杨玺章在汉阳阵亡，吴兆麟被任命为参谋长，姚金镛副之。

11月28日，蒋翊武的战时总司令部就设立在位于武昌宾阳门外的洪山宝通寺。

在蒋翊武主持下，民军整顿扩编为步兵八协，炮兵一协，工程、辎重、马队各数标以及卫生队、总预备队，并分别任命了其协统、标统、队长的人选。另外，江西援军冯嗣鸿的混成协亦归其调遣。民军在武昌周围大军山、磁基山、京山、白沙洲、青山等处设防，于沿江一带加强防御力度，划分三区，分驻扼守，各专责成，作持久战的一切准备，严密监视对岸清军的活动。

另派参谋张其亚为武黄司令官，组建武黄司令部；由陈伟率学生军一营，驻防武昌县城（今鄂城），并节制黄州防营（当时黄楚楠、张济安有兵一标据守黄州）以为屏障。委任潘朕凡、张克水、葛闻琴、张三世为中校副官，延请黄贞元、李长龄（未到任）参赞机要，刘九穗办理军书。

与此同时，蒋翊武一面电乞各省派精兵来援，并着手招募新兵，补充编制；一面传令各部队将占领地点、队号、兵数，迅报总司令部，以便统一指挥。蒋翊武还亲自深入士兵甚至民众之中进行宣传鼓动，极大地稳定军心和民心，确保民军继续保持旺盛的战斗力。

从《董必武年谱》中发现，董必武自"汉口、汉阳失败后，转入蒋翊武领导下的战时司令部，和潘怡如（康时）等一道，安抚武昌城内外军民，协助巩固沿江一带防线"。11月29日上午8时，清军在龟山炮击武昌，民军凤凰山、黄鹤楼等处炮队亦向其还击。上午10时，蒋翊武发出防守命令，共计18条，注意事项5条，对各军将领所负任务做了具体指示，要求在扬子江，下自青山上至金口长达七十余里的防线加紧构筑工事，以防敌人偷渡。

在此期间，因都督府人心涣散，蒋翊武不仅要从军事上加紧布置，还要从政治上进行鼓动，说明"汉阳虽失，但各省相继独立，且已派出劲旅援鄂，苏浙联军进攻南京的战事也正猛烈进行，金陵指日可下，民军方面仍占三分天下有其二"的优势。因而机关一些重要职员，还能照常办公，力持镇定。

同时，派潘康时、潘正道、董必武等所组织之奋勇军，突袭敌军侧翼，占领仑子埠，使江南、江西援军得以安全渡江。再进至长轩岭、河口一线，开展游击战，并以少胜多，光复罗山县，重创清军，降敌约一团，在一定程度上减轻了武昌的军事压力。

就在袁世凯统帅北洋军攻入汉口的同一天（11月1日），清庆亲王奕劻辞去内阁总理大臣职务。9日，袁世凯被清政府授予内阁理理大臣，成为清王朝挽救危局的唯一希望。袁世凯一边加强对民军的进攻，一边实施他的"剿抚并用"的措施，向湖北军政府开展了议和试探。11月11日，袁世凯派道员刘承恩、海军正参领蔡廷干作为议和代表到武昌。

刘承恩和黎元洪是同乡，而且有过交情。11日下午，刘承恩、蔡廷干在英国领事的引领下进入武昌城。黎元洪本想单独与袁世凯的代表谈判，结果革命党人不同意，于是，他只好召集各部部长、参谋等在议事厅接见刘、蔡二人。

这次谈判因为北方代表提出"君主立宪"受到南方人士的坚决反对而告终。但对袁世凯来说，这次试探性的接触，他获得了两个重要的信号：一是南方并非那么好对付，革命党人坚持共和的态度非常强硬；二是南方以黎元洪为首的旧官僚对他寄予着厚望。

11月13日，袁世凯到达北京。16日以袁世凯为内阁总理的新内阁正式成立。他一面在15日指使杨度、汪精卫在北京组织"国事共济会"，以民间团体的形式大造南北议和的舆论；一面在武汉组织北洋军向民军发动新的军事进攻。21日北洋军第六镇统制李纯从蔡甸渡过汉水，进攻汉阳，

27 日占领了汉阳。28 日段祺瑞抵达汉口，接任湖广总督之职。29 日袁世凯的长子袁克定秘密派遣留日学生朱芾煌带着汪精卫的信到武昌，主张南北联合，举袁世凯为总统。

湖北军政府在兵临城下的威逼下，表示同意。

12 月 1 日，湖北都督府被长江对岸的大炮击中起火，奸细传播谣言说清军已从青山方面渡江，黎元洪再也按捺不住了，他带着亲信离开武昌，逃往葛店。各城门口逃难的百姓拥挤不堪，妇女儿童被践踏致死者甚多。

同日，朱尔典致电英国驻汉口代理领事葛福，因袁世凯提出停战三天，英国总领事应作为证人在停战协定上签字。英国外交大臣当天批准了停战公文。12 月 1 日下午 6 时，正当蒋翊武等还在研究武昌防务问题时，英国商人、万国商会会长盘恩在湖北军政府顾问孙发绪的陪同下来到洪山总司令部告知民军，清廷授权袁世凯与民军议和，议和条款是先由民军盖都督之印，然后再盖清军之印，即行生效。

盘恩说明来意后，吴兆麟感到为难，因为黎元洪已逃离武昌，都督之印也被带走。吴兆麟问可否盖总司令之印章，盘恩说：我在汉口已经说定用都督之印，那么就不能改变。蒋翊武与吴兆麟进行了分工：此时正是吃晚饭的时间，蒋翊武负责办饭款待盘恩，拖延时间；吴兆麟负责与城内联络，想办法解决印章之事。他们商议，洪山离葛店九十里，如果非要盖都督之印，时间上来不及，不如照样刻一个印章完事。吴兆麟将停战盖章之事电话告诉孙武，孙武听说停战三日，"欣慰之至"，当即派高楚欢督令城内刻字工人照都督印样速刻。

约一个小时后，军务部来电告知印章刻制完毕。此时，盘恩在蒋翊武的陪同下用餐完毕，吴兆麟对盘恩说：都督之印在城内军务部，请前往军务部盖印。于是，吴兆麟陪同盘恩、孙发绪一同到军务部代表民军方面盖印。当晚，盘恩在孙发绪的陪同下过江到汉口清军营地盖印，停战三日的协议就此生效。

盘恩、孙发绪刚走不久，吴兆麟即从王家店赶来，向蒋翊武报告了黎元洪在王家店坚决不肯回城之事。蒋翊武认为两军停战，对方以黎元洪为谈判对手，一切事情需请都督办理，故又派汤显隽、邹蛮斌两人随同吴兆麟携带蒋、吴二人手书及停战条文，连夜赶往王家店。当吴兆麟三人到达王家店时已是深夜，黎元洪已经入睡。吴兆麟不敢怠慢军机，即刻要人将黎元洪叫起，黎元洪"闻已停战，喜出望外"，阅完协议，即决定次日返回洪山刘家祠办公。

蒋翊武派出吴兆麟等人给黎元洪送信之后，自己并没有休息。为了安定民军之心，蒋翊武遂将停战条款发出如下命令：

命　令

（十月十一日午后十二时）

一、同前停战条件。

二、自明十二日午前八时一律实行停战。

三、各部队自接到命令时起，至明十二日午前八时止，为准备停战之期限。满军如不开枪射击，及渡江情形，我军不得无故发射。

四、予在洪山宝通寺。

护理总司令官　蒋翊武

以上命令发下后，民军一度低沉的士气，渐渐好转。停战协议生效的第一天，即12月2日，又得江浙联军光复南京的消息，士气更加为之一振。当天上午九时，总司令部接第四协统领张廷辅报告云："汉阳清军今早向我武昌射击，恐停战是诈，恐各部队因停战而防御懈怠也。"蒋翊武得报后，旋即传令各部队，仍须在原地严密防御，俾免疏虞，唯停战果否实行，缓即知之，为遵守信誓，他在命令中说：

命　令

（十月十二日）

一、无论停战果否实行，如敌在彼岸射击，切勿还击。

二、若清军确系渡江或半渡江来袭，我军即猛烈射击以驱逐之。

三、予在洪山宝通寺。

护理总司令官　蒋翊武

上午十时，孙发绪汉口来电说，彼方已在停战协议上盖印，各国领事已发出通告，实行停战三日。蒋翊武即将此电报转知各部队，并令各部队务要遵守停战条件，免外人借口，唯对于防御事宜，仍不可疏忽。其时，两军虽经停战，而清军军事行动并未完全停止。下午两点，忽然又接张廷辅报告，清兵步队约有一旅之众向沌口方面行进，蒋翊武乃令第七协统领邓玉麟率该协亦向钟山进发，分防鲇洲一带，与驻扎金口的第八协互相联络，防御清军渡江；又令第二协统领何锡藩，派该协步队第4标警戒江岸，接换第七协防御阵地，其余步队第4标，仍严守各城门。

五、遭人排挤，大权再度旁落

1911 年 12 月 6 日上午 8 时，驻汉英领事又发来通知，提议民军与清军再度停战 3 日。第二次停战期满后，英国领事再次转来清军关于延期停战 15 日的条件。实际上，武汉地区的战斗从此就停止下来。然而，蒋翊武的命运又遭到政治弄权者的戏弄。

黄兴离鄂后，战时总司令一职公议由蒋翊武承担。蒋翊武受命于危难之时，独支危局，竭心尽力。然而停战议和延期后，黎元洪、孙武等人不愿军事指挥权落于蒋翊武之手，必欲去之而后快。适逢谭人凤到省城欲继黄兴之职，于12月4日正午与黎、孙"商讨军事"，密谋倒蒋。谭人凤"在发恶言，谓民军一切事均办理不善，防御亦不严密，并派人到处挑剔"。旧军官统领何锡藩，对蒋翊武所颁布的防守命令，诬称为"乱命"。黎元洪任命蒋翊武为总司令也非本意，只是一时的权宜之计，现在已经南北停战议和，他需要一个更加听话的总司令，于是变更手法，用挑拨离间和迂回的手段迫使蒋翊武下台。

为了找到倒蒋的突破口，他们先是利用第五协统领熊秉坤挑起事端，声称所属第十标统带杨传连在汉阳临战时怯敌不前，报请撤职，蒋翊武不准，认为证据不足，且杨曾屡建战功，因此函知军务部及熊本人，说熊如撤杨，他就撤熊。孙武以军务部部长名义召开军事会议，第七协统领邓玉麟首先发言说："蒋君翊武作为一个代理总司令，肆意撤销一个协统的职务，请问是谁给予的权力？如此下去，将来军事权力必将集于他一人之手。我们坚决反对这样的人物出任总司令！"

查光佛也随声附和："总司令应当即刻更换！"

谭人凤是一位德高望重的老同盟会员，也是武昌首义后来到武汉地区最早的一位重量级人物。

12月6日晚，谭人凤以中部同盟会负责人的身份在大朝街刘公的总监察处开会，原共进会成员孙武、杨玉如、苏成章、高尚志、李作栋等人与会，商讨军事领导权的分配问题。杨玉如提出："黄兴已经离汉，所遗战时总司令一职，蒋翊武不过是暂时代理，现应另行举人负责。"

孙武说："谭人凤同志素孚人望，应由其继任。"

与会者都表示同意。谭人凤当即表示："承各位同志推举，我也未便谦辞。不过现在武昌着重防御，将来要进行北伐，不如把总司令名义取消，改作武昌防御使兼北面招讨使。"

这次会议是一次地下活动，也是谭人凤事先布置好了的，与会的共进会成员都不愿意文学社首领蒋翊武出人头地，为了免遭责难，以湖南籍的老革命谭人凤来取代蒋翊武，谅蒋翊武没有反对的借口。

军务部部长孙武根据会议决定，报请黎元洪下达委任状，命谭人凤为"武昌防御使兼北面招讨使"，调蒋翊武为都督府顾问。就这样，蒋翊武的军事大权再度旁落。

蒋翊武对此重大变故概然不知。当他接到新的任命书后，感到非常气愤和意外，便径直找黎元洪理论。黎元洪托说："尧卿（孙武）把公事写好了叫我盖印。说是你们都商量好了。"后经大家劝解，加上蒋翊武为人比较谦谨，也就向谭人凤办了移交。

从这件事情上，明眼人已经清楚地看出，武昌起义前两个革命政党的主要负责人蒋翊武、孙武之间的矛盾，已经白热化，几乎到了难以调和的程度。

12 月 9 日，谭人凤正式就任"武昌防御使兼北面招讨使"，并发布《知照》公文，然后约集有关军事干部开会，商议防御使和招讨使的职权问题。谭人凤主张原有军官一律出缺，由防御使重新委用；武昌现存械弹服装须报防御使备查；防御使署经费和各部队饷项，每月应由财政部事先筹拨。

谭人凤的这三项主张，精确地说体现在人、财、物三个字上，的确抓住了权力的关键，其目的是提高他本人的军事地位，强化防御使和招抚使的权力。然而，这些主张却直接触动了军务部的权力。

孙武并非等闲之辈，他把谭人凤抬出来是避免与蒋翊武正面交锋，只不过是利用谭人凤这个老革命取代蒋翊武，意在逼蒋，并非总司令之职"非谭莫属"。现在，谭人凤刚刚登台，就力图削弱军务部的权力，这是孙武所不能容忍的。于是，他鼓动各部队长官到都督府陈述意见，说谭人凤既非军人却独揽大权，一旦作战，必误大局。非常具有讽刺意味的是，孙武在向黎元洪呈报"去谭"理由时，说："谭之防御使非经大众开会公举者，是其联合三五人所串成者，彼非军人，能指挥军队乎！"竟把自己做的事情推说是别人所为，足见孙武较蒋翊武善于奸诈和政治权术。

黎元洪照例唯唯诺诺，不置可否，但在孙武的催促之下，黎元洪只得与谭人凤面商，几句恭维话之后，黎元洪请谭人凤出任湖北省代表，赴上海议和。谭人凤也感到气氛不佳，将士们难以控制，乐得顺水推舟，即辞"武昌防御使兼北面招讨使"职务，以湖北议和代表身份乘轮东下。其任军职时间，前后不过三天。

孙武利用同盟会的谭人凤排挤了文学社的蒋翊武，又以谭人凤不会用兵为借口，撤销其职务，暂时达到了垄断军权的目的。但孙武本人的军事声望不高，军界要求另举军事指挥官。12月10日，军政府在教育总会召开军事会议，公举吴兆麟为战时总司令。12月12日，吴兆麟重组总司令部：参谋处吴元泽负责，副官处周定原负责，秘书处李明负责，军法处陶俊负责。

1912年1月8日，黎元洪召开军事会议，组织北伐军：以战时总司令吴兆麟为北伐军第一军总司令官；右翼军李烈钧为北伐军第二军总司令官；左翼赵恒惕为北伐军第三军总司令官。11日，黎元洪以中华民国海陆军大元帅名义下令准备北伐，对第一、第二、第三军下达进军命令。驻扎在武昌的第一军于12日开始移动，吴兆麟本人也定于13日上午从洪山出发，准备经阳逻向黄陂前进，以攻击集结在孝感一带的北洋军主力。正在此时，武昌城内新的权力斗争又出现了。

自从吴兆麟出任战时总司令之职，后又兼任北伐军第一军总司令官以来，湖北军政府的孙武唯恐他的权力过大，难以控制，力请黎元洪调吴兆麟为第四镇统制。很明显，由总司令改任镇统制是降职使用，吴兆麟坚决不接受，并意会到孙武要他让出总司令的位置，于是，他提出辞呈。黎元洪视吴兆麟为爱将，但在孙武的逼迫下，只好改任吴兆麟为大元帅府参谋总长，同时以孙武为北伐军第一军总司令官。孙武之意不在总司令官，而是要拿下吴兆麟，以显示他所把持的军务部的权力。既然免除吴兆麟的目的已经达到，而他本人又不愿意放弃军务部部长大权，他便推荐杜锡钧代理北伐军第一军总司令官。

从谭人凤取代蒋翊武，到吴兆麟取代谭人凤，再到杜锡钧取代吴兆麟，在短短的一个多月内，武昌军事方面的主要负责人换了一届又一届。背后的操纵者都是一个人，那就是军务部部长孙武。孙武之所以游刃有余地对武昌军事指挥官换来换去，主要是对黎元洪的依靠和利用。而黎元洪要驾驭湖北的革命党人，必须在革命党人中找到一个帮凶，这个人选就是孙武。因此，可以说，来之不易的武昌革命胜利果实，渐渐地被黎元洪和孙武这两个旧军官、新贵族所垄断。

黎元洪以蒋翊武为高等顾问，表面上是把他当作自己的亲信幕僚，位极尊荣，以安其心，实际上是个空衔，无职无权，形同虚设。蒋翊武被任为顾问，便免不了要上书言事，黎元洪受不了这种"监督"，不想再把他留在府中共事。当时，湖北各府州县虽已大都反正，而阳夏为清军所踞，铁路经过各属还在清总督段祺瑞控制之下，黎元洪恐和议破裂无人支撑危局，曾想以蒋翊武为"北方招讨使，带一混成协，由新堤出发，先取汉川，由滦河而北，至隋枣，招安河南东部"，后又改变主意，仅给蒋一个"北军招抚使"名义，驻汉口招降清军中之有"民族思想"者。蒋翊武因此携带资金，于12月9日在汉口设立招抚使署机关。

蒋翊武在任武昌护理总司令期间，曾经安置了一批随湘军援鄂而来的家乡友人担任相应职务，没想到仅有几天的时间，自己的职务也被别人拿下。都督府同意自己出任"北军招抚使"之后，正好重新启用家乡来的那帮幕僚。于是以李仲衡为副官长，晏寄村为秘书，李仲濂、吴端华为参谋，曹振武为副官，以及经谢洪涛介绍的彭正直（字勉之）襄办文书，建起了自己的办公机关。

其时清军驻防汉阳方面者为陆军第一镇，驻防汉口及信阳州一带的为第二、第四镇。驻汉口之清军官兵，于停战后纷纷乘外国商船逃去。蒋翊武组织党人，向北洋军官兵大力宣传反对帝制、光复汉族、建立民国的新思想，开诚布公：

　　一、运动北军自谋独立；

　　二、北军不能独立又不愿回家者，收其武器军装，给以便衣潜送武昌录用；

　　三、不愿投效欲归故里者，收其武器军装后，除给便衣外，并按路程之远近给以二十元以上、三十元以下之川资护送还家。

在士兵中开展宣传鼓动工作是蒋翊武的长处所在。在当时南北停战议和的时期，他所做的招抚工作，用今天的话说，就是对北军的"策反"。在蒋翊武卓有成效的招抚下，阳夏等地的北军多被感化，渐表同情于民军，甚至有的欲借战事重开之日，响应革命，促成共和，便暗中派遣代表，秘密来到蒋翊武使署接洽，表达心向共和的意图。还有的释甲来归，重新回到武汉，愿意投身革命。招抚使署还在市区设置沽衣店，方便招抚的清军购买便服，有时一日售衣缴械者近百人。蒋翊武在12月29日的报告中说"汉口清军表同情于我革命军者，日益繁多""逐日有人接洽""清军各队，不愿再战，我军可为乐观"，并将接洽妥协官兵名册送至武昌。

驻汉期间，蒋翊武还与各方党人接触。萍、浏、醴起义时之都督龚春台，武昌起义后，率敢死队数百人至江宁，自称北伐义军，后队伍星散，他只身抵汉口，贫穷潦倒，蒋翊武赠以厚金助之归乡。湖南反正后，覃振自桃源出狱，曾在湖南都督府就职，后随湘、桂联军至汉，求见同乡好友胡瑛，竟然遭到胡瑛的冷遇，胡瑛还挖苦说可以推荐他为鹦鹉洲驿站马夫。蒋翊武听说覃振来了，专门约请他小酌，为他压惊接风，并推荐他出任黎元洪的秘书。

1912年1月5日，清军根据停战协定撤出汉阳，6日撤出汉口，10日将司令部迁往孝感。趁清军北撤之际，蒋翊武又招降北军四百余人。

虽然蒋翊武的工作取得一些成绩，却没有得到武昌方面足够的重视，甚至要撤销招抚使署。为此，蒋翊武曾据理力争：南北议和虽然取得进展，唯招降机关，不能即时取消。孙武便诬告说：蒋翊武把钱都用作购买枪械，扩充私人实力，据报告，其汉口住宅有现金及枪械甚多，并有组织军队的准备，其居心叵测可以想见。声称对蒋翊武的所作所为不加以清查，恐"种族革命"之事终，而政治革命之祸起。黎元洪立即派稽查处刘有才（又名刘贵狗）带着稽查队半夜三更前往蒋宅彻底查抄，实则一无所获。

1月11日，蒋翊武向黎元洪提出抗议，但招抚使署还是宣告结束。

第七章

民初政治活动

一、创办《民心报》

自从 1907 年 7 月蒋翊武的结发妻子唐氏去世后，他一直是孑身一人，多年奔波在外，无暇寻找生活伴侣。随着武昌首义的成功，以及南北议和局面的形成，不少同志和友人开始为蒋翊武的个人大事牵线搭桥。目前我们没有更多的资料来准确得知蒋翊武与刘氏姐妹成婚的情况，从有关史料和《蒋氏族谱》中得知：蒋翊武在 1912 年元月，也就是农历辛亥年的腊月，他与武昌青石桥的刘氏姐妹成婚，姐姐叫刘玉珍，生于 1897 年 2 月 6 日，妹妹叫刘玉琴，出生年月不详。

蒋翊武与刘氏姐妹的婚姻不仅给他的个人生活带来了稳定和愉悦，同时对他所从事的革命事业也有所裨益，特别是他在武汉创办《民心报》的刊印方面给了他很大的帮助。

武汉是中国近代第一家民办报纸的发源地。自 1873 年 8 月艾小梅在汉口首创《昭文新报》以来，随着武汉地区资本主义的发展，特别是湖北资产阶级革命团体的不断兴起，武汉报纸有如雨后春笋般地竞相发刊。

蒋翊武鉴于和议以来，革命党人人心涣散，斗志低迷，于是斥资创办一份报纸，以抒发自己的政治意向，在舆论方面做些唤醒人心、针砭时弊的工作。办报的念头在他辞去武昌防御护理总司令之后就有了，起初拟定名《狮吼报》，寓意中国睡狮"一吼而醒"。查光佛以苏东坡"忽听河东狮子吼，拄杖落地心茫然"的诗句，戏称怕老婆之情状。这样，有的同志提出，以"狮吼"做报名，似有不雅，蒋翊武遂定报名为《民心报》。

1912 年 2 月 7 日《民心报》筹备就绪，刊发了自己的宗旨和政见。

2 月 15 日，《民心报》发刊，馆设武昌城斗级营口，日出两大张，自设民心印刷事务所。《民心报》是文学社的机关报，蒋翊武自任社长，夏锡圭为主任，杨王鹏任经理，晏寄村任会计兼发行，李擎甫任主编，王道、赵光弼、方觉惠任编辑，蔡寄鸥、毕武、吴月波、高仲和为撰述。

《民心报》是蒋翊武从事民主革命以来所亲历的第四份报刊媒体，也是唯一一份自己出资经营的报纸，他为此付出了很大的心血。除自任社长外，主笔都是民国创立之前武汉地区非常有名的舆论界人物。杨王鹏是昔日湖北新军秘密组织"群治学社"和"振武学社"的主要领导人，夏锡圭、晏寄村都是从湖南澧州投奔武昌的革命志士，也是蒋翊武儿时的同乡好友。《民心报》还拥有自己的印刷厂，主持印刷事务的是蒋翊武的岳父。

武汉地区办报之风盛行，当时的"三武"都有自己的舆论阵地：孙武把持着湖北军政府的机关报《中华民国公报》，蒋翊武创办了《民心报》，张振武创办了《震旦民报》。三报总体上来都说是伸张正义、捍卫共和的，但由于主持者和主笔者在思想上存在着差异，难免在时评和论述中出现分歧，甚至相互攻击。

《民心报》拥护同盟会和孙中山领导的南京临时政府，揭露民社和黎

《中华民国公报》

元洪把持下的湖北军政界各种黑幕。孙武控制的《中华民国公报》起而反扑，双方笔战数月。一位老报人曾记述道：《民心报》者，蒋翊武所创办，以为文学社之言论机关也。时翊武与孙武相水火，故文学社与民社俨如对垒，《民心报》与《中华民国公报》亦以是相排击，攻讦无虚日。

为了加强报馆工作的领导，蒋翊武经常驻社办公，这样，《民心报》馆也就成了革命青年经常聚集之场所。曾汉阳保卫战期间战时经理部成员许学源写过一首《同蒋翊武部长夜坐》的五绝，诗云："幸有生还日，弹刀鸣大风，思飘云雾外，人坐月明中。"

龚霞初是蒋翊武的同乡好友，在辛亥革命期间，他的住宅就是革命党人的秘密机关，居正、宋教仁、谭人凤、蒋翊武这一班人都是在他的家中住过的。三烈士就义的那一天，他也被捕。不过他的供词，称问官为老爷，不承认自己是革命党，所以三烈士遇害，把他留下来了。因而同志们瞧不起他，说他怕死，失去了男儿气概。起义之后，不给他工作，他只好寄寓在民心报馆里头。其实他的文笔很不错，《武昌两日记》就是他走笔疾书一气呵成的。后米，蒋翊武拿出法价洋200元，计值240串钱，给他办一张小报，名为《汉江报》。龚霞初在蒋翊武的支持下，惨淡经营着《汉江报》，由社长到编辑、到校对、到发行广告，以至于传达、打扫等一切工作，都由他一人充当。该报发行仅一月，因经费无着，便自行停刊了。

1912年3月，蒋翊武联合武昌报界同人，成立了"武汉报界联合会"。最初参加者有《中华民国公报》《民心报》《大汉报》《强国公报》《群报》五家报馆。他们还制定了自己的《草程》。

同月，詹大悲、何海鸣来武汉，一同拜访蒋翊武，讨论时局以及如何开展工作的问题。根据他们的所长，蒋翊武极力赞成其重操报业，把原被瑞澄封闭的文学社机关报《大江报》重新出版，与《民心报》互为声援，使革命党多一个政治舆论阵地。20日，詹大悲、何海鸣等联名发起复刊《大江报》，发布公告《大江报卷土重来》文告。

6月10日，《大江报》复刊，馆迁汉口后花楼街。何海鸣任经理，凌大同、戴天仇主笔。"以监督袁黎为己任，遇事敢言，为同盟会重要言论机关。"

二、《大江报》《民心报》的终结

复刊后的《大江报》，继续发扬前清时期敢于直言、揭露时政的革命精神，以监督袁世凯、黎元洪为己任，重新成为革命党人的主要宣传阵地。其"遇事敢言"的精神一如既往，对拥护袁世凯的共和党党魁黎元洪和鄂支部部长孙武经常刊文予以谴责，揭露"恶政府之现状"，引起黎元洪的极大愤恨。詹大悲、何海鸣早在汉口军政分府时，因在权力上与黎元洪发生过冲突，黎元洪早就不满，嫉恨在心。不久，恰逢该报刊发社会党首领江亢虎鼓吹"社会主义"的文章，并配有社论推荐，给黎元洪找到了一个下手的机会，于8月8日强加所谓的"专取无政府主义，为'图谋不轨之机关'，'妖言惑众，破坏共和'"等不着边际的罪名，又派军警查封该报，严禁发行。次日，黎元洪又通电将经理何海鸣、主笔凌大同"一体严缉，就地正法，以惩悖逆"。据目击者描述当时情形说："黎（元洪）特派参谋黄祯祥带兵20人，刽子手4人，各执大刀，又卫兵10名，各执手枪并令箭一支，写明将何海鸣就地正法，前往大江报社时，何君适不在馆，免于难……当时派人四处搜捕，迄未获得。"

何海鸣这次之所以能够脱险，主要是得到蒋翊武等人的营救。据蔡寄鸥回忆：当时黎元洪正在下手谕，令黄祯祥带队过江办案，正好被都督府顾问刘赓藻所知，急往民心报馆送信。其时天色已黑，到处戒严，城门关闭，蒋翊武感到事情紧急，商议蔡济民以军务司司长名义，签发出城命令，派赵璧君、蔡寄鸥乘军务司差船往汉口，才得出城渡江，送信到大江报馆。

当送信人到达报馆时，何海鸣刚好从大舞台看戏归来，得信即避至对门第二镇司令部。接着黄祯祥所率军队也赶到，封了报馆，逮捕了两名职员。

黄祯祥知道何海鸣必在镇司令部，便亲往镇部抓人，结果被第二镇参谋长钟畸所拒绝："黄队长带人来此，有何贵干？"

黄祯祥说："奉都督命令，捕拿何海鸣。"

钟畸严肃地说："堂堂镇部，怎么会成为藏匿罪犯的地方？你来抓何海鸣，怎能擅闯镇部？你说奉令而来，我却没有得到命令允许你来搜查。那么，你要强行进来，我就只好调兵自卫啰！"

黄祯祥见势不对，败兴而去。

夜深了，钟畸带一连士兵查街，何海鸣乔装为兵士，混在队伍里，随即从后湖出，间道至日清公司码头，登英轮东下，"寄居上海民权报社，佐戴天仇笔政，旋赴赣，佐李协和治军"。

就在查封《大江报》的第二天（8月9日），《民心报》发表蔡寄鸥撰写的《哀大江报》一文，对黎元洪大张挞伐，直书："夫黎元洪不过一庸常人耳，英雄不出，遂令竖子成名。吾虽爱黎，亦不能为之讳。"黎读至此，恼羞成怒，拍案大呼："何物狂生，敢呼余竖子耶！《大江报》鼓吹无政府主义，而若辈公然庇护之，是非重办不可！"于是，立即下令将蔡寄鸥捉到都督府。

当传讯人员来到民心报馆时，蔡寄鸥正在操笔作小说，他听说黎元洪因为自己在文章中骂了他而怒发冲冠，感到非常痛快，表示一人做事一人当，愿意挺身前往。蒋翊武、杨王鹏则予以全力阻止，说此去会凶多吉少，必须暂避其锋芒。等候在门前的传讯员又说请报社负责人一同前往。于是，蒋翊武、杨王鹏也随之前往。蒋翊武嘱咐卫队暂时不要将蔡寄鸥交军法处，并亲自拜访黎元洪，具保请求释放蔡寄鸥。黎元洪狠狠地说："我把他拿来，非为别事。他说我是竖子，我让他把竖子两字解释给我听听。"经蒋翊武等人力保，他才稍消火气，然后说："在我都督府跟前办报，敢于这样骂我，我的威信何在呢？既然你们来讲情，我可以不咎既往，可你们这份报纸我是不准出版的。"蒋翊武说："行，只要不追究他个人的责任，我吩咐他们停刊就是。"

这样，蔡寄鸥才幸免一死，而《民心报》则于即日停刊。

《民心报》被查封的当日，黎元洪向全国发出了通缉何海鸣、凌大同的电令。

《大江报》被封之后，同盟会鄂支部曾密电上海同盟会总部，请求声援。从 8 月 11 日至 17 日，上海《民权报》《民立报》等七家报纸，还有汉口《民国日报》对黎元洪以"军法"惩治报界的暴行均提出申斥，并不断刊发报道，揭露此案的始末。同盟会南京支部、九江机关部等组织发表公电声讨黎元洪的行为。但令人不解的是，在所有这一片谴责声中，对黎元洪同时也查封《民心报》的罪行，都视若不见，只字不提，噤若寒蝉，无人敢于出面主持正义，遂使《民心报》沉冤莫辩。

三、关注民生

民国建立后，蒋翊武以改革之初，法律尚不完备，需擘画周详，故与同人发起组织一个"民宪公会"，于 1 月 28 日在《中华民国公报》上刊发启事，宣布该会的宗旨是"研究大经大法""征集政见"，为民国立宪作准备。发起人除蒋翊武外，还有钱守范、谢石钦、张知本、张振武、张越、马甸清等 30 人，多为军政学界人士。

1912 年 2 月初，湖北同盟会支部宣告成立，文学社同志多以个人身份加入。同时，蒋翊武又和蔡济民、王文锦、徐达明、何献、陈道行、陈国桢等人，以"流血既毕，革命成功"之义，发起组织鄂军毕血会，以"招集闲散军人，调查阵亡将士，抚恤其家属，并拟铸铜像，设专祠，安慰就义忠魂为宗旨"。印有组织章程，为退伍士兵争取到"九年恩饷"。

2月21日，南京《临时政府公报》刊载了《鄂军务部蒋翊武等关于振兴实业宜先改良盐政致孙大总统电》，这份电报对孙中山的赞美之词，是以黎元洪为首的"武昌集团"不能接受的，反映了蒋翊武对革命先行者孙中山先生无限敬仰之情，以及他为实践"三民主义"、关注民生而提出振兴经济的合理建议。

1912年6月，曾以新闻记者身份参与武昌起义的龚霞初，署名咏簪，著《武昌两日记》一书，该书以章回小说的体裁形式，客观地再现了辛亥八月十八日武昌新军起义及次日义师血战的事实。脱稿后，龚霞初特请蒋翊武为其作序。蒋读毕此稿，"回思文学社当日仓促起事，及死事诸君，不禁鼻酸心碎，而泪簌簌如霰莫能断绝也；继而思之，则又不为死事诸君悲，而转为未死诸君幸"。于是他提笔作序，深刻地阐述了自己的生死观，以及一个革命者对政治理想的追求和所肩负的重大社会责任，抱定"促进完全共和之政体，以增长我民族之精神"的宗旨，一心要为国家民族谋幸福。

除了作序，蒋翊武还于10月初邀请著名的革命活动家、宣传家宋教仁为龚霞初的《武昌两日记》作了序，封面由革命领袖黄兴题写书名。该书对武昌起义的经过做了比较客观的描述，为我们研究武昌起义提供了一份珍贵的历史文献。

蒋翊武关注民生的工作，还介入到江汉大学的兴办之中。

武汉"民国江汉大学"，系由宋运清、辛扬藻二人约集海内同志发起创立的法政学校，以"普及政治思想，培育从政人才"为目的，经宋教仁等吁请各方赞助，于1912年4月中旬筹备就绪，规模尚称宏阔，推定宋教仁为总理，蒋翊武为协理，石瑛为校长，下置教务、内务各理事。学校开办后投考者非常踊跃，第一期录取六百多名，生源遍及十多省，后来成为我国著名法学专家的邓初民（湖北石首人）当时也就读于该校。黄兴于10月26日抵武昌时，曾出席该校欢迎会，并进行了演讲。

然而，学校开办近一个学期以来，费用浩繁，有些举步维艰了。12月24日，蒋翊武与宋教仁、石瑛等人联名发表《江汉大学前途》一文，呼吁教育部及各省都督府为该校提供办学资金，以维持该校的正常运行。

四、文学社并入同盟会

1912年2月12日，清帝溥仪宣告退位。15日，南京临时参议院按照事先承诺选举袁世凯为中华民国临时大总统，黎元洪仍为副总统。3月10日，袁世凯在北京就任临时大总统。11日，南京临时政府颁布《中华民国临时约法》，以法律的形式确定国体和政体，制约袁世凯的权力欲望。

在南北议和告成，袁世凯即将出任中华民国临时大总统的2至3月间，中国出现了组党热潮，许多政治团体以立宪党人为主体，吸收部分旧官僚和从革命党人中分离出来的人物，其基本立场是"拥袁反孙"。在这样的背景下，孙中山、黄兴等人深感加强同盟会的组织建设，使之成为全国性大党的必要，并指派居正等负责同盟会改组大会的筹备。3月3日，同盟会在南京三牌楼第一舞台召开本部全体大会，到会者有四五千人之众，盛况空前。大会选举孙中山为总理，黄兴、黎元洪为协理，胡汉民、汪兆铭、张继、宋教仁、刘揆一、平刚、田桐、居正、马君武、李肇甫为干事，宣布同盟会正式改组为政党。大会宣布改组后的同盟会的宗旨为"巩固中华民国，实行民生主义"，政治纲领共计九条：一、完成行政统一，促进地方自治；二、实行种族同化；三、采用国家社会政策；四、普及义务教育；五、主张男女平权；六、厉行征兵制度；七、整理财政，厘定税制；八、力谋国际平等；九、注重移民垦殖事业。在组织建设方面，"决定大为扩张，以完成民国之最大政党"，并号召各支部"实力推广，以张党势"。

同盟会改组为公开的政党后，在组织上得到了迅速发展。"不数月间，而会员增至十数万人，支部遍于18省"。但是，随着组织的迅猛发展，一批官僚、政客和投机分子也被拉入党内，造成了组织上的严重不纯。

原来与革命毫不相干甚至是残害革命党人的刽子手黎元洪也在这次改组大会上选为"协理"，与黄兴在党内平起平坐，使他喜出望外。当孙中山于4月1日正式辞去临时大总统职务之后，黎元洪以党内协理身份邀请他访问武汉，孙中山欣然接受了邀请。

1912年4月9日，孙中山在胡汉民、廖仲恺、汪精卫、章士钊等人的陪同下乘"联鲸"兵舰访问武汉。武汉方面对这位革命领袖的到来，给予了热烈的期盼和盛情的接待。首先由第二镇统制王华国在江汉关率队迎接，然后在王华国的陪同下渡江赴武昌。蒋翊武乘小火轮到孙中山座舰迎接登岸，并陪同他们来到都督府。黎元洪在都督府举行了盛大宴会，招待孙中山一行。

次日清晨，孙中山首先巡视了首义发难之地楚望台，然后到三烈士就义处凭吊了彭、刘、杨，又到三烈祠敬香，再至都督府大礼堂参加了各界欢迎会，与都督府所属各司、科长，民军管带以上文武官员和武汉名流蒋翊武、张振武、孙武、蔡济民、吴兆麟、熊秉坤等一百三十多人会见。孙中山做了即席讲话。

4月11日，孙中山登黄鹤楼，直上文学社成立大会所在地奥略楼，一览江山胜境。随后，孙中山一行到汉口出席武汉报界联合会、武汉商会等15个团体在熙泰昌茶站举行的茶会。孙中山在会上发表演说，略谓："武昌首义，阳夏鏖兵，诸君子惨淡经营，既已推翻清，达平时'种族'、政治均待革命之目的。今之团体发达，种种自由，固属莫大之幸事。唯初当建设，无赖维持。其真理约分二宗，首曰政治，次即言论。言论者，发自团体，以补助政治者也。然团体太多，则势分而力弱，党派众而意见分歧。彼不从事大团而多立小团，殊非补助政治之正轨。"

作为武汉报界联合会的发起者和日常办公机关的《民心报》社，在这次接待孙中山的活动中，起到了重要的组织作用。孙中山对武汉报界给予了高度的评介，认为自己在茶会上的演讲还不足以表达对武汉报界的赞誉，在他离开武汉时，专门给武汉报界联合会写了一封信，充分肯定报界的功绩，希望各位报人继续努力，"尤望指引维持于后"。

4月12日晨8时，应同盟会鄂支部催请，孙中山到湖南会馆讲演国事，并摄影留念。这是一张珍贵的历史照片，也是革命领袖孙中山与武昌首义革命党人合照的一张"全家福"。这张照片中的第二排左起第一人为蒋翊武，第二人为章士钊，第四人为胡汉民，第六人为黎元洪，第七人为孙中山，第八人为景耀月，第九人为廖仲恺。然后，同盟会支部设宴于抚院街招待所。13日，孙中山一行离开武汉。

孙中山的武汉之行，使得蒋翊武终于会见了这位民主革命的先行者，不仅目睹了他的风采，而且还得到孙中山的赏识，并与之进行了革命形势等方面的探讨。对蒋翊武民主革命思想的进一步成熟起到了重要作用。如果说，蒋翊武的民主革命思想是在反叛传统秩序的基础上萌生，在孙中山"三民主义"思想启发下成熟，那么说，孙中山的武汉之行，对于蒋翊武关于新生共和国的建设和捍卫思想的形成，起到了重大的指导作用。蒋翊武不仅利用手中的报刊媒体对湖北军政府的举措实行舆论监督，而且认真领会和贯彻孙中山关于"团体太多，则势分而力弱，党派众而意见分歧。彼不从事大团而多立小团，殊非补助政治之正轨"的思想，毅然将秘密时代的革命组织文学社，并入中国同盟会。

5月底，蒋翊武召集文学社同志于汉口笃安里2号举行最后一次会议，与会者有王宪章、詹大悲、杨王鹏、李六如、章裕昆、胡玉珍、蔡大辅、王守愚等数十人。蒋翊武主持了会议，提出文学社今后的发展趋势是加入一个大的革命团体，才能继续发挥自身的作用。而当前政党林立，唯有孙中山所创之同盟会，尚保持固有革命精神，文学社宗旨与之亦合，因而以加入同盟会为宜，众皆赞成，当即决定全体归并。由文学社推举一人出任同盟会鄂支部副支部长，并推举若干同志出任其他重要职务。王宪章被推举为副支部长，杨王鹏为交际主任，王守愚、曹振武、陈善策为干事，刘九穗为评议，而《民心报》亦以石瑛为经理，因此该报具有同盟会在鄂省舆论机关的性质，至此，"武昌数年来占革命重心之文学社，遂成为历史上之名词"。

一、张振武、方维遇害事件

清帝退位后，袁世凯出任中华民国临时政府大总统。以袁世凯为首的北方势力与以孙中山为首的南方势力，就第一届内阁组建和临时政府办公地点等问题上展开了谈判和争论，最后以孙中山为首的革命党人妥协告终，从此，自武昌起义以来，革命党人创造的中国革命的政治中心由南方转到北方。

袁世凯在北京就任临时政府大总统后的第三天，3月13日，正式宣布唐绍仪为内阁总理。3月下旬，唐绍仪到南京组阁时，由黄兴和蔡元培介绍他加入了同盟会。4月1日，孙中山正式解职。4月7日，参议院发出通告说："本院已议决迁往北京办公，自本月初八日始休会15天，于本月21日齐集北京。"

与此同时，袁世凯以临时大总统的名义，于4月5日向武昌发出邀请，敦促蒋翊武、孙武等人北上，效力中央政府。此后蒋翊武等人曾一度入京，但旋即南归。

8月13日，蒋翊武接悉孙中山、黄兴联名致同盟会各支部电，征求对于同盟会改组为国民党的意见。次日，又接同盟会本部宋教仁函邀赴京议商改组具体事宜，蒋翊武与石瑛召集同志开会，予以讨论，当时人们看法不一，都希望蒋能到总部反映湖北省情况。恰在此时，袁世凯又连电黎元洪，谓"蒋公天下才，鄂省不得而私之"，并许愿说，"蒋翊武将军，功在民国，定将畀以重任，俾能辅佐中枢。"黎元洪为了解除"三武"在湖北对自己的威胁，连忙相劝，并设宴欢送。就这样，蒋翊武再次奉命入京，同行者有石瑛、詹大悲、蔡大辅等。

这次进京，蒋翊武亲历了张振武、方维被害事件，进一步看清了黎元洪与袁世凯相互勾结、狼狈为奸的丑恶面目。

在武昌起义中，"首义三武"的大名已经享誉大江南北。张振武是湖北罗田人，原名尧鑫，字春山，更名竹山。曾留学日本早稻田大学，加入同盟会，回国后任小学教员，又加入共进会，是共进会的负责人之一。武昌起义中，他是重要的领导人，军政府成立，他出任军务部副部长。对于创立革命政权、巩固革命胜利果实、击退清军的进攻等方面，作出了很大贡献。张振武又是革命党人中思想较为激进的人物。武昌起义时，他反对黎元洪任都督，认为黎元洪不可能领导革命。黎被举为都督后，数日内装聋作哑，不划一策，张振武力主镇压清朝旧官僚，"先将黎元洪斩首示众，以扬革命军威，使一班忠于异族清臣为之胆落"。他的这一激进的主张，虽未实施，却使黎元洪耿耿于怀。

同孙武等一班蜕变的党人相反，张振武不仅不对黎元洪阿谀投靠，而且十分藐视。据时人回忆，张振武目空一切，态度骄横，"自己组织卫队60名，配一色短枪，不论进出，都跟随护卫。即令进都督府，也是从大门到黎元洪的办公室，都由他的卫队加岗。对黎元洪总是横眉怒目，动辄说：'我们不把你拉出来，你哪里有今天！'黎元洪每听说张振武来了，就有些发抖。"

其实，黎、张之间的矛盾纠葛非一日之寒。还在阳夏之战后，张振武即与黎发生了冲突。当时南北和谈刚刚开始，张振武向黎元洪建议由他携银40万两赴沪购买军火，作为补充。黎元洪允准。张振武启程之后，孙武受人挑拨，向黎进言，要派几个可靠之人赴上海，对张振武暗中监视，所购枪械也从严检查。于是，黎元洪连续电催张振武速将枪械发回武昌，并在款项、质量等方面对张挑剔刁难。张振武一怒之下，将所购军械的一半拨给了烟台民军。黎元洪认为这是无政府主义的行为，"应当重办"。但张振武回鄂后，非但不买黎元洪的账，反而拍桌怒斥黎元洪："我们把你拉出来当了大都督，现在已经安富尊荣了，你也清起我们的账来了！"说罢拂袖而去。可以想象，这样一位桀骜不驯、对黎元洪深有成见而又有一定警觉的党人领袖肯定令黎元洪头痛不已，必欲去之而后快。实际上，群英会事变后，黎元洪就把张振武视为心腹之患，视为对他执掌湖北军政大权的最大威胁。但是，除掉张振武，对黎元洪来说也非易事。其一，张振武为首义勋臣，其功甚伟，声名所播，天下共知，轻易下手，举措失当，易惹起风潮，于己不利；其二，张振武在湖北军队中有相当影响，湖北军政府成立之初，孙武因伤住院，军务部由张振武主持，因而在军中颇有影响，群英会风波后，张振武虽被免去军务部副部长之职，但仍控制着由起义老兵和革命党人组成的将校团和军务司护卫队两支军队。

黎元洪几次试图遣散或改编这两支队伍，都未成功。投鼠忌器，黎元洪不得不三思而行，谨慎从事。为了将张振武从湖北排挤走，黎元洪先用了调虎离山的手段。群英会风潮后不久，黎元洪向袁世凯荐举张振武任"东三省边防使"，并同意张率一镇鄂军驻扎东北。袁世凯清楚这是黎的"祸水东引"之策，先电示同意，然后又以烟台冲突，恐南军不服水土等理由电令暂缓出发。卧榻之侧，岂容他人酣睡，袁世凯当然不会允许这样一个强硬的革命党人率一镇首义之师驻扎在距北洋腹地咫尺之遥的地方。不过对于毫无实权的虚衔，袁世凯并不吝啬，所以从4月份开始，袁世凯又先后电召"三武"入京。

5月26日，张振武与孙武一同北上，到京后，均被任命为总统府军事顾问。张振武对这一有职无权的差事十分不满，婉辞拒绝，甚至当着段祺瑞的面发牢骚说，"我湖北人只会做顾问官耶？"他这种桀骜不驯的姿态，当然是袁世凯不能容忍的。结果，袁世凯又委任他为蒙古屯垦使。这实际上也是个闲职，但张振武还曾想作为一番。然而，他为此提出的要求、申请竟如泥牛入海。张振武一气之下，将委任状缴回，给袁世凯留书一封，又回到湖北。张振武回到武汉后，在汉口设立屯垦事务所，月索经费1000元，准备筹组一镇精兵开赴蒙古。这使黎元洪大为惊慌。本来黎元洪就对张振武心有疑忌，好不容易调虎离山，送入北京，却不料竟又返鄂，而且练兵索饷，显然是怀有野心，因此对张更加猜嫌。拙于心计的张振武对黎元洪的心思毫无了解，依然拔剑争功。

为了稳住张振武，黎元洪还与袁世凯一起设计了一场调和矛盾的假戏。张振武与孙武原本都是共进会领导人，而且交谊契合。但武昌起义后，孙武迅速蜕变，倒向黎元洪，张振武与孙武也渐至交恶，黎元洪及其亲信孙发绪趁机挑拨离间，推波助澜，使二人关系几成水火。黎元洪的目的是使党人领袖个个陷于孤危之地，从而便于他各个击破，但在表面上，他还要维持一种与党人和衷共济、一德一心的气氛，麻痹党人。7月底，袁世凯派遣刘成禺、郑万瞻回鄂，调解孙武与张振武之间的矛盾。刘、郑二人不明底理，回到武汉后，四处奔走，十分热心地调停矛盾。经刘、郑的疏通，孙武与张振武发表了一个《孙武、张振武原无意见之布告》，宣布二人和解。然后，黎元洪又托刘、郑二人再为他与张振武之间的矛盾调解。刘、郑又周旋一番，黎、张间似乎也芥蒂全消。胸无城府的张振武在这样一剂"调和汤"的作用下，真诚地相信了黎元洪，解除了思想上的戒备。这一场假戏落幕后，袁世凯连电张振武，要他速赴京"筹划"屯垦事宜。张尚犹豫，黎元洪却极力劝说："如此机会，千载难逢"，要张振武切莫错过，并答应保留将校团，赠路费4000元。刘成禺等人也从旁劝说。在这番哄、骗、诱、压之下，张振武终于允诺进京。8月8日，张振武到达北京。同行的有武昌将校团方维等十余人及随从、仆役等。8月11日、13日，孙武、蒋翊武也相继来到北京。鄂省革命要人冠盖京华，对张振武来说，似乎是一个新的开始，他想的是如何在边陲镇抚方面作为一番，因此他上书袁世凯，提出种种筹边之策，他希望如同在武昌调解他与孙武、黎元洪矛盾那样调解同盟会与共和党的关系，因此他又在德昌饭店宴请两党要人，主张消除党见，共维大局，并拟定了一个《调和党见、政见书》，呼吁"孵化党争，众力合擎，同支大局。重寻白马之盟，再睹赤兔之兆"。坦直而不工心计的张振武不知道他已陷入了袁、黎精心设计的圈套之中，更不知大祸已近眉睫。黎元洪认为除张的时机已到，便于8月13日给袁世凯发去密电一封。电文中以"莫须有"的方式给张振武罗织了一大堆罪名："估权结党，桀骜自恣。赴沪购枪，吞蚀巨款。"煽动将校团参与湖北二次革命。"蛊惑军士，勾结土匪，破坏共和，昌谋不轨，狼子野心，愈接愈厉。冒政党之名义，以遂其影射之谋；借报馆之揄扬，以掩其凶横之迹。排解之使，困于道途；防御之士，疲于昼夜。风声鹤唳，一夕数惊。"要求将张振武"立予正法，其随行方维系同恶相济，并已一律处决，以昭炯戒"。8月15日，袁世凯发布捕杀张振武的军令。

这些密电往返，张振武毫无所知。身临绝地他还在兴致勃勃地四处赴宴会客。15日上午，蒋翊武邀饮醉琼林，中午，同盟会诸人邀饮什刹海会贤堂，下午4时，闻系王天纵邀饮德昌饭店，同座者有蒋翊武、蒋作宾、刘成禹、邓玉麟多人。晚8时，张振武做东，与孙武及蒋翊武赴东交民巷六国饭店宴请北方将校，并有阁员数人在座，不料此即张振武在京遭捕杀之夜。应邀赴宴的北洋军驻京总司令官段芝贵已将捕张的军令带在身上，席未终便借故离去。

约晚10时宴会结束，各自散去，蒋翊武和杨时杰同坐一辆马车归寓，中途闻枪声，次日早晨才知夜间事变。张振武与江西协统冯嗣鸿、参议员时功玖分乘三驾马车返回旅馆。中途遭北洋军拦阻，张振武被捕。方维则在所居的旅馆里被捕。二人先后被押到军政执法处。凌晨一时，张、方二人同时遇难。

张振武被捕后，与之同行的时功玖、冯嗣鸿立即赶到共和党总部，告知消息。随后，又与孙武、邓玉麟、刘成禺、张伯烈等人赶往军政执法处，时已凌晨3时。但张、方二人已被行刑。执法处总长陆建章向他们出示了袁世凯捕杀张振武的军令，众人惊骇异常。次日早8时，孙武等人又赶到总统府质问，袁世凯亲自接见，对他们说："这件事我很抱歉，但经过情形诸君当已明了。我是根据黎副总统的来电办理。我明知道对不住湖北人，天下人必会骂我，但我无法能救他的命。"孙武等人只好愤愤退出。即日，陆军部复电黎元洪，告之已处死张振武，袁世凯宣布以大将之典礼葬张振武，并赠安抚费3000元。次日，在袁的授意卜，黎元洪的密电和袁世凯的军令在报上全文刊出，将责任完全推给了黎元洪。

张、方案公布，举国震骇。在共和民主之国仅凭一纸电文而无任何法律程序就将共和元勋处死，不能不令人愤慨，连与张振武积怨甚深的孙武也致电黎元洪说："夫事不见于南而见于北，振武则死非其地。将与之合，偏与之离，武何堪会逢其时！且未昭信谳，轻置法典，何以执天下之口，适足寒志士之心。"于是，形成又一场政潮。

8月16日，从湖北来的首义元勋顿感人人自危，孙武、邓玉麟、蒋翊武三人到总统府谒见袁世凯，请大总统给以免死券始敢回鄂。

8月22日，同盟会总部通过谴责黎元洪的决议："黎元洪暴戾恣睢，擅杀元勋，破坏约法，摇动民国。……爰召集职员、评议两部联合议决，革去黎元洪本会协理并除名，嗣后与本会断绝关系。"由于担心因张振武案动摇与袁世凯达成的和解，孙中山、黄兴等革命党人对袁仍持容忍的态度。

孙中山得知张、方被杀的消息时，正准备进京与袁世凯"商榷救国大计"，许多同盟会党员劝孙中山不要北上，但他的态度是："无论如何不可失信于袁总统。且他人皆谓袁不可靠，我则以为可靠，必欲一试吾目光"，坚持如期北上。他还致电黄兴："以弟所见，项城（袁世凯）实陷于可悲之境遇，绝无可疑之余地。张振武一案，实迫于黎之急电，不能不照办。

中央处于危疑之境，非将顺无以副黎之望，则南北更难统一"，并劝黄兴北上，"千万先来此一行"。

由于革命党人没有就张振武被害一事对反革命势力发起反攻，表现出的是容忍和退让，这只能被袁世凯、黎元洪视为软弱可欺，促成其得寸进尺。后来，湖北革命党人接二连三地被杀、被逐以及宋教仁被刺，就不是偶然的事情了。

二、主持汉口交通部

经过 1912 年 3 月 3 日南京大会后，中国同盟会对外宣称由秘密活动的政党改组为公开活动的政党，"决定大为扩张，以完成民国之一最大政党"，并号召各支部"实力推广，以张党势"。随着全国政治形势的迅猛发展，同盟会的进一步改组事宜在党内高层开始酝酿。

宋教仁、胡瑛、魏宸组、谭人凤、刘揆一、张耀曾、李肇甫等主张改组，但每次会议却没有结果。7 月 16 日，同盟会本部召开全体职员会议，专题讨论改组问题。

同盟会改组为国民党，主要的着眼点，是从现实政治斗争的需要出发，力图通过改组而建成一个"具有巩固庞大之结合力，与有系统有条理真确不破之政见"的"政治中心势力"。运用这个"政治中心势力"，"进而组织政府，则成志同道合之政党内阁"，以实现责任内阁的政治主张。同盟会改组为国民党后，他们维护共和的斗争精神并没有减退，"以前，对于敌人，是拿铁血的精神，同他们奋斗；现在，对于政党，是拿政治的见解，同他们奋斗"。因此，不能说同盟会在改组为国民党后就全面倒退了。

8 月 25 日，也就是孙中山到达北京的第二天，国民党的成立大会在湖广会馆正式召开。

由于孙中山、黄兴被袁世凯的假象所迷惑，对当时政治风云抱乐观态度，他们都专心于社会和实业方面的事务，无暇顾及党务工作，因此，孙中山旋即将国民党的理事长之职委托宋教仁担任。宋教仁成为临时政府北迁之后，中国民主革命主流派的实际领导者。但无论是对同盟会的改组，还是国民党党纲的确立，以及重大人事安排，宋教仁都及时地向孙中山和黄兴进行通报，也就是说，孙中山、黄兴和宋教仁在党务建设的重大问题上是保持高度一致的。

国民党本部设于北京，设支部于各省及海外各埠，国内交通口岸，另设交通部。在磋商各省人事安排时，宋教仁建议：鉴于蒋翊武作为老同盟会的资历和在武汉地区的广泛影响力，国民党汉口交通部部长一职，由他出任；上海交通部则由沪督陈其美负责主持。孙中山、黄兴均表赞成，并予以正式任命。

袁世凯为了笼络人心，在武昌起义周年纪念日的 10 月 10 日，授予在武昌起义和各地反正中有功之士以军衔，并在 10 月 12 日、13 日的《申报》

1912 年 10 月 10 日，北京的国民党人集会隆重庆祝。

上予以公布。蒋翊武被授予陆军中将加上将衔，并授予文虎章一枚、勋二位。

在孙中山接受袁世凯任命的全国铁路督办一职之后，许多革命党人皆以发展实业为其奋斗目标的这一时期，蒋翊武则协助宋教仁开辟"第二战场"，即致力于党务建设，从事议会斗争，以政党政治遏制袁世凯的专制独裁。

国民党成立大会后，蒋翊武委派詹大悲先期回汉，为建立交通部做好准备，又派石瑛返汉恢复《民心报》，并委之为社长。石瑛于9月2日发布《民心报改良展期通告》说："本报因改良停版半月，现房屋尚待修理，铜模装置亦需时日，拟展至9月22日出版。"终因经费无着落，《民心报》没能复刊出版。

10月初，武昌起义周年纪念日将至，各地发表的纪念文章渐多，但也不乏捕风捉影，或贪天之功为己功；或杂个人喜怒失真相，尤其对于武昌起义之发动组织文学社更是肆意歪曲，其中以上海某报所载更为荒谬，竟然张冠李戴，误称文学社系孙武所创办。蒋翊武、蔡大辅等人看后，非常气愤，认为必须写一篇文章告知天下，以正视听。于是，以"前义学社同仁公启"名义在10月7日、8日两天出版的上海《民主报》上面连载了题为《武汉革命团体文学社之历史》。

在北京期间，陆军学会会刊《军事月报》出版，该刊设论说、学术、战史、会史等栏目，以提倡"军国主义"为宗旨。这是一本专业性很强的学术集刊，载有《军队与共和》《今后之中国与列强》等篇。其主编刘光（君实）认为武昌起义是我国军事史上的一个重要事件，特请这次起义的指挥者蒋翊武为之题词。蒋翊武欣然允其请，题写了《祝辞》，为该刊增色不少。同期题词的还有宋教仁等。

此番来京，蒋翊武滞留时间较长，他目睹了张、方被杀事件，看到了黎元洪与袁世凯的勾结，都属于一丘之貉。要想改变这种局面，只有通过国会的正式选举，产生以国民党为执政党的新内阁政府，限制袁世凯、黎元洪等守旧势力的复辟之梦。于是，虽然他知道黎元洪正在加紧推行恐怖政策，但他毅然于10月下旬偕夫人离开北京返回湖北，力图通过开展地方党务工作，实现自己捍卫民主共和的理想。

蒋翊武回到武汉后，随即在英租界扬子街设立国民党汉口交通部机关，蒋翊武、詹大悲分任正副部长，下设五个组：詹大悲兼文书组长，总务组长杨王鹏兼任交际主任，理财组长温楚珩，招待组长钟畸，联络组长钟仲衡，刘化欧任庶务干事。交通部为国民党分支机构，汉口交通部且分管湖北、湖南、陕西三省党务，湘、陕是最早响应武昌起义的省份，因此，汉口交通部的位置也在国民党人的心目中非常特殊，湖南都督谭延闿为了以示对交通部的尊重，自动汇款10万元给该部。

其时，石瑛出任国民党湖北支部长，与汉口交通部在同一机关办公。

蒋翊武在从事党务建设的同时，还特别注意社会舆论的导向作用。此前由他提议接办的《震旦民报》，即是以敢于揭露和声讨袁、黎劣迹而著称的新闻报纸，该报始终坚持与黎元洪御用的《群报》进行笔战，在10月前后发表过《黎元洪竟欲效汉高祖耶？》《床下英雄传》《新空城传奇》等文，对黎元洪的丑陋历史及其与袁世凯相互勾结的事实予以揭露。

《汉口民国日报》创办于1912年7月1日，馆设汉口法租界兴仁里，初以杨端六任总编，后由曾毅接任。该报以"发挥平民政治之真精神，提倡社会道德"为宗旨，反对袁世凯政府独裁专制。开办经费由赣籍富商胡某提供2万多元，常年经费由湖南都督谭延闿拨付，汉口市政督办谭人凤以及政党领袖黄兴、宋教仁均有资助。蒋翊武主持国民党汉口交通部工作之后，也加强了与《汉口民国日报》的联系，使之成为国民党在武汉地区的有力喉舌。

此外，对其他进步报刊，蒋翊武也进行了选择性资助。有报人回忆道："《自由报》者，党人陈天怒所主办，国民党交通部月给津贴数百元，故亦革命报纸之一。"国民党每开干事会，蒋翊武必邀请该报的主办人陈醒黄（天怒）列席。他还将原《民心报》被封后所遗之大批机器、铅字、钢模等件无偿地交由张国恩主办的《湖北教育杂志》使用。

蒋翊武从北京回到武汉后不久，他的第二个女儿降生了。当时封建思想非常严重，他的岳父刘翁见自己的女儿刘玉珍给"首义元勋"生的是一个外孙女，很没面子，担心蒋翊武从此疏远刘家，便对蒋翊武谎称是男丁。蒋翊武因公务繁忙，也没有更多精力去确认刘玉珍生的是男还是女，高高兴兴地给孩子起了个响当当的男孩名字"蒋宗仁"。

蒋宗仁出生没几天，蒋翊武就把国民党汉口交通部的部务工作托付给詹大悲，自己则带着几个随从，离开武汉返湘省亲，回到了阔别数载的澧州故里。

自1909年秋天离开家乡，蒋翊武已有三年没有回来过。时隔三载，蒋翊武已经由一个普通平常的年轻人，成为一个享誉海内外的知名人士。尤其是他在武汉主持文学社和筹划武昌起义的故事，早已在他的家乡广为流传。当他即将荣回故里的消息传来，澧州（此时的澧州由直隶州改为澧州行政厅）各界予以热烈的期盼和隆重欢迎。在他将要经过的地方，张灯结彩、喜气洋洋，澧州行政厅还将县城的"多安桥"改名"翊武桥"，将东门改称"翊武门"，将正街改称"翊武街"。

然而，蒋翊武并不希望惊动各方，也不希望自己的到来耗费地方财力。他从长沙乘船到津市，然后弃舟步行20里，绕道小南门进城，于黄昏时不露声色地回到了自己的家里。蒋家原住丁公桥，辛亥光复后，其父亲蒋定照以一百多串钱在老二府街西头25号买了一幢旧屋，略加整修，全家搬入。蒋翊武这次回澧州，就下榻这里。次日，澧州行政厅要员纷纷来老二街拜访蒋翊武，他反复强调自己无功可颂，不值得享受如此殊荣，希望把以自己名字命名的桥梁、街道、门楼，恢复过来。其后，他在澧州行政厅为他举行的欢迎会上演说，强调"革命事业远未完成，民国前途多艰，瞻望前景，实所堪虑，尚有赖同胞振作精神，继续奋进"。蒋翊武的所作所为，既体现了他谦虚谨慎不居功自傲的高贵品质，也表明了他的政治敏感性和不断革命的决心。

曾任湖北民军第六协协统的杨载雄，因枪毙了一个叛乱的营长而招致黎元洪的免职，后经蒋翊武的推荐在湖南都督府就任顾问。他听说蒋翊武回乡省亲，也向都督谭延闿告假回乡与蒋翊武一聚。此时正值全国第一届国会正式议员的选举时期，蒋翊武借回乡省亲之机，对国民党选举活动做了一些考察。他与杨载雄会面时，详细询问了国民党在湖南的选举情形。

那些天，蒋家庙的族里人也开堂会宴请蒋翊武。蒋翊武专程前往祖居地蒋家庙拜谒了祖先，然后还特意看望了当地父老乡亲和故交旧友。一个月之后，蒋翊武即辞别父老乡亲，再次踏上了革命征程。

经长沙时，蒋翊武曾就武汉江汉大学之常年费用问题与谭延闿洽谈。谭为人圆滑，党人皆反映"谭延闿于吾党，礼貌焉尔，与他党皆深结，不可恃也"。蒋翊武对此似未引起注意。这时，黄兴受任铁路督办事宜，返湘业已多时，再次与蒋翊武会晤于长沙。

在长沙的短期逗留中，蒋翊武还由多人陪同，前往西乡岳麓山祭扫了陈天华、姚宏业、禹之谟、焦达峰、陈作新等人的墓葬。这些烈士，有的享誉海内外，有的还与蒋翊武并肩战斗过，因此，他面对逝者，感慨万千。在返回市区途经水陆洲时，他忆及几年前在这里的一条船上，与革命同仁召开萍、浏、醴起义发难会议的情形，心中更是波澜不已，如今这条船泊在何方，不得而知，而与会者大多都成了烈士。

三、宋教仁遇刺

宋教仁，字钝初，湖南桃源人。1904年与黄兴等人筹划华兴会起义失败，避走日本。在日本期间，潜心研究西方政治制度与法律，成为中国同盟会会中著名的法制专家。1911年7月，他与谭人凤、陈其美等组建同盟会中部总会，提出了中国革命"三策"，主张以长江流域发动武装起义，推翻清专制统制。武昌起义之后，他与黄兴等人来到武汉，在湖北都督府主持起草了著名的《鄂州约法》，成为各省反正之后法制建设的范本。南京临时政府成立后，他被孙中山任命为法制局局长，为南京临时政府出台了大量的法律文件，为中国近代民主法制建设作出了重大贡献。

1913年1月30日，宋教仁由湘来鄂，到达汉口国民党交通部，

部长蒋翊武于2月1日召集国民党汉口交通部、湖北支部的干部工作人员及国民党籍议员候选人举行欢迎会。宋教仁以前在公开场合从没有对袁世凯进行猛烈地抨击，但在这次欢迎会上，他首次抨击时政，指斥袁世凯政府的种种失策。2月4日，正式国会选举名单揭晓，国民党的席位压倒了拥袁的共和、统一、民主三党，取得了议会中的绝对多数。在此鼓舞下，蒋翊武于10日再次为宋教仁举行招待会，共庆国民党在参、众两院复选中取得胜利。宋教仁又做了长篇政治演讲，倡说政党内阁，对袁政府弊政做了更猛烈的抨击。其后他在上海、南京也发表了类似演说。国民党选举获胜，成了国会中的第一大党，进而将依据《临时约法》以议会多数党的身份而成为执政党，以便实现民主政治。

正式国会召开后，就是制定正式宪法和选举正式总统。袁世凯目前还是个临时大总统，他能否在正式国会中稳坐总统宝座，完全取决于议会。宋教仁不仅倡导和实践政党内阁制，而且即使对权力虚位的总统人选，也

看不上袁世凯。1913 年 2 月 19 日的《时事新报》上刊登消息："有人自鄂归，详述黄、宋屡说黎副总统密陈推戴意。黄谓共和、国民两党，近方激战，然无论党派异同，总之，吾辈革命分子，如共和党之民社，国民党之同盟会，必须联为一团，共操政柄。宋谓总统一席，非公莫属，公如担任，当选黄为副，己则集同志组织内阁。"接着，2 月 20 日的《民权报》上发表了一篇《革命同志之内阁》的时评，嘲笑孙武拟集合共和党的民社派、国民党中的同盟会员为一团，举黎元洪为总统，黄兴为副总统，以宋教仁为内阁总理，而自为陆军总长。

这些消息，自然引起袁世凯的极大关注。

袁世凯用高超的政治权术，麻痹了孙中山和黄兴，但却在法制方面不是宋教仁的对手。在此新形势下，袁世凯要想独断专行，唯一的绊脚石就是宋教仁，于是他将政治对手锁定宋教仁。在北京期间，唐绍仪内阁之后，袁世凯希望宋教仁组阁，出任内阁总理。宋教仁当然希望在中国建立起真正意义上的内阁，但不是袁世凯意下所赐予的"内阁"，认为"与国民党政党内阁之党议大相刺谬"，坚定地予以拒绝。1912 年 10 月，袁世凯曾经予宋教仁馈赠 50 万支票，宋教仁可以随意支用，希望通过他的惯用伎俩收买他，然而此法在宋教仁身上却没见效。宋教仁不为钱财所动，婉言将支票退还。

1913 年 3 月 8 日，宋教仁从上海到南京。次日，国民党南京支部在浙江会馆举行有三千多人参加的欢迎会。宋教仁在会上发表了慷慨激昂的演说，对袁世凯的现行政策进行了大胆的批判，对即将出现的政治形势予以纵情表白"内政方面尤不堪问"，"现正式国会将成立，所纷争之最要点为总统问题，宪法问题，地方问题。总统当为不负责任，由国务院负责。内阁制之精神，实为共和国之良好制也。国务院宜从完全政党组织之，混合、超然诸内阁之弊，即已发露，毋庸赘述。宪法问题，当然属于国会自订，毋庸纷扰。地方问题，则分其权之种类，而为中央、地方之区别"。"现在国家全体及国民自身，皆有一牢不可破之政见，曰'维持现状'。此语可谓糊涂不通已极。譬如一病人，已将危急，医者不进以疗病药，而仅以停留现在病状之药，可谓医生之责任已尽乎？"他直言：袁世凯的政府是"不如民意之政府，退步之政府"。

宋教仁在南方的行踪和激烈的言论，早在袁世凯爪牙的监控之中。1913年3月20日，宋教仁因国会议员陆续北上，他以国民党代理理事长的资格赴北京准备国会的召开。当晚，他在黄兴、廖仲恺等人的陪同下，在10时40分左右到达沪宁车站检票处。突然，枪声骤起，三颗子弹从背后击中宋教仁。他随即被送往铁道医院。由于子弹伤及肾脏、大肠，手术后虽将枪弹取出，但终没能挽救这位年轻而杰出的政治家的生命。宋教仁于3月22日清晨去世，时年31岁。

宋教仁的遇害，史称"宋案"，它是继张、方事件后又一次震惊全国的政治血案，在全国引起极大震动，进而成为"二次革命"的导火线。

四、鄂豫招抚使在行动

正当南方革命党人还在为是"武力讨袁"还是"法律解决"争论不休的时候，袁世凯赢得了宝贵的时间，已经做好对付南方革命党人的一切准备。

1912年6月9日，袁世凯突然下令，免除国民党参议李烈钧江西都督职务，任命黎元洪兼署江西都督，并任命赣军师长欧阳武为江西护军使、都督府顾问贺国昌为护理民政长、陈廷训为江西要塞司令官。6月14日，袁世凯又以调任的方式，撤去胡汉民广东都督的职务，任命陈炯明为广东都督，改命胡汉民为西藏宣抚使。

7月12日，李烈钧在江西湖口发表讨袁檄文，次日江西省议会召开大会，宣布独立，公举李烈钧为讨袁总司令，这样，酝酿已久的二次革命终于爆发了。

蒋翊武等一行从武汉抵达长沙后，在杨王鹏、钟畸的陪同下面见了湖南都督谭延闿，征求他对反袁的态度。谭延闿身为国民党参议，理应响应孙中山的号召，率先举兵讨袁，但立宪党人出身的他，本来革命立场不是很坚定，被一些革命的投机者推上都督的宝座，实在是难得，如果讨袁不成，就会前功尽弃，甚至身败名裂，因此他对革命党人的步步紧逼是左右为难，不置可否。

在长沙，蒋翊武还拜会了一位久违的老朋友，那就是《竞业旬报》的首任主笔傅熊湘。民国建立之后，傅熊湘回到湖南，接管《长沙日报》的总编工作，国民党成立后，他被推举为湖南支部的评议员。在他的主持下，《长沙日报》不仅成为国民党在湖南的喉舌，而且使该报成为南方反袁舆论阵地上的一面旗帜。

老朋友相见，自然是要聚一聚。傅熊湘盛情地设宴接待蒋翊武这位昔日的老战友。自古云：酒逢知己千杯少，话不投机半句多。现在，他们一个是南社著名的诗人，一个是叱咤风云的"首义功臣"。双方都有说不完的别后为了推翻帝制、创建共和的艰辛历程，道不尽的为了新生共和政体建设的宏伟设想。畅饮之中，傅熊湘认为，革命之所以出现今天的局面，是袁世凯窃权的结果。而袁世凯的得势，与黎元洪的襄助是分不开的。因此，他向蒋翊武提出了"讨袁必先伐黎"的观点。蒋翊武非常赞成老朋友的观点，并从他那里摸清了湖南革命党人"主战派"与"稳健派"的真实情况，坚定地表示将要站在"主战派"一边，力促湖南响应孙中山的"二次革命"，并深深地意识到，高举武力讨袁大旗将是自己责无旁贷的历史使命。

经过两次激烈的交锋，湖南的激进党人占了上风，谭延闿在7月25

日终于悬挂了讨袁大旗，宣告湖南独立，加入了二次革命讨袁的序列。湖南讨袁的军事部署是：谭延闿兼任湖南讨袁军总司令；程子楷任讨袁第一军司令，赵恒惕为副司令，进驻岳州；唐蟒为援赣司令，进兵江西；蒋翊武为中华民国鄂豫招抚使，部署湖北军事；邹永成以湘鄂联军第三军军长名义与蒋翊武、程子楷同驻岳州。

7月26日上午，蒋翊武应邀出席了国民党湖南省支部为他举办的欢迎茶会，与会者有国会议员李执中及周震鳞、陈宏斋等人，首先由国民党湖南支部评议员刘承烈即席表述欢迎，并请蒋翊武演讲讨袁方略，《长沙日报》于次日刊发了这一消息。同时，省议员袁泽民还组织同志会，于当日午后在烈士祠公园洋楼欢宴蒋翊武，到者有陈家鼎、成亚能、梅景鸿、冯烛寰、刘承峨等人。

蒋翊武被举为中华民国鄂豫招抚使后，高悬反袁旗帜，积极组织部署，他认为讨袁运动方兴未艾，以招抚湖北、河南之责自任。由巡警厅长林支宇为他在原湖南公报馆内设立行辕，主持组织讨袁军，迅速调集军队，整顿武备，从全省各地选拔精兵来省待命，又从当地增募新兵，壮大革命实力，以黄贞元、杨道馨参赞军务，派杨王鹏去安徽，李六如到九江和湘西活动。据时人记载："湘省之独立也，谭人凤、周震鳞、蒋翊武等持之最坚。招募军队几达五师，一面派兵援赣，一面提兵攻鄂。"

不仅如此，蒋翊武还发表宣言，通电全国，历数"袁世凯以无奈之小人，握全国之政柄"的种种劣迹，声罪臻讨，出师伊始，即布告鄂豫将士："讨袁系爱国军人天职，翊武本拥护共和之心，掬忧陨泪，告我军人：责任所在，义不容辞。"号召他们"联翩奋起，慷慨同仇"，采取共同行动。

可以说，这是蒋翊武以武昌首义的主倡者和开国元勋的名义对袁世凯集团的讨伐檄文，也是对曾经并肩战斗过的鄂豫将士的联络文告。

7月底，蒋翊武率队进驻岳州，设招抚使署于岳阳楼。设官委职，8

月 1 日，委王春初为副官，王朴为秘书处长，第 58 号委任状任命林德轩为参谋长。决定以省防守备队第三区司令陈复初所辖驻岳州、华容、临湘的五个营为基础，扩大军队。该部所属的几个营长如赵镇南、林修梅均坚决反袁。林修梅部驻防岳州要塞，蒋翊武曾在常德西师的师兄林伯渠任该营参谋。蒋翊武还与同赴岳州的程子楷、邹永成、廖湘芸等商量，拟将所部整编为两个军，由彼三人以湖南为基地，加强防务。蒋翊武本人则计划率军北上，以攻占荆州、襄阳，直捣武汉，进窥黄河、洛水，以期会师黄龙，殄灭袁氏集团为目的，就在 8 月 1 日这天，国民党在上海的主流媒体《民立报》报道说：湖南讨袁军已在"岳州设立总兵站，举唐蟒为站长，讨袁军以蒋翊武为总司令，下分二军，第一军军长王隆中，第二军军长为刘文锦。已组织就绪，即出师捣武汉"。为全国的二次革命大造革命舆论。

蒋翊武统兵北伐，首先遇到的军事障碍便是盘踞在湖北的黎元洪。因此，他于 8 月 2 日发布《正告黎元洪电》，剖陈利害。斥其"徒受袁氏驱策，征兵遣将，忍于战争"之非，告诫他不要继续充任袁世凯的走卒，当以劝袁世凯退位"以息兵祸"为上策。

为了达到告示天下、宣誓讨袁的效果，蒋翊武除了在新闻媒体上发表文告外，还派专人潜入武汉地区，广泛地张贴布告。然而，蒋翊武这些推心置腹、义正严词的忠告，连同此前发出的布告，对已经决心效力袁世凯的黎元洪来说，并没有收到实际效果。据《申报》8 月 12 日报道说："鄂垣汉阳门城根处，前日忽发现湘中党人首要蒋翊武之布告，其中文辞不仅宣布袁总统之罪状，并诋及黎副总统，围观之人甚众，黎公以此种布告大是蛊惑人心，除饬军警遇见立即销毁外，并令饬拿张贴之人及其机关……"

蒋翊武讨袁的宣传鼓动和联络工作，并不只是停留在纸上谈兵的阶段。在讨袁布告和《正告黎元洪电》发出后，为了进军湖北，他在自己曾经战斗过的武汉等地，进行了一系列艰苦卓绝的努力，希望在首义之区得到讨袁的响应。

为了实现既定的战略目标，蒋翊武曾与川军第五师师长熊克武相约，以鄂省讨袁军为内应，会攻武汉，再图北进。其第一步为攻取荆襄。蒋翊武遂调集澧州、常德一带军队，进军荆属之石首、公安，然后与刘铁、张鹏程所部鄂西讨袁军会合，大举北征。为此，他委任鄂豫交际员冯春楼在澧州设立行台，积极做好省防守备队第四区司令官王正雅的联络工作。洪江会首领陈犹龙以"西路安边使"名义，于8月8日统兵进驻常德，设使署于西路师范学堂内（此时学校已放假）。据《申报》8月9日：湘军"拟以全力攻袭荆州，已举谭人凤为荆襄招讨使，蒋翊武为总司令官，现日盼武汉内讧，方敢大举入寇"。黎元洪得报，急令荆州镇守使丁槐抵御，两军在鄂境交锋，鏖战激烈。湘军终因兵力不足，连战皆败，遂退回湘境。随后，蒋翊武移师城陵矶，重振武备，勤加操练，计划向湖北境内发动正面进攻，以实现其直捣虏巢的战略决策。

8月6日，蒋翊武手书第60号委任状，委任郭庆藩为副参谋长。行前誓师阅兵，阵容严整；同时与红十字会湖南分会联系，由雅礼医院组织野战医疗队迅速开赴岳州前线待命。

是时，全国讨袁形势已呈不祥之兆：7月28日，黄兴从南京出走，江苏讨袁军司令部解体，接着南京宣布取消独立。7月底，原上海都督陈其美进攻制造局失败，上海讨袁军退守江湾、吴淞一隅。8月4日，陈炯明被叛军赶出广州，逃往香港。8月7日，柏文蔚从安庆出走。最先高举讨袁义旗的李烈钧，自湖口失守之后，已向南昌败退，二次革命的失败，已经呈现出不可逆转的趋势。

也就在黄兴离开南京后，原文学社党员何海鸣于8月8日和8月11日在南京两度宣布独立，自任江苏讨袁军总司令，与王宪章、韩恢等人率领南京第一师、第八师官兵共撑危局，在二次革命的最后关头，掀开了革命党人武力讨袁的精彩篇章。熊秉坤、梁钟汉等革命志士都前往协助，蒋翊武驻扎岳州，即致书予以鼓励，与何海鸣等遥相呼应，以期改变战局，扭转乾坤。

湖南独立后，湖北第八师团长刘铁即在沙洋响应，自称鄂西讨袁军总司令，以所属第三营营长张鹏程为参谋长兼左纵队指挥，队伍发展至3000人，首战告捷，随即应蒋翊武之约合攻荆州，以便西联川湘，东窥武汉，张鹏程还到长沙与蒋会见。终因敌援军大集，双方未能如期会师，反被荆州镇守使丁槐所败，刘铁只身到达湖南澧县。

湖南的讨袁军主力是以第八师第16旅为主体扩建起来的，屯驻于岳州，严密设险，在君山及城陵矶一带修建要隘，安放大炮，以临湘、南洲、澧州为第一防线，以舟载石沉船于水底，以拒北军从水路进犯。8月6日夜，湖南讨袁军第一军的一支从城陵矶出发，向北军营地发起突然进攻，经过激战，讨袁军取得了局部胜利。不久，北洋军由新堤增援，派出军舰四艘，兵力万余人抵挡湘军。湘军在军力对比上明显处于劣势，进攻受阻。8月11日，蒋翊武与陈复初决定抽调林修梅所在第六营及第三营、第七营开赴临湘助战，以阻湖北南下之敌。然而，终因南北军力悬殊太大，湖南讨袁军最终没有将战线继续向前推进。

第九章
元勋的陨落

两份《通缉令》

全州被捕

英勇就义

一、两份《通缉令》

如前所述，湖南都督谭延闿虽然通电独立，但他从内心里一直都是不主张武力讨袁的。在军事上，他不仅实行分兵计划，分别将湖南本来有限的军力向北、向东调遣，致使难以形成有效战斗力，而且还在革命党人的军队调出长沙后，即以自己的亲信余道南控制了省城的防御，进而从后方抑制湖南讨袁的力量。在后方支援上，都督府内务司下令各种党会活动一律禁止，并制定《清乡暂行章程》，饬各属举办团练，负责地方治安，"如有滋事，扰害社会安宁者"，"一经拿获，从严究惩"。省防守队还宣布："私藏私造危险物者，散放飘布希图起事者斩，造谣生事煽人心者斩，秘密集会者斩，私自招兵者斩"。后来，革命志士和群众自发组织北伐敢死队、招募讨袁义军，都遭到谭延闿的取缔，使得前线孤军无援。

蒋翊武任鄂豫招抚使督师岳州，也是徒有空名而无实权。谭延闿对蒋翊武等讨袁派的行为，阳为赞成，阴为抵制。讨袁军所需粮饷械弹，则以种种托词不予补充，蒋翊武部因"饷械人员，无不缺乏，未能克期制胜"。因而，有位台湾学者指出："赤手空拳，接纳豪士，部署军事，本为翊武之所长，以此职授翊武，正可以说任用得人，但是翊武在这个任务中，竟然无法一展所长。其故有二：第一是湖南当局的举义讨袁，原有举棋不定的衷曲，阳为独立，而阴具疑虑，故对翊武的敌区后勤工作，支持不力；第二，翊武的才能之高，凡知之者都嫉妒之，长沙方面的嫉妒蒋翊武，正与前此武汉方面相同，故凡翊有所需要，都阳示赞助甚力，而暗中阻挠备至。"（惜秋：《民初风云人物传》，第 294 页）

1913 年 8 月 6 日，蒋翊武在岳州任命郭庆藩为副参谋长，同日，袁世凯终于把蒋翊武列为重点清除的对象，向全国发出了通缉令：

临时大总统通缉蒋翊武令

近日查获乱党蒋翊武布告，语多狂悖，并有刊用伪印，自称鄂豫招抚使情事，实属甘心叛逆，蒋翊武着褫去上将衔陆军中将，剥夺勋位，应由湖北、湖南、河南各都督严行拿办，并着各省都督一体饬属通缉，务获惩治，以肃法纪。

两天之后，新上任不久的国务总理熊希龄将此通缉令通告有关地方的同时，以国务总理的名义也下达了一份对蒋翊武的通缉令，要求各地"严厉拿解"。

一直在讨袁立场上不坚定的谭延闿，此时开始为自己的后路着想。首先他通过湖北的黎元洪为自己在袁世凯面前说说好话，希望能够得到袁氏的宽大。报载："闻黎公与各军官长会议，以湘鄂唇齿，谊若兄弟，其独立本属少数暴徒之主张，吾不忍湘民之涂炭，极力主持和平。请中央不必征讨，令彼自行取消独立，所有援赣之师，概置不究。"其次，谭延闿本人于 8 月 11 日密电袁世凯，表示"湘事措置无方，咎在延闿一人，惟维持操纵，实具苦衷。现情安谧，终当始终保持，不敢上烦莨忧。"

这时，湖南革命党人内部也发生了分化。文经纬、易宗羲、吴作霖、文斐等人站在谭延闿一边，不仅主张取消独立，而且打算"牺牲几个同志"，来保全自己。在 8 月 11 日都督府召开的特别军事会议上，讨袁派中的唐蟒、罗良干、刘承烈、柳聘农等人，与妥协派再次发生了激烈争论，他们"犹拔剑舞刀"，"有谓谊拼死一战，将来失败，我等要同归于尽，决不令有一人得庆余生者。"但在此时，湖南省内妥协空气已经占了上风，讨袁派终究没能逆转湖南取消独立的潮流。

8月13日，谭延闿正式宣告取消独立。

二、全州被捕

当时的长沙，不仅集结着遭到通缉的蒋翊武、谭人凤、唐蟒等湖南的革命家，还有从江西前线败退下来的讨袁军首领林虎等人。既然湖南已经取消独立，继续在内地滞留不是长久之计，于是，参加二次革命的革命党人纷纷设计自己的出逃路线。

谭延闿虽然宣布取消了独立，但他并不愿意以此开罪于革命党人。他一面做取消独立的善后工作，一面继续结好革命党人。不少讨袁主战派人士就是在他的安排和资助下离开长沙经汉口到上海，然后转赴日本的。经过上述通道先后离开湖南的有谭人凤、程子楷、陈强、周震鳞、唐蟒、林虎、陈复初等。

然而，蒋翊武却选择了一条与众不同的出逃路线，这条路线，成了他人生的一条不归之路。

此时，袁世凯和熊希龄的通缉令已下达全国各地，副总统兼参谋总长黎元洪也发出布告，积极配合中央缉拿蒋翊武。党人纷纷出走，相率东渡，多以日本作为其避难之所。蒋翊武处境更加险恶，留办善后的原军事厅厅长程潜建议蒋经上海赴日本，省议会议长黄佑昌（临澧人）且为之交涉日军舰舰长以三千金保险东渡。此刻，友人提醒蒋翊武，他在湖北的熟人太多，经过黎氏地盘可能有危险。因为从武汉传来的消息说：

> 北军某行营侦探长电黎，告以探得蒋翊武即将过汉，请黎悬赏购缉，以除元凶，黎即检出蒋之小照，饬江干各兵轮水警巡船一体严缉，

拿获者每名赏洋五千元。

这个传言已经见诸报端，侦探的报告虽然有些捕风捉影，而黎元洪嫉恨蒋翊武的才能也是不争的事实。早在1912年的10月10日，中央政府授予蒋翊武勋位的同一天，黎元洪就曾派刘贵狗搜查过蒋翊武的在汉口的住所。加上这次二次革命，蒋翊武对黎元洪规劝的电文也在许多媒体上予以转载，此举也可以看出，蒋翊武已经把黎元洪列为狼狈为奸的帮凶。如果蒋翊武从武汉地区出逃，一旦被黎元洪的爪牙发现，于情于理黎元洪是不会放过他的。

因此，经过武汉出逃的路线，对于他人来说也许是一个安全的通道，但对于曾经叱咤一时的"三武"中的蒋翊武来说，就不一定安全了。

也就在谭延闿宣布取消湖南独立的当天，蒋翊武从岳州回到长沙，下榻在南关外"礼和洋行"。长沙的同志将前日都督府特别军事会议的情况向他进行了通报，激进的革命党人似乎仍然不甘心，并把扭转乾坤的希望寄托在蒋翊武的身上。

蒋翊武也不打算就此罢休，计划联络主战派支撑危局，扭转湖南妥协的局面，"无奈不得兵权，付之浩叹。"不得已，也只好谋求出路。

蒋翊武向都督谭延闿领取了七万元经费，其中五万元用于遣散鄂豫招抚使署的其他同志，自己留了两万元的出逃路费。

后任毛泽东秘书长的李六如先生在其《六十年的变迁》一书中谈到了他们疏散时的"一片纷乱仓忙"景象：

季交恕（李六如化名——引者注）刚从湘西回长沙，谭延闿自动地取消了独立，袁世凯的北军已经开到岳州。蒋翊武和杨王鹏因被通缉，急急忙忙地正在收拾行李，准备逃亡，一手拉着季交恕这么问一句："你怎么办？"

"我又不是出头露面的主角，还不是留学去，一切手续早已办好了的。'过海神仙'，怕什么！总有一天，"季交恕声色俱厉，随即变换了口气，"你们就要当心，也只有去日本。"

"是的，我也这样打算。可是汉口熟人多，想绕道走广西。"蒋翊武顾虑很多。

"我想回湘乡去暂时躲一躲风再看。"杨王鹏的原因是家内太穷。

"再见，再见。"就在这一片纷乱仓忙之中，各自分了手。

分手后，李六如、杨王鹏、廖湘芸、胡冠南、杨少炯、梅子逵等去了日本，蒋翊武希望同乡好友杨道馨能够随他入桂，而把黄贞元留在长沙以便策应。

蒋翊武出逃的第一方案是从水路出上海，但是却"恐汉口有阻"；第二方案是乘火车经萍乡至上海，由于李烈钧、林虎已经败退，其部队也被遣散，因而也"恐江西稽查有失"。

正在犹豫不决的时候，幕僚中有位叫易俊民的对蒋翊武说："我在广西当差多年，与广西军队中不少官佐有较密切的关系，不如暂走广西而再图之。"于是，蒋翊武听从了他的建议，决议从广西出逃，然后再作打算。

与此同时，黎元洪也得到湖南都督提供的关于革命党人出逃必经武汉的消息，即令警视总监刘贵狗对从湖南来的"南阳丸"实行登轮检查，并在 8 月 16 日电请袁世凯下令协助缉拿：

特火急。北京大总统，参议院，陆军部钧鉴：

昨接谭督电称，要犯蒋翊武、谭人凤、刘承烈、唐蟒等已由湘窜汉，当即派人查拿。于昨晚九时已在日本南阳丸发现，经警视总监与该船主交涉，尚未到开船时，该船即开轮下驶，以致该总监及调查多人不及登岸，一并随轮前往。除已饬沿途各关卡，各镇守使，要塞司令截捕外，仍请设法通缉。再该日人如此庇护犯人，亦请与该我公使严重交涉为盼。黎元洪。谏。印。

从湖南的永州到广西全州的唐家市，有一条简易的马路相通。8月29日上午，蒋翊武与湖南送行的一位朋友均乘轿子，过了边界，他们相互说了几句祝福道别的话后，送行的朋友按原路返回，蒋翊武一行继续前行。

进入全州境内离兴安县城约18华里的地方，有一个小饭店。为了解除旅途的疲劳，蒋翊武决定在前面这家小店吃过午饭再走。当他们渐渐接近小饭店的时候，突然发现店中有身穿军装的人员出现。由于没有别的道路可以选择，而且对方似乎已经注视着从湖南过来的人群，掉头往回走会引起更大误会，蒋翊武决计继续前进。

蒋翊武一行来到小饭店，桂军巡防营的十余名士兵即刻迎了上来，不由分说地将他们扣下，并从其行李中收出了手枪、子弹等物品。

在初次询问时，蒋翊武说："我姓唐，生意人，路过此地。"

士兵中的小头目自然不相信："看你这模样，虽然是商人打扮，但浑身上下怎么看就像个当大官的，莫非就是湖南的唐蟒？"

蒋翊武回答："不是，我的确是个做买卖的生意人。"

不久，被分开审讯的蒋翊武部下覃连升（覃得胜）经不住恐吓，把蒋翊武的真实身份和盘托出。当他们再次核实蒋翊武的身份时，他非常坦然地告诉他们，自己就是武昌起义的总指挥蒋翊武，并希望各位兄弟高抬贵手，放了行。

武昌首义的"三武"，对于那个年代的军人来说，是非常神秘而又传奇的人物，同时也知道他们在起义中的功勋太大，几乎"功高盖主"，不被袁世凯、黎元洪所容。士兵们得知截获了蒋翊武，自然不敢怠慢，立马向上级进行汇报，请示处理办法。消息报到旅长秦步衢的时候，旅部文书陈幼简正在阅读《申报》，上面再次刊有"大总统悬赏通缉蒋翊武之令"。秦步衢喜出望外，经过确认被拘者真的就是蒋翊武后，以其"为极峰（指袁世凯）用重金所购者，若论功必邀不次之赏"，狂喜不已。为了安全起见，他立即向全州知府写信借用重刑具一套，给蒋翊武钉上脚镣手铐，解押于团部所在地"江西会馆"的戏台上。随后，他先后电报其桂林的师长陈炳焜和南宁的都督陆荣廷，还欣喜若狂地越级向北京的袁世凯报喜请功。

此时，广西的政权牢牢地控制在都督陆荣廷的手上。

陆荣廷是一个兵痞出身的守旧军官，现在，以中华民国鄂豫招抚使名义誓师讨袁的蒋翊武被他的手下捉拿，对他来说，这是一个讨好袁世凯、效忠中央政府的绝好机会。

9月1日，蒋翊武被解至省城桂林。他的朋友万武（字少石）时任全州知事，闻讯后即星夜赶赴桂林，拟向桂军第一师师长兼桂林镇守使陈炳焜谋求营救。陈炳焜与蒋翊武也有过交往，但却是陆荣廷的亲信，曾伪装"表同情于民党"，此时竟以"秦少衢获蒋氏，除电报师部外，并同时电京报功，故等候复电，再作处理，酌情度之，已难援手"相搪塞。继而凶相毕露，声称："蒋系通缉要犯，不能徇私""如欲释蒋，势必反袁。"

就在蒋翊武被押往桂林的同一天，张勋率领的"武卫前军"在其他北军的配合下攻克南京，文学社党员何海鸣、王宪章等人领导的南京保卫战以失败告终，第二次革命的最后一缕硝烟业已散尽。原来处于观望的政客和军官们，坚定信心地投靠在袁世凯的旗下。

蒋翊武被押解省城后，曾主动提出要见陈炳焜，陈炳焜思虑再三，决定不予接见，他安排把蒋翊武单独关押一室，由该师第一团负责看守，并指派师部书记刘家正专门照料。

9月2日，广西都督陆荣廷，同时向武昌、北京发出了电报。

袁世凯接到陆荣廷电报后，令他电请黎元洪，征求副总统的处理意见，再次玩弄袁、黎联手杀人的游戏。此时的黎元洪，已经从"泥菩萨"变成了"黎屠夫"，对首义功臣和革命党人早已大开杀戒。一年前，他曾经借袁世凯之手，除掉了"三武"中的张振武，以解心头之恨。现在，"三武"之中最有才华的蒋翊武遭到大总统的通缉，并为桂军所执，自然又是一次借刀杀人的好机会。于是他于9月3日以副总统兼参谋总长的名义，急不可耐地请求袁世凯命令陆荣廷从速杀掉蒋翊武。

三、英勇就义

在狱中，蒋翊武思绪万千，他深知此次落难，袁贼不会轻易放过，恐怕难以逃过人生的最后一关。作为一个革命者，生死早已置之度外，遥想先行一步的革命同志刘复基、宋教仁，还有无数在武昌起义和捍卫革命胜利果实中牺牲的弟兄们，他们为了推翻清专制政权、为了实现民主共和，将自己的生命献给了毕生热衷的事业，成为千古传颂的英雄，蒋翊武的心情显得格外地平静。为民主而死，死得其所；为共和而死，死得光荣。

负责看管的桂军第一师第一团团长贲克昭（字凤亭），在蒋翊武羁押期间，多次与这位首义元勋见面，深深地为蒋翊武的革命信仰和气节所震撼，他向他的朋友赞许道："余深敬佩其为人，及正法令下，余踌躇者久之，不忍宣布，然亦无法可以救援。蒋公亦时询余南宁有电来否，蒋公固自知其无生理也。"

贲克昭知道蒋翊武不仅是武汉"三武"中的佼佼者，而且还因其酒量惊人为世人传颂。因此在临刑的几天，他安排手下给蒋翊武好酒好菜侍候。蒋翊武对贲克昭没有提出额外要求，知道自己将不久于人世，心中有些牵挂自然放心不下，便请贲克昭提供一些纸笔，为自己的身后事情做些必要的交代。他先后致书同乡挚友黄贞元、于哲士、吕松亭等，希望再接再厉，并托孤于他们；然后致书夫人刘玉珍，内有"芜田废地，已委之蔓草荒烟，同气连枝，原等于隔腹行路"之句，又说："如夫人遗腹，得雄便为家门之幸，取名继武，二夫人遗腹，得雄取名幼武。"

现在，清政府虽已推翻，共和政体业已建立，但确保共和伟业的斗争仍然很艰巨，因此，当他写完家书，也是感慨万千，乘着酒兴写了一首《绝命诗》。这首诗也是我们目前能够见到的蒋翊武留下的唯一诗赋。

绝 命 诗

当年豪气今何在？如此江山怒难平。

嗟我寂冤终无了，空留弩箭作寒鸣。

只知离乱逢真友，谁识他乡是故乡？

从此情丝牵未断，忍余红泪对残阳。

痛我当年何昧昧？只知相友不相知；

而今相识有如此，满载仁声长相思。

斩断尘根感晚秋，中原元主倍增愁！

是谁支得江山住？只有余哀逐水流。

蒋翊武一边饮酒一边写，而且书写时不喜欢别人旁观，即自饮自写。蒋翊武所写遗书，最后都交给团长贾克昭转递。贾克昭看过他的遗书，"其中言国家事及其奔走情形甚详，并处分家事无巨细遗。余读之，痛泪夺眶出"。

9月9日，是蒋翊武最后的日子。贾克昭已于前一天接到了上级转来的袁世凯"着将蒋翊武就地枪决"的电令，贾克昭不敢正面地将这个消息通知蒋翊武。不得已，在上级多次催促下，他派书记刘家正将电报原件出示给蒋翊武。蒋翊武早就有了思想准备，因此并没有感到意外和恐惧，只是提出中午烈日当头，能否将执行时间改在下午。贲克昭不敢做主，经过请示，上级同意了蒋翊武的要求。

下午三时，蒋翊武美美地享受了生前最后一顿大餐。其酒量大得惊人，贲克昭描述"酒尽三升，所备纸亦已书完"。然后，从容地从监狱里走出来，结果发现迎接他的除了一队士兵外，就是一辆破旧的囚车，他对贲克昭大发雷霆："我好歹也是一个中将，你们就这样送我上路？至少要有一个连的仪仗兵，而且还要有军乐队欢送。这点常识你们都不懂吗？"

没想到蒋翊武临刑还这样讲究。对他的要求，贲克昭自然也做不得主，便急急忙忙地向陈炳焜师长电话请示，不一会儿，他诚惶诚恐地跑过来对蒋翊武说："我这里条件简陋，一个连的仪仗队没有问题，但是没有军乐队，我将所有号兵集合起来给您送行。您看如何？"

蒋翊武大手一挥，"行，准备去吧！"然后，又回到牢房喝酒去了。

不一会儿，蒋翊武穿着白色的丝绸服装，似醉非醉地从监狱里走了出来，定眼看了看门外守候多时的士兵，旁若无人地高声吟诵起自己的《绝命诗》。接着，对行刑队横扫一眼，痛快淋漓地骂起黎元洪、袁世凯两个革命叛逆。

这时，陈炳焜骑着马带着一顶大轿和一群兵士赶赴过来。士兵们在蒋翊武的前面分队散开，举枪致敬。陈炳焜下得马来主动地向蒋翊武打招呼，并示意请他上轿。蒋翊武鄙夷不肖地望了陈柄焜一眼，对号手们说："吹进军号！"然后若无其事地走进大轿。

下午四时许，蒋翊武的大轿在陈炳焜及仪仗队的陪伴下，来到桂林城丽泽门外。此时，刑场已先有持枪的士兵警戒，警戒线外是数百名围观的群众。刑场的监视员是营副黄沛然，监斩员是营部副官陆云高，他们俩凶神恶煞地骑着马在士兵的簇拥下督阵。

刑场设在丽泽门"左转弯之六垛口下"，其中央铺了一块大红洋毯。

大轿抬至丽泽门外停下，蒋翊武镇静地从轿内走出，抬眼望了一下围观的人群。围观的民众无不被这位伟人视死如归的举止所镇服，发出一片赞叹声。

　　行刑官大声命令："跪下！"

　　蒋翊武大声反问："请问我为谁而跪?!"

　　行刑官的声音猛然降了调："这是规矩。"

　　蒋翊武把手上的镣铐一抛，借题发挥起来："什么规矩不规矩，都是一些破规矩！皇帝都已经打倒，我还要给谁下跪？这个世界，好的规矩就是不多，坏的规矩太多了。我们要打破那些坏规矩，建立一些好规矩。辛亥那年，我们革命党人在武昌高举义旗，结果打破了清奴役我们二百多年的坏规矩，建立了民主共和的新规矩。现在，革命同志用鲜血和生命换来的新规矩，却被一些企图复辟的小人所破坏，我们必须引起警惕，如果他们胆敢与时代的潮流作对，我们就要打倒他、推翻他！"

　　立在一旁的陈炳焜眼见蒋翊武越说越"离谱"，对蒋翊武说："蒋公，就按你的意见办，这个规矩怎么个破法？"

　　蒋翊武知道陈炳焜在提醒自己时间到了，说："同胞们，我蒋翊武生是共和国的人，死是共和国的魂。我愿意以我的生命告诫大家：只有民主共和，中国才有希望；只有民主共和，民众才有出路。中华民国万岁！"然后，盘腿坐在红地毯上，张开双手对行刑队大声说："来吧，就朝这里开枪！"

　　陈炳焜小声而严厉地对行刑官说："动作快点！"

　　行刑官迅速地将早已准备好的文告照本宣科地通读了一遍，然后大声地对士兵命令道："预备——放！"

　　奇怪，居然没有一个士兵开枪。

　　陈炳焜和行刑官等人也感到不可思议，责骂士兵们为什么不敢开枪。

围观的群众一片嘘声。

　　一位排长害怕事态恶化，骂骂咧咧地来到蒋翊武的背后，在离他不足一米的地方猛然拔出手枪，朝他开了一枪。这颗子弹穿过蒋翊武洁白的身躯，从后背进、前胸出，钻入前面不远的红地毯下。蒋翊武的身子微微怔了一下，马上又恢复了常态，两眼正视前方，少顷，双眼无力地合上。但整个身躯就像一尊汉白玉雕像，静静地矗立在红色的地毯上。

　　1913年9月9日，蒋翊武英勇就义于广西桂林，年仅29岁。

　　1921年12月，孙中山出师北伐，甫抵桂林。在孙中山的大本营，聚集着覃振、杨道馨、黄贞元、于哲士、杨少炯、廖湘芸等一批蒋翊武的生前挚友，他们"呈请大元帅发布为公建立就义碑事"，得到孙中山的首肯。孙中山与蒋翊武虽然只有武昌一面之交，但蒋翊武在武昌首义中的贡献，以及革命同志对"三武"的客观评价，使这位革命的先行者对他早有好感，通过武昌见面后更加钦佩蒋翊武的人品。为了表示对蒋翊武的敬佩，孙中山还专程到丽泽门外蒋翊武殉难处凭吊，下令为蒋翊武修建纪念碑，并亲笔题写了"开国元勋蒋翊武先生就义处"，刻在该碑的正面。这个题词，是孙中山先生对蒋翊武的最高评价，这个纪念碑也是辛亥革命时期以"开国元勋"之名流传于世的唯一文物。1963年由广西壮族自治区人民委员会核准，1965年经国务院批准，此碑被列为"国家重点文物保护单位"。

蒋翊武年谱简编

1884 年　1 岁（按虚岁）

12 月 21 日，蒋翊武出生在湖南省澧州城（今澧县城关镇）一个城市平民家庭。

1890 年　7 岁

就读于澧兰书屋，在周宣生、晏开甲门下启蒙读书。

1898 年　14 岁

与同乡学友杨载雄、黄贞元等转读于安福（今临澧县）梅溪桥私塾，从师蒋作霖，开始接触维新时事政治，并为之宣传。因戊戌变法失败，考长沙时务学堂未果。

1900 年　16 岁

继续求学于梅溪桥。同乡学友杨载雄参加湘军"劲字营"。

1902 年　18 岁

适逢清廷最后一次科举考试，族兄蒋念堂考取秀才，蒋翊武不愿与试，轻蔑地表露："奴隶功名，要它何用？"反清"排满"的"种族主义"思想一吐为快。

蒋翊武入澧州高等小学堂（今澧县第一中学）读书。

1903 年　19 岁

秋天，蒋翊武以澧州高等小学堂第一的成绩考入设在常德的湖南西路公立师范学堂学习，广泛"搜求披阅"革命书报，结识了革命党人宋教仁、刘复基等，积极参与革命活动。同乡学友中有黄贞元、夏国瑞等，并与安福县的林伯渠、刘定仪等人相识。

是年，蒋翊武与唐氏成婚。唐氏，生于1883年2月10日。

1904年　20岁

2月15日，黄兴领导的湖南革命团体"华兴会"在长沙成立，宋教仁任副会长。

秋天，黄兴策划长沙起义，宋教仁负责西路（常德）事务，蒋翊武鼎力协助宋教仁在常德集结力量，以谋响应。

11月，华兴会起义事泄，黄兴、宋教仁流亡日本，蒋翊武、黄贞元、梅景鸿被学校开除。

12月，长女蒋宗荣出生。

1905年　21岁

蒋翊武和刘复基奔走于沅湘间，与各地会党联络，传播"排满"复汉的思想，闻者颇多乐从，得同志数百人。于是，设机关于常德城内祇园寺，策划革命。

1906年　22岁

春天，蒋翊武准备赴日本求学并联络革命党人，不意在上海患病。病愈，适值中国公学开办，蒋翊武入校肄业。

在上海，蒋翊武在刘复基的介绍下加入了同盟会，协助杨卓霖组织革命团体竞业学会。10月28日，竞业学会的机关报《竞业旬报》创刊，主笔傅熊湘，撰稿和编辑人员有蒋翊武、谢肖庄、丁洪海、张丹斧、吴铁秋、胡适等。该报用白话文宣扬民族主义，提倡革命。

秋天，刘道一奉同盟会总部之命，回湖南策划萍、浏、醴起义，在长沙水陆洲召开骨干会议，研究起义方略。蒋翊武以同盟会会员、《竞业旬报》记者身份参加了会议，其任务是负责运动军队。

年底，萍、浏、醴起义失败。

1907 年　23 岁

1 月 24 日，《竞业旬报》出版第十期，即革命党人杨卓霖被捕后不久，宣布停刊。蒋翊武潜居家乡。

7 月 24 日，结发妻子唐氏病逝，年仅 24 岁。

1908 年　24 岁

蒋翊武滞居家乡，无聊时，常常把酒高吟，假诗酒以解闷。

1909 年　25 岁

10 月底，蒋翊武和刘复基同赴武汉，从《商务报》主笔何海鸣处打听到湖北新军中有革命组织"群治学社"，希望能够参加，却一时没有门路，与詹大悲三人以报馆记者的名义到新军 41 标驻防的天门、潜江一带采访，寻找革命组织。

11 月，在潜江，他们遇见群治学社社员蔡大辅，终于打探到了该组织的情况。蔡大辅写信介绍他们去武汉见该社庶务李抱良（六如）。蒋翊武因立志投军，化名伯夔，经老同学黄贞元的介绍在天门投入第 41 标第 3 营左队当兵。詹、刘二人回武汉。

1910 年　26 岁

春，四川、湖北、湖南争路风潮起。

4 月 11 日，主张借债筑路的杨度由湘入京，路过汉口，群治学社李抱良、刘复基等聚众殴打了杨度，被英国巡捕房拘留。于是，群治学社的名称被清方探获，《商务报》因此而被迫停刊。军中防范从严，社务活动受阻。

8 月，第 41 标全部回防武昌。

9 月 18 日（中秋），振武学社在黄土坡的"开一天酒馆"举行成立大会，会上宣读了《简章》，公推杨王鹏为社长，李抱良为庶务兼文书。

10 月，蒋翊武受杨王鹏委托，召集各标营代表二十多人在蛇山抱冰堂聚会，制定标营队代表规则。

11月,新军第21混成协协统黎元洪将杨王鹏、李抱良开除,二人离营后,将社务交给蒋翊武主持。

1911年　27岁

1月,蒋翊武约请詹大悲、刘复基、章裕昆等人在阅马场"集贤酒馆"聚会,提议将"振武学社"改为"文学社",大家都赞成,并推詹大悲起草改组章程。

1月30日(春节),蒋翊武在黄鹤楼的风度楼(奥略楼)主持文学社的成立大会。蒋翊武当选为社长,詹大悲为文书部长,刘复基为评议部长,蔡大辅为书记,王守遇为会计。文学社成立以后发展很快,新军中的"将校研究团""武学研究社""义谱社""益智社"等小团体纷纷并入。

2月23日,中国同盟会中部总会总务会议长谭人凤从香港到武汉,首先会见了共进会负责人,后在《大江报》詹大悲处才得知有文学社的存在。谭人凤在武昌监狱探望胡瑛时,遇见了蒋翊武等人,胡瑛力荐蒋翊武等人埋头务实的作风。

3月15日,蒋翊武在黄土坡招鹤楼主持文学社的第一次代表大会,提议王宪章为副社长,决定将《大江报》免费赠送各营队一份,并在各标、营设通讯员。

5月10日,蒋翊武再次主持文学社代表会议大会,决定在30标排长张廷辅家(小朝街85号)设立机关,刘复基住机关办公,王守愚、蔡大辅协助;增设文学社"总务部",推张廷辅为部长。

5月11日,蒋翊武派刘复基、王守愚、蔡大辅同共进会的杨玉如、杨时杰、李春萱在长湖西街8号龚霞初寓所商量联合的问题。就双方会员交叉入会事宜达成了一致意见。

5、6月间,蒋翊武、刘复基代表文学社与共进会的孙武、邓玉麟、高尚志、杨玉如在孙武家再次会谈联合事宜,在领导权的问题上,蒋翊武与孙武发生了争执。

6月1日，蒋翊武主持召开文学社代表大会，推举刘复基为联络员，具体研究与共进会的合并事宜；成立文学社阳夏支部，任命胡玉珍为支部长。

7月13日，宋教仁、谭人凤、陈其美等人在上海组建中国同盟会中部总会。

9月12日，蒋翊武在总部机关主持召开文学社代表大会，布置与共进会合作事宜。因将随营赴岳州驻防，社务委托王宪章负责，刘复基协助。

9月14日，文学社和共进会在雄楚楼10号的刘公寓所召开联合会议。共进会会长刘公主动提出：两个革命团体的名称应当化除，原来两个团体分别推定的负责人名义也应作废，并表示愿意取消共进会推他担任的湖北大都督的名义。蒋翊武、王宪章也提出：愿意取消自己的文学社正副社长的名义。在新的领导人选问题上，蒋翊武、刘公、孙武、居正等人互相谦让，不肯担任。会议一致同意邀请同盟会领袖黄兴、宋教仁、谭人凤来武汉主持，名义待他们来后再定，并派居正、杨玉如赴上海邀请黄、宋等即刻来汉以便大举。

会后，蒋翊武赶赴岳州。

9月15日，文学社与共进会在武昌胭脂巷11号胡祖舜家举行联合会议，专题讨论起义方案。蒋翊武被推举为起义总指挥，孙武为参谋长，以文学社总机关为起义总指挥部，还规定了各标、营、队的具体任务。

9月23日，文学社、共进会再次在雄楚楼10号集会，刘复基代表蒋翊武出席会议。会议决定成立三人领导小组：蒋翊武为军事总指挥，专管军事；孙武为军政部长，专管军事行政；刘公任总理，专管民政。

9月24日，文学社、共进会在武昌胭脂巷11号召开各部队代表会议。会议讨论通过了军政府重要组成人员和武装起义的总动员计划。蒋翊武再次确定为军事总指挥。会议决定农历中秋（10月6日）起义。

同日，南湖炮队士兵与长官发生冲突，革命党人的行动引起清方警觉，起义时间不得不推迟。

10月9日晨，蒋翊武从岳州去宜昌后赶回武昌，到小朝街85号军事总指挥部指挥起义。下午5时，蒋翊武向各起义部队发出了命令：本军于今夜12时举义：各军听到南湖炮声后立即从原驻地拔队，按命令规定的目标发动进攻；第二天上午7时，除留少数军队防守已占领的地点外，其余咨议局前集合。晚11:30，由于叛徒的招供，清军直扑小朝街总指挥部，蒋翊武、刘复基、彭楚藩等人被捕。

10月10日凌晨，蒋翊武从警察局后花园逃脱。彭楚藩、刘复基、杨宏胜英勇就义。

是日夜，工程第八营首先发难，武昌首义全面爆发。经过激战，起义军攻占了湖广总督衙门，控制了武昌城。

10月11日，蒋翊武在避难途中得知武昌首义已经爆发，遂赶回武汉。

是日，湖北军政府在原咨议局成立，黎元洪被推举为都督。

10月12日，蒋翊武回到武昌，任都督府顾问兼军务部副部长。晚8时，参加军政府军事会议，提出"汉口设立军政分府案"。

同日，蒋翊武派蓝综、庞光志赴长沙，敦促焦达峰加紧响应武昌首义。

10月14日，清廷任命袁世凯为湖广总督，负责湖北"督办剿抚事宜"。

10月16日，参加军政府军事会议，蒋翊武提出组建两支义勇军，开赴汉口、汉阳等地。

10月18日，蒋翊武批准义勇军第二支队队长张卿云在汉阳兵工厂领取快枪1000支，大炮4门。

10月22日，湖南、陕西两省率先响应武昌首义。

10月28日，蒋翊武率队欢迎黄兴、宋教仁、田桐等人抵达武汉。

11月3日，民军战时总司令黄兴任命蒋翊武为经理部部长，负责战时后勤保障。

是日，陈其美、李燮和发动上海起义。

11月16日，黄兴组织的汉口反击战失败。

是日，袁世凯在京组成"责任内阁"。

11月27日，汉阳失守。湖北军政府吁请驻汉英、美领事调停。

是日晚，蒋翊武参加战时总司令部军事会议，反对黄兴关于放弃武昌的提议。

11月28日，黎元洪任命蒋翊武为战时总司令部监军。上午8时，协助军政府召集会议讨论武昌防御方略。

是日，黎元洪电告各省都督，告以汉阳失守，请速派兵来援。

11月29日，万廷献去职，蒋翊武以监军护理战时总司令，设令部于洪山宝通寺，令各部队将所占驻点，以及队号、兵数，统报司令部。

是日，接广东、广西两省来电，均谓已派队增援，蒋翊武于当晚9时发出防守命令18条和注意事项5条，令各协坚守阵地，严阵以待。

12月1日，英国人盘恩至总司令部，代表各国驻汉领事和清军方面商谈革命军与清军停战条件。双方达成停战三日的协议。夜12时，蒋翊武向民军发出停战命令。

12月2日上午8时，清军与民军停战三日的协议开始生效。

是日，江浙联军攻克南京。

12月3日，蒋翊武组织参谋、副官绘制防御地图，分发各部，嘱咐各部利用停战时期加强防御工事。

是日，各省代表会议通过《临时政府组织大纲》，决定：如袁世凯反正，当推为临时大总统。

12月6日，清军与民军继续停战，蒋翊武卸任护理总司令职务，军政府委以他"招抚使"驻汉口，做瓦解敌军的工作。

12月7日，清廷授袁世凯为全权大臣。

12月8日，袁世凯以唐绍仪为代表，南下议和。

12月17日，各省代表改举黎元洪为大元帅，黄兴为副元帅。

12月25日，孙中山从香港回到上海。

年底，与武昌青石桥刘氏姊妹成婚。

1912年　28岁

1月1日，中华民国临时中央政府在南京成立，孙中山宣誓就任临时大总统。

是月，蒋翊武辞去"招抚使"职务，复任军务部副部长。

2月12日，清帝溥仪宣告退位。

2月15日，南京临时参议院选举袁世凯为临时大总统，黎元洪为副总统。

是日，文学社机关报《民心报》在武昌面世，蒋翊武自任社长。

2月21日，发布《鄂军务部蒋翊武等关于振兴实业宜先改良盐政致孙大总统电》于南京《临时政府公报》。

2月28日，湖北爆发以驱黎（元洪）倒孙（武）为目的的"二次革命"。文学社骨干张廷辅遇害。

2月29日，蒋翊武就驱黎倒孙事件发表公电，表示不知真情，愿意"镇压一切"。

3月10日，袁世凯在北京就任临时大总统。

3月11日，南京临时政府颁发《中华民国临时约法》。

4月1日，孙中山正式宣布辞去临时大总统职务。

4月9日，卸任后的孙中山应黎元洪之邀率团访问首义之区武汉，蒋翊武和同盟会湖北支部同志与孙先生合影留念。

6月，在汉口笃安里2号，主持文学社的最后会议，决定将文学社并入同盟会，直接接受孙中山先生的领导。

同月，为龚霞初的《武昌两日记》作序。

7月，奉临时大总统袁世凯电召入京，就任总统府高等军事顾问。不久，离京回汉。

8月，再次入京，与宋教仁等联络在京革命同志，改组同盟会。

8月15日上午，与张振武醉饮琼林饭店；晚上，与张振武、孙武赴六国饭店宴饮。

8月16日，袁世凯密令枪杀湖北军务部副部长张振武、将校团团长方维。蒋翊武等人上总统府向袁世凯抗议杀害张振武的不法行为，要求袁发"免死"。

8月25日，中国国民党在北京湖广会馆召开成立大会，大会推举孙中山为理事长，黄兴、宋教仁等9人为理事，蒋翊武、柏文蔚、李烈钧、田桐等29人为参议。

9月，派潘康时回汉组织力量，响应"责任内阁"。

10月初，受龚霞初之托，请黄兴、宋教仁为《武昌两日记》书写封面、序言。

10月10日，袁世凯授蒋翊武陆军中将加上将衔、勋二位。

未几，离京回汉，奉国民党中央总部之命筹建国民党汉口交通部，任部长。

10月下旬，离开湖北回湖南省亲。

是月（农历九月初五），二女蒋宗仁出生在武汉。

12月初，离湘回汉，在法租界伟英里筹建《民国日报》，又与国民党湖北支部长石瑛等人商讨江汉大学筹建事宜。

12月24日，与宋教仁、石瑛等联名发表《江汉大学前途》一文，呼吁教育部及各省都督为江汉大学提供和接济经费。

年底，邀黄兴为翌年元旦出版的《民国日报》题词。

1913 年　29 岁

2 月 4 日，参众两院复选，国民党获得 392 席，占议会中的绝对多数。

2 月 10 日，以国民党汉口交通部名义，为宋教仁举行盛大的欢迎会，共庆国民党在议会选举中获胜。

3 月 20 日，袁世凯派人刺杀宋教仁于上海火车站。

3 月下旬，因"宋案"发生，派潘康时先行回汉，自己则设法离京。

4 月，嘱李达武、李岳崧运动湘军，争取谭延闿，自己则回澧省亲，以观形势变化。在家期间，迫于母亲之命，再娶同里徐氏为妻。徐氏，生于 1894 年 1 月 17 日，卒于 1931 年 3 月 27 日。

6 月 24 日，黎元洪据密报，破获湖北"改进团"机关数处。次日，蒋翊武等人策划的武装起义规模甚小，并遭到蔡汉卿等部的埋伏，二百多人牺牲，起义终归流产，蒋翊武、季雨霖、熊秉坤等领导人被迫出走。蒋翊武潜回湖南。

7 月 12 日，李烈钧在江西宣布独立，"二次革命"爆发。

7 月 25 日，谭延闿通电全国，宣布湖南独立。蒋翊武被委以"中华民国鄂豫招抚使"之职。

是日，江西湖口失陷，李烈钧败走。

7 月 26 日，国民党湖南支部在烈士祠洋楼为蒋翊武举行欢迎宴会，蒋翊武在会上慷慨陈词，阐述自己的讨袁方略。

7 月 30 日，率湘鄂联军第三军军长邹永成、湖南讨袁军第一军司令程子楷等进驻岳州，部署军事，并以"中华民国鄂豫招抚使"名义发布讨袁檄文。

8 月 1 日，任命王春初为中华民国鄂豫招抚使署副官，王朴为秘书长。

8 月 2 日，致电副总统兼湖北都督黎元洪，劝其不要继续充当袁世凯的走卒，应当以劝袁退位为上策。

8月6日，签发第60号委任状，委郭庆藩为参谋长。

是日，袁世凯颁布"通缉蒋翊武令"。

8月13日，谭延闿宣布取消独立。

8月29日，在广西全州兴安县唐家司，被驻防的桂军旅长秦步衢手下逮捕。

9月1日，自全州押往桂林。

9月8日，袁世凯致电广西都督陆荣廷："着将蒋翊武就地枪决。"

9月9日，下午4时，蒋翊武就义于广西桂林丽泽门外，时年不足29岁。

刘复基

第一章
江湖少年

苦难的家世

金凤山刑堂

一、苦难的家世

刘复基，字尧澂，曾化名汝夔，1885年1月20日出生于湖南常德武陵县柳叶湖一个世代为农的贫苦家庭。由于历史的变迁，我们无法找到刘复基的家谱，对于其祖先不能进行翔实的研究。根据刘复基的嗣子刘亚鹏和嗣孙刘继武、刘继尧的回忆，我们得知刘复基的祖籍在湖南省的湘阴县，从其祖父刘华东与伯祖父刘华庆开始落户常德。

刘华庆、刘华东弟兄俩来到常德不久，刘华庆因病辞世，留下弟弟刘华东。孑身一人的刘华东为了生计只好投靠柳叶湖的大户人家戴家，以做长工谋生。由于他天资聪颖，而且充满活力，深受东家的喜爱。随着年龄的增长，刘华东长得身材魁梧、一表人才，颇受周围民众的喜爱。在戴家老板的撮合下，一位乖巧伶俐的丫鬟与其成婚，并赏赐了一块薄田作为他

湖南常德柳叶湖

们的结婚礼物。结婚以后，刘华东除了耕作自己的田地，空余时间常常跑到戴老板家里义务做点短工，以报老东家知遇之恩。

过了两年，刘华东夫妇的两个儿子出生，为了振兴刘家事业，企盼后辈过上好日子，刘华东分别给儿子取名为"文禄""文福"。随着人口的增加，老东家赏赐的那点田土收入已经难以维持全家开支。于是，刘华东七拼八凑地弄了一点本钱，添置了一条渔船，重新操起了少年时的捕鱼生计。

长子刘文禄（刘复基的伯父）天生憨厚，勤劳孝顺，为了家庭的兴旺，任劳任怨地在那块贫瘠的土地上耕作，可惜终身未能婚娶。次子刘文福（刘复基的父亲）却继承了刘华东的天资聪颖，常常在农耕劳作之余，喜欢摆弄一些工艺玩意儿。后来，刘华东干脆让他拜师学习扎灯笼。

柳叶湖连着沅水河，离柳叶湖十来华里的沅江边就是常德府城。刘华东每当在柳叶湖上捕到一些鱼虾，划着船去常德，就捎上小儿刘文福和他的灯笼一起去贩卖。傍晚时分，爷儿俩从府城回来总是有些收获，带回一些生活用品，也带来城里的一些新鲜故事。稍长，刘文福娶邵氏为妻，家庭成员进一步增加。邵氏生有四子：长子刘嗣基，次子刘荣基，三子刘贤基，四子刘复基。

在这样一个人口较多的家庭，劳动力少，吃饭的人多，加之地处柳叶湖畔，常遭渍水，十年九不收，一家生计难以维持。不得已，刘文福在父亲刘华东的支持下到常德城内大河街衣巷子租赁了一间小店面，挂上"福记灯笼"的商号，专门从事灯笼的制作和经营，以减轻家庭经济的压力。应该说，在刘文福的苦心经营下，刘家的经济状况有了改善。据刘复基的嗣孙刘继尧先生回忆，其母亲戴氏时常唠叨，伯父们（指刘复基的另外两位兄长）由于经商不善，曾经变卖过祖辈的田产。

刘文福夫妇虽然家底不是很殷实，但是他们决不希望后代重复自己的苦难人生。因此，他们一个在外辛勤劳作，不断在城里制作灯笼换取收入，一个在家里勤俭节约，操持家务，把这个不是很富有的家庭打理得有模有样。几个儿子均在附近的戴家祠堂接受过启蒙教育。戴家不仅是柳叶湖的大户人家，也是武陵县有名的书香名地。戴家的祖上曾经出过"翰林"，戴家祠堂就是在"戴翰林老屋"基础上新建的专门为戴家和地方乡邻进行启蒙教育的场所。光绪年间的进士戴展诚、民国时期的法学家戴修瓒以及中国民主共和斗士刘复基都出自这里。

刘复基是7岁那年到戴家祠堂私塾开始启蒙教育的，先后学习了《三字经》《百家姓》《千字文》《千家诗》《弟子规》等经典启蒙教材。与他的几个兄长不同，由于家庭缺乏劳力，三位兄长在这里结束启蒙教育之后，也就永远地离开了学校，帮助父辈操持家务去了。常德地方有个风俗，中年或晚年得子必成大器，刘复基是在他父亲40岁那年出生的，自然成为家中的掌上明珠，在完成私塾教育之后，大约在14岁那年被送入位于沅水南岸的德山书院就读。

德山又名善德山，相传远古时代的圣贤善卷在此耕作并教化民众，使这里的人们热爱劳动、精心农耕，而且民风淳朴、道德高尚，尧帝经过此地听说这个情况后，自叹不如善卷治国教民的能力，决定让王于他，请他出来治理天下。善卷谢绝了。后来，尧帝敕封这片土地为善卷的领地，命名为善德山。春秋战国时期，楚国大夫屈原也曾在此行吟、滞留，给这片神奇的土地留下了不少精神财富。德山书院创建于清末民初，在中国近代教育史上是十分有名的，这不仅因为它培养了许多像刘复基、何来保、蔡钟浩、赵曰生、戴修瓒、潘振武等大批民主主义革命家、法学家、教育家等，即使在教学改革、引入新学方面，在当时也是走在前面。作为书院创建主持人，武陵县令李宗莲当时为书院的讲堂题写一副对联："读书居善德名山，愿士贵通经学先明理；此地是青莲讲舍，看峰头文笔天外奎光。"此联体

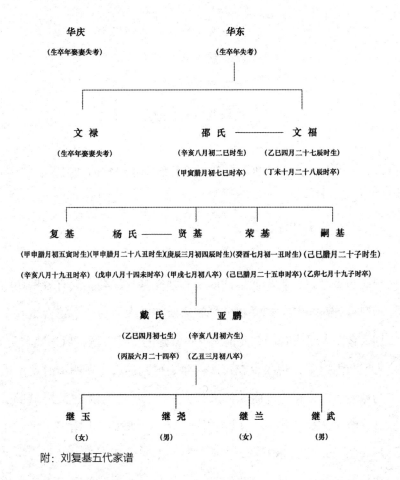

附: 刘复基五代家谱

现的是儒家传统的经世致用的教育思想，内容则侧重于进学习业的具体途径和方法，并告诫学子要树立成才成名的远大理想。

在这里，刘复基因其资性敏慧，勤奋好学，很快便读完了"四书""五经"，并能吟诗作诗联。随着年龄增长，求知欲增强，德山书院藏书甚多，他最爱阅读明末清初的文人黄梨洲、顾亭林、王船山的诗文，在这些著作的熏陶下，他更加开朗、豪放有志，渐渐萌生了追求公平正义、谋求社会进步的朴素革命思想。有一次课暇在柳叶湖钓鱼归来，曾写下这样一首诗：

起来无个事，自理钓鱼竿。

野鸟攀情话，清溪踏晓寒。

向谁说肝胆，暂尔戢羽翰。

得鲤欣归去，聊承阿母欢。

此诗虽充满孩童稚气，却可以看出少年时代的刘复基，就已心怀抱负。

二、金凤山刑堂

与宋教仁、蒋翊武不同的是，刘复基与江湖会党有着密切的联系。这种联系来自于其父刘文福的灯笼店所在地大河街。常德古城起源于战国时期，秦国大将张若于公元前 277 年修建的屯兵古城，后来随着历史的发展，古城时毁时建，规模也在每次修建中得到扩大，在明清时期形成了以青砖为城墙、以青瓦为屋面的常德城。古城以沅江为依托，坐南朝北，东西长、南北窄，成不等边的六边形结构，共有 6 个城门：上南门、下南门、大西门、小西门、东门和北门。大河街，是一条紧邻沅水北岸并与沅水平行、从水路通往常德城区的主要街道，位于下南门至东门地段。由于它连接府城和码头，每天吞吐货物量大，街面显得异常繁华，形形色色的人流异常复杂，信息交流也非常快捷。刘复基就读的德山书院，与常德府城隔河相望，位于常德府城东南 5 公里的沅水入洞庭湖处。从德山到大河街只能通过船只摆渡，在往来学校与大河街的过程中，刘复基从小就见多识广，渐渐形成了喜结天下豪杰的侠胆性格。

在常德，有一批来自江西的商人，他们大河街一带经营金银首饰、典当和药材，很有一定的势力。为了团结自保，江西商人组建了"江西商会"，集资修建了"江西会馆"（又称"万寿宫"），馆中有三个戏台，可见其规模之宏大。整个会馆建筑群也是坐南朝北，即背靠沅江，面朝府城，典型的明清建筑风格，四合院结构，三个天井，两旁是东西相通的回廊。在一、二、三进中门的南头，各有一座戏台，木质结构，顶上盖琉璃瓦，台面及两侧刷大红漆。左右两边是包厢式看楼，供小姐、夫人、官绅专用，院子中央放置了一些高低不一的条凳，供一般戏迷（常德称之为"忠臣"）用。江西商会财大气粗，常常邀请三个戏班在这里唱对台戏，成为常德府城一大文化奇观。

过去的戏班居无定所，哪里有观众就到哪里演出。寺庙、会馆等公共场所成为戏班经常落脚的地方。1899年秋天，上河（常德人对沅水上游的称呼）来了一个"天福班"，一连演出半个月，文武戏都受常德人的喜爱，许多演员也被本地人所熟知。一天上午，几个地痞对该班的一个女戏子动手动脚，引来全班人的出手相助，结果双方都大打出手，形成了一场群殴。

就当时的情况来看，戏班的十几个汉子个个都练过武术，暂时占着上风，但是他们知道"强龙斗不过地头蛇"的道理，不想继续打下去；痞子虽然是本地人，但也知道"好汉不吃眼前亏"的道理，知道自己不是戏子们的对手，也不想恋战。聪明的刘复基看出了双方的心思，一个箭步冲上戏台，大声说："大家都住手，听我扯个劝，好不？"果然，对立双方被这个十四五岁的少年喝住了。经过规劝，为首的地痞称班主李廷玉为大哥，认那位被调戏的戏子为"干妹子"。李廷玉以大哥的名义在江西会馆摆了一餐茶，化干戈为玉帛。李廷玉对年少的刘复基大加赞赏，称他小小年纪，有情有义，胆识过人，遂结为异姓兄弟。

这位出生梨园的李廷玉（绰号"李麻哥"）还另有来头，他是自立军中的一位头领。

自1898年戊戌变法失败后，中国社会思潮开始从改良转向革命。谭嗣同的挚友唐才常组织了自立军，计划在长江中游的湖南、湖北和江西起事推翻腐败的清政权。自立军左军统领、会党领袖陈犹龙（1870—1919），桃源人，少年曾入漳江书院，后肄业武昌两湖书院，是唐才常的得力干将，1899年冬，他回到常德、桃源一带联络会党，发展队伍，与桃源会党首领杨吉陔在常德府城西边的河洑山主盟，开"富有山堂"，放"富有山票"，广泛接纳会众，宋教仁、胡瑛、覃振等人也曾加入期间。后来，宋教仁在武汉求学中接受了先进的革命思想，认为自立军带有保皇意识，便与之脱离关系。1900年，清廷加大了对民间反清武装的打击力度，唐才常和他领导的"自立军"遭到镇压，六百多人惨遭杀害。常德的自立军左军也难免其中，陈犹龙、杨吉陔等会党首领不得不隐姓埋名，退出江湖。

自立军的失败，也给两个戏班带来了厄运。"天福班"既没有得到上天的保佑，也没有躲过人间的纠葛。原来，靠帮人家打官司谋生的刘小霞是一个奸诈之人，早就对"天福班"垂涎欲滴，苦于自己不是帮会头目李廷玉的对手，不敢强占。现在，朝廷下旨追杀自立军，他趁机放话说"李麻哥"也是自立军的首领，致使密探上报官府。李廷玉遭到朝廷通缉，被迫丢下戏班离开常德，下落不明。"天福班""松秀班"被迫解散。出道于"天福班"、时为"天元班"名旦的胡金云与讼师刘小霞合谋，并取得木材商文竹婆的资助，拉天福、松秀班部分成员组建了"同乐班"。后来，"同乐班"发展成为常德府城"四大名班"之一，也是今天常德汉剧院的前身之一。

野火烧不尽，春风吹又生。自立军的起义虽然失败了，部分首领或遇害、或隐遁，但常德城乡的会党势力没有受到致命的打击。在沅水流域占绝对地位的会党是洪帮，也称哥老会，起源于明朝覆灭之后的"反清复明"组织。洪门有很多分支，多以"山""堂""会"为名。1903年的春天，刘复基在桃源的金凤山堂口加入了会党，走上了一条武装反清的革命斗争之路。

入会仪式很讲究，堂口一副对联是："地镇南岗一派青山千古秀，门朝大海三河合水万年流。"

上香、进贡之后各位大佬就座，然后新入会者行礼叩拜。

礼毕，主盟人问："尔等为何要入洪帮？"

刘复基："杀……"

主盟人："他们知道了会杀你们，怕不怕？"

刘复基："不怕。"

主盟人："帮会有帮规，犯了帮规也是要杀头的，怕不怕？"

刘复基："不怕。一人做事一人担，绝不连累家人和兄弟。"

按照帮会的规定，在江湖上有能力和一定人脉的兄弟，即可担任一个山头的首领。据历史当事人回忆，刘复基入会不久，就被推举为金凤山刑堂，分管执法。

第二章

初上征途

一、结识宋教仁

刘复基认识宋教仁是在 1901 年。

宋教仁，字钝初，号桃源渔父，1882 年 4 月 5 日出生于桃源县上香冲一个破落地主家庭。他从读私塾启蒙，后到县城的漳江书院求学 4 年，奠定了较扎实的经学和文学功底。1901 年，宋教仁参加科举考试取得了秀才资格。那一年，他前往常德府参加府试，初下榻于鲁家巷春发客栈，后移居五省客栈。当时正值戊戌变法失败不久，帝国主义在中国掀起瓜分狂潮，八国联军闯入北京，与腐败的清政府签订《辛丑条约》的动荡局势。宋教仁按捺不住对国家和民族的忧愤情感，在试卷中疾书"不惜杀一人，以谢四万万同胞；不惜杀一人，以安万世之天下"之句，以发泄对主持签订卖

常德五省客栈旧址

国条约的李鸿章和幕后主使慈禧太后的不满。

常德知府朱其懿是一个开明官员，他曾因资助过戊戌变法而被革职，复职后仍然带有维新思想，他看了宋教仁的试卷，拟将此卷列为第一名。然而，一位守旧的师爷提醒了知府：这种试卷万一被上峰看到会引来一些非议，建议谨慎发榜。于是，宋教仁在这次府试中被排列为第八名，补博士弟子员。

名次虽然不是第一，但宋教仁的妙手文章却无意中被传了出来，前往五省客栈索稿者络绎不绝。刘复基就是闻讯找宋教仁索稿的进步青年之一，两人一见如故，成为非常要好的朋友。

有一天，刘复基前往五省客栈拜访宋教仁，此时宋教仁正要外出，对这位陌生年轻人的不速而至微有难色。刘复基笑嘻嘻地说："先生，那正好，我叫刘复基，家住大河街，熟悉本城的大街小巷，愿为仁兄做个向导。怎样？"

宋教仁见刘复基一脸善意，便答应与之同行。他们俩即相邀出客栈，经下南门、大河街，沿途所见日清银行、太古银行、花旗银行，又见太阳旗、米字旗、三色旗、星条旗等外国列强的旗帜招展，刘复基一一指点这是一些外籍什么单位，宋教仁感叹曰："我本大汉民族，堂堂华胄，自爱新觉罗氏入主中原以来，屡受外夷欺凌，欲振兴中华，恢复汉光威仪，非更变现状不可。"

至东门外皇经阁，他们面江而坐，畅述胸怀。刘复基从怀里掏出一张文稿，笑道："先生文卷，我早已从别人手中抄过，今天拜访先生，乃另有求教。"于是他摊开文稿，指着说："这'以安万世之天下'，我猜非先生由衷之言，但不知确切否？"

宋教仁大笑道："试卷哪有真言。你这个小鬼精灵，竟然看出来了。可是，世人昏昏，竟说我的文章好，真是荒谬。不过，文章为经国济民之大事，以后不可不慎。"

刘、宋二人在河边畅谈了一会儿，觉得不过瘾，又沿道回至刘复基寓所小酌。自此两人结为莫逆之交，宋"每过常德，必与刘尧澂一晤"。这一年，宋教仁 19 岁，刘复基 17 岁。

二、参加华兴会

1900 年，轰轰烈烈的义和团运动被镇压下去之后，腐朽的清政府与外国列强签订了致使中国完全沦为半封建半殖民地国家的《辛丑条约》。举国上下、朝廷内外无不为中华民族的衰弱感到羞愧。1901 年，为了学习西方，为了稳固摇摇欲坠的清廷江山，朝廷颁发诏令，实施"新政"。在众多"新政"举措中，教育改革是一个重点。9 月，清廷谕令将各省从来年（1902 年）开始改书院为新式学堂。1902 年，是农历壬寅年，中国教育史上的改革又称为"壬寅学制"。

在朝廷"按科递减科举取士之额为学堂取士之额"的朝议下，以及在"壬寅学制"的推动下，1902 年 2 月，常德府武陵县遵清廷"壬寅学制"令，将德山书院更名为"武陵县官立小学堂"，因此，刘复基也就成为官立小学堂的学生了。依照"壬寅学制"，中国教育分为三段六级，共 25—26 年。第一阶段为小学教育 9 年：初等小学堂 5 年，属普及教育性质，宗旨是"启其人生应有之知识，立其明伦理爱国家之根基，并调护儿童身体，令其发育"。课程有：修身、读经讲经、中国文字、算术、历史、地理、格致、体操等。视地方情形，可增加手工、图画 1 科或 2 科。

贫瘠地区可设简易科，课程酌减。高等小学堂 4 年，宗旨是"培养国民之善性，扩充国民之知识，强壮国民之气体"，课程有：修身、读经讲经、中国文字、算术、中国历史、地理、格致、图画、体操等。视地方情形可增设手工、农业、商业等科。按照年龄和所接受的前期教育，刘复基在书院改制的那年，顺理成章地转为该学堂的高等小学班。

在此期间，新思想、新文化不断传入常德，常德城内启智书局的《新民丛报》《国民日报》《浙江潮》《洞庭波》《游学译篇》等进步书刊深深吸引求知学子。刘复基是一个慷慨有志的青年学生，自然也就为这些书刊所陶醉。同时，也就在这样的场所里，结识了当时常德官立中学堂的学生覃振、梅景鸿、孙迪卿，西路师范学堂学生蒋翊武、黄贞元等一些好学有志之士。随着新文化、新思想的不断陶冶，刘复基愈来愈深刻地认识到列强的欺凌、清廷的腐败，是锁在中国人民脖子上的沉重枷锁，只有武装起来推翻清王朝，才能改变社会的现状。

就在此时，"桃源渔父"宋教仁带来了好消息。

1902年，宋教仁毕业于桃源漳江书院，在前往武昌投考武昌文普通中学堂的过程中，往返都必须经过常德，他每次都要与刘复基小聚。

宋教仁在武昌读书的1903年，也是中国思想界非常活跃的一年。陈天华的《警世钟》和《猛回头》、邹容的《革命军》迅速传播，使得来自偏远山区的宋教仁，很快接受了新思想，并投入到革命的洪流中去，成为沅澧流域民主革命的先行者。

1904年2月，华兴会在长沙成立，黄兴为会长，宋教仁、刘揆一为副会长，决定于当年11月16日慈禧太后70岁寿诞那天，首先在长沙起义，然后全省分浏阳、衡州、常德、岳州、宝庆五路响应。宋教仁具体负责常德的组织发动工作。9月初，宋教仁从长沙回到常德，向刘复基通报了长沙方面的计划和准备情况，征求他的意见。刘复基激动不已，兴奋地说："好啊，我正愁英雄无用武之地呢？大哥，你说个话，老弟绝不含糊，叫我干啥我就干啥！"

宋教仁对刘复基的信任早就心中有数，一见他这个壮怀激烈的样子，非常感动："以前你称我为先生，现在称我为大哥，看来你把我当自家兄弟了。可惜我与江湖联系不多。"

刘复基爽朗地说："大哥，我早就知道你在几年前就加入过帮会，只是你不屑梁启超掺和在自立军中搞保皇运动，才没有了联系。这次行动如果要利用一下帮会势力，不妨让我先与哥老会的几位老大商议一下，恢复你的帮会名分。"

宋教仁说："行，哥老会这边，就有劳老弟了。"接着，刘复基建议宋教仁设"湘西联络总站"于常德五省客栈，"负责经营湘西之责"。

不久，他又与常德官立中学堂学生孙迪卿、覃振、梅景鸿，西路师范学堂学生蒋翊武、黄贞元等人联络，另设分站于祇园寺，负责人是蒋翊武。上述骨干成员均在宋教仁的主盟下，加入了华兴会。随着华兴会起义的筹备工作紧锣密鼓地进行，刘复基干脆从德山学堂退了出来，以常德鸡鹅巷某餐馆厨子的身份作为掩护，专门从事会党的联络工作。

10月初，在刘复基的斡旋下，哥老会首领游得胜、孙汉臣组织部分成员在常德笔架城开堂，宋教仁、刘复基、蒋翊武出席了这次会议，宋教仁被尊为大龙头。那天，晴空一碧，与会者甚众。为掩官方耳目，大家扮着聚赌状，听取宋教仁宣讲起义目的和作战方略。会议决定于起义那天，大家扮作朝五雷山的香客到文庙集会，听候指挥。

10月底，为筹划起义经费事，宋教仁自桃源去长沙，途经常德，在五省客栈留宿一宵。宋教仁在其日记中记载道：在常德，刘复基、胡范庵、晏熊等人均表示愿意与宋教仁前往长沙，而宋教仁只答应晏熊与之同行，留下刘复基、胡范庵"在常德经营一切"，且嘱咐他们一定要有信心，稳步开展工作，8日之内必定会从省城赶回常德。然而，宋教仁没有想到的是，就在他们正在赶往长沙的同时，长沙方面的会党成员在一次喝酒过程中，不意将起义的机密透露出来，被四处打探消息的便衣侦探逮个正着，一审问，他们全招了。这样，华兴会起义计划事泄，清吏大肆捕杀革命党人，黄兴、宋教仁等先后亡命日本。

三、开除学籍后的江湖活动

华兴会起义事件，是湖南省内第一起有组织、有计划的革命党人反清斗争活动，给省府官吏不小的震感。湖南巡抚下令长沙、衡州、岳州、宝庆、常德各府，迅速抓捕起义人员，从严处置。常德知府朱其懿是个维新派，思想比较开明，见这次事件没有给常德带来重大社会动荡，估计参与者不是很多，即使搜查也查不出什么名堂来，于是将西路师范学堂的蒋翊武、黄贞元，以及常德中学堂的覃振、武陵官立小学堂的刘复基等人开除了事。

刘复基在接受宋教仁的任务之后，已经没有心思在学校读书了，在起义的筹备期间就离开了学堂，这次他的名字在官府开除学籍的名单之列，没有感到意外，反倒痛痛快快地投身到自己向往的江湖生活中去。

洪江市位于沅水干流的上游，与常德可谓一衣带水。沅水自西向东在这里与巫水相会。源自雪峰山的巫水由南而北奔流而下，把沅水河道冲击出一个水面开阔、水流平缓的深水港，当地人称之"萝卜湾"。在以水运为主要交通方式的年代，洪江是川、黔两省货物进入湖南，然后经洞庭入武汉、下南京和上海的必经要道，并成为沅水流域与常德齐名的重要港埠。商业繁荣的地方，自然也是各类人士云集的地方。湘西哥老会在洪江也有广泛的群众基础，被黄兴拜为少将的马福益（1865—1905）在华兴会起义失败之后，从湘东来到湘西，决定利用洪江进可攻、退可守的地理优势和良好的会党资源在这里起事，然后在黄兴等人的指导和策应下，一举东进建立政权。

1904年冬，马福益回湘西谋划"举兵洪江"，派谢奉祺来常德联络。

刘复基、蒋翊武等获悉此消息后，迅速招纳会党志士，随时准备响应。常德安排妥当之后，刘复基、蒋翊武带上两个兄弟前往洪江参与起义谋划。

从常德逆水而上到洪江八百里，经过三洲九洞十八滩。冬天的沅江，水量更小，每个滩头必须要拉纤才能过，因此，走水路上行花了十来天。他们达到洪江后住在常德会馆。这个两进两层、回廊式建筑群，也是一个与常德戏班有关的地方。它不是常德商人所修，而是清雍正年间一位进士所建。这位姓李的进士在前往辰州府参加府试途中，遭到强盗的打劫。在他身无分文、衣食无着的窘困时候，很长一段时间望着奔流不息的沅水发呆。这时，一位戏班女子发现了他的不正常举动，好心邀请他到戏班落脚。这位女子的父亲就是这个戏班的班主，他们是从常德上来演戏的，住在城隍庙。秀才虽然有了吃饭和睡觉的地方，但是他在靠演戏分成的戏班里白吃白喝很不体面。读书人"死要面子"的心思被细心的女子看出了，便给她父亲建议让秀才帮助戏班整理剧本。这样，秀才非常开心，并获得了应有的报酬。一个月之后，辰州府开考，秀才离开洪江前往府城沅陵赶考，顺利地通过了府试、乡试，获得了进士出身。几年之后，当年的穷秀才已经是为官一方的官员了。他回到洪江，到处打听曾经收留他的那个戏班，因为戏班的流动性很大，每年到城隍庙演出的班子也有很多，因此，没有任何人知道当年住过城隍庙的常德班的去向。为了报答戏班的救助，也为了今后常德戏班到洪江演出有一个正规的落脚之地，经过与洪江地方官员的协商，那位进士出资在原城隍庙的基础上修建了"常德会馆"。

当然，常德会馆不仅仅为常德戏班服务，来自常德的普通民众也常常在这里落脚。正当马福益、刘复基、蒋翊武等各路豪杰在洪江摩拳擦掌、跃跃欲试的时候，沅陵方向传来了不利的消息。原来，哥老会起义用的枪械在运输途中被沅陵县境内的水上侦缉队查获，举兵之事走漏了消息，官府加强了搜查和防范，各路会友不得不离开洪江，以图再举。

1905 年 4 月 12 日，马福益在联络旧部的途中，被清吏侦知其行踪，在湘江某渡口设下埋伏将其捕获，20 日就义于长沙浏阳门外，刘复基、蒋翊武亦为缉捕之列，他们以常德会馆对面"忠义镖局"的镖师为掩护，潜回常德。

　　浩瀚的洞庭湖，吞纳着湖南的湘、资、沅、澧四大水系，是中国著名的淡水湖。不仅是渔民们祖祖辈辈辛勤劳作、获取生活给养的天堂，也曾经是湖区人民反抗封建压迫、争取人身自由的地方。宋朝的钟相、杨幺起义就发生在洞庭湖地区，现在仍然还能寻觅到当年义军驻扎的军寨和与官兵搏杀的痕迹。历年来，湖区人民为了与湖匪斗、与官府斗，常常自发组织起来，建立了一个又一个渔会、帮会，以保生命和财产的安全。

　　蒋翊武与刘复基清楚地意识到，单凭自身力量是不足以达到推翻清王朝的目的，必须借助其他力量。这个力量在当时情况下，自然而然地想到了利用江湖会党。于是，他俩从常德出发，经沧港，由汉寿围堤湖、西港聚道南洲之茅草街入湖，至沅江，又从临资口入湘江而到长沙，"奔走于沅湘间，招纳会党，晓以复汉大义，皆感泣，得死士（敢死队员——引者注）数百。"相约一旦时机成熟，敢死队将直接服从他们的指挥，攻打官府的要害部门。

　　到长沙后，刘复基即给在东京的宋教仁写了一封，详细介绍自华兴会失败以来屡遭挫折的情况。宋教仁即于当年 8 月 26 日回函"告以近况"。刘复基大约 9 月中旬在家乡接到回信，非常激动。原来，华兴会起义失败之后，黄兴、宋教仁、刘揆一等革命家均前往日本避难、求学，但是他们并没有意志消沉，而是利用在日本较为宽松的政治环境，继续集结革命力量，探讨中国革命的有效途径。宋教仁鉴于东京留日学生猛增，各省学生办有地域色彩的刊物，比如《浙江潮》《洞庭波》《四川》等，他希望将来自全国各地的学子、志士联合起来，形成一股强大的革命力量，于是在

1905 年 6 月筹资创办了杂志《二十世纪之"支那"》。不久，中国民主革命的先驱、兴中会领导人孙中山也来到东京，通过日本朋友宫崎滔天的引荐，先后会见了黄兴、宋教仁等人。8 月 20 日，中国近代第一个资产阶级革命政党中国同盟会在东京成立，孙中山被推举为总理，黄兴担任庶务，宋教仁任司法部检事长。同盟会确立了"驱除鞑虏，恢复中华，平均地权，创立民国"的政治口号，并把宋教仁创办的《二十世纪之"支那"》改名为《民报》，作为同盟会的机关报。东京已经成为中国革命的大本营，革命精英皆云集于此，尚在国内探索革命道路的蒋翊武、刘复基等人闻之怦然心动，无比向往。

此间，沅水流域的学子前往日本求学的风潮到达高峰，不少家庭条件较好的青年纷纷东渡。我们从宋教仁的日记可见一斑：9 月 1 日，"田梅溪、刘治斋来东京，二君新自湘中来，皆沅州（今芷江）人也，携有刘瑶臣（刘复基）信一封，述沅水流域各埠事甚悉。"9 月 3 日，宋教仁再次会见田、刘等，"纵谈时事"，又说"田、刘二君谈湘中事甚悉"。

从上述记载中可以看出，刘复基与宋教仁的联系是非常密切的。宋教仁 1905 年的日记止于 9 月 21 日，虽然没有关于刘复基东渡日本的内容，但是可以推断，刘复基前往日本的计划与宋教仁是有着直接关系的。

第三章

探求真理

东渡日本

"中西各报代办所"

协办《竞业旬报》

一、东渡日本

1905 年秋天，在江湖闯荡一阵后的刘复基、蒋翊武两位革命战友，见大事一时难举，决计同赴日本东京，以便全面了解同盟会的革命纲领和行动计划，促进革命事业的发展。10 月，他们再次结伴而行，离开常德，前往上海，准备东渡日本。行至上海，蒋翊武因病不能前行，暂时下榻于湖南会馆，刘复基则只身东渡日本，月底到达日本。

刘复基抵达日本的时候，也正值中国同盟会刚刚成立不久，革命党人由原来的地方性团体聚合成一个全国性的政党，人们的思想更进一步活跃，革命组织达到空前团结，革命斗志取得了进一步的高涨。1905 年 11 月 21 日，刘复基由宋教仁主盟在东京加入了中国同盟会。

1905 年 11 月 2 日，日本文部省正式颁布了歧视性的《取缔清国留学生规则》（现译为《关于准许清国学生入学之公私立学校之规程》），规定中国学生"无国书保送者不得入校"，激起了留日学生的极大愤慨。清国留学生会馆干事与各省同乡会负责人经多次会议，商定《学生公禀》，于 11 月 28 日以全体留学生的名义上呈驻日公使杨枢，请求代为转达至日本文部省。然而收效甚微。12 月初，激进的中国民主革命宣传家陈天华在日本大森海湾蹈海自杀，以此勉励同胞们努力救国，一时人心大震。此时，留日学生的意见出现分歧：一派认为中国人应该以民族尊严为重，建议全体留学生回国，强烈抵制日本的"取缔规则"；一派认为留日学生也有行为不妥之处，我们要加强自身修养，以实际行动捍卫自己的尊严。

刘复基来日本，自然没有清朝政府的"国书保送"待遇，也进不了日本国的学校。这时，以秋瑾、姚宏业等为首的一大批中国留学生愤然离开日本回到祖国，刘复基就是随同首批归国学生回到上海的。根据宋教仁

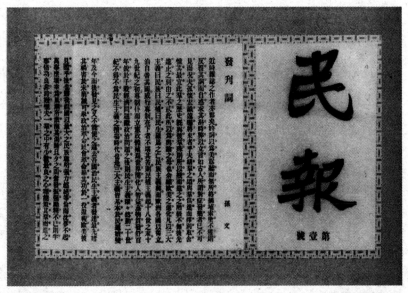

《民报》

1906年1月9日和2月13日分别收到刘复基自沪、湘两地函件的记载推断，刘复基在日本滞留的时间只有一个多月，大约是1905年10月到日本，12月回到上海，并在上海稍作短暂停留后回到内地运销《民报》。

在上海期间，经刘复基的介绍，蒋翊武加入了中国同盟会。时间应当在1905年12月至次年1月之间。

二、"中西各报代办所"

同盟会成立后，黄兴曾致函党人禹之谟在湖南成立同盟会湖南分会，一方面在湖南着力组织发展工作，另一方面负责在湖南推销同盟会机关刊物《民报》，在湖南各界群众中开展反帝反封建的革命宣传工作。1906年初，同盟会又策划在两广地区发动武装起义。刘复基就是在这样的背景下受命回国的。他从上海回到湖南后，与胡有华、覃振、杨熙绩等人设"中西报代办所"于长沙府署后面的五堆子，暗中运销《民报》，成为中国同盟会湖南分会《民报》发行网的一个重要组成部分。在此期间，他不辞辛劳，频繁往来于湘、鄂之间，联络同志，从事秘密革命活动，并加入了由刘静庵、胡瑛等创办的湖北革命团体———日知会。

刘复基在湖南开展了卓有成效的宣传工作，使湖南的革命情绪不断高涨，并按捺不住激动的心情向海外的宋教仁通报情况。2 月 13 日，宋教仁在东京收到刘复基从湖南发来的 2 封信函，"皆言湖南局势甚好，必有呼汉族万岁之一日云云，亦可喜也。"次日，宋教仁回信给刘复基，以兄长的口吻告诫他"谨慎做事"，并与他共勉"须极力提倡道德，凡古昔圣贤之学说，英雄豪杰之行事，皆当取法之。如王阳明之致知，刘蕺山之慎独，程明道之主敬，以及华盛顿之克己自治，拿破仑之刻苦精励，冯志尼之至诚，西乡隆盛之不欺，皆吾人当服膺者也"等等。

武昌候补街高家巷日知会旧址

214

就在刘复基在长沙运销《民报》的时候，上海发生了"姚宏业事件"。

当时，从日本返回祖国的留日学生，大多具有革命倾向，而且有不少人已经在日本加入了同盟会。为了使回国后侨居沪上的各省留学生不致失学，由革命党人发起，部分归国留学生积极响应的一个重大举措很快得以实施，即一群革命青年要在上海创办一所自己的大学。1905 年 12 月中旬，13 省的代表开会决定，这所学校定名为"中国公学"。姚宏业就是学校创办者之一。

姚宏业，字剑生，1881 年出生于湖南益阳，1904 年留学日本，1905年由黄兴主盟加入中国同盟会，很快成为激进的革命活动家。1905 年冬，日本政府公布"取缔规则"时，积极开展与日方的斗争，在斗争无果的情况下，愤然率领留日学生回国，并极力主张创办"中国公学"。

1906 年春天，中国公学在上海的新靶子路黄板桥开学。中国公学是学生们自筹资金、租赁民房为校舍而开办的。由于到开学时，日本那边反对取缔风潮已渐渐松懈，许多官费留学生又返回到日本复学，倡导办学者的力量自然有所减弱。而当时的上海还是一个眼界比较狭小、文明开化程度不高的小商埠，许多国人见到中国公学里一些年轻人剪了辫子、穿着洋装办学校，是一件奇怪的事情。政府官吏疑心他们全都是革命党，更是有所防范。所以，社会上资助办学的人并不是很多，学校开门还不到一个月，经济就陷入了绝境。由学生公选出来的干事姚宏业激于义愤，于 5 月 6 日投黄浦江自杀，留下了"老子云：哀莫大于心死。今人心死矣，夫复何言""我之死，为中国公学也"的遗书。他的遗书在报界发表之后，引起舆论和社会的普遍关注，中国公学也因此获得了一些社会赞助，教学赖以维系下去。

从 1905 年 12 月到 1906 年 3 月，先后发生了陈天华蹈海、姚宏业投江两起悲壮的事件，目的都是为了唤醒国人、激励国人。这两起事件的当事人都是湖南人，因而他们的英雄气概震撼和感染了敢为人先、不怕牺牲的"湖南蛮子"，以禹之谟为首的革命党人决计把陈天华、姚宏业两位革命家的遗体运回湖南。

禹之谟（1866—1907），湖南湘乡人，1904年初，加入过黄兴创立的华兴会，积极投身反清斗争。1904年4月，为反对美帝国主义攫取中国铁路建筑权，湖南掀起粤汉铁路废约自办运动。禹之谟领导组织省工商各界集资百余万收回了路权。1905年8月，中国同盟会在日本成立，不久，禹之谟在湘组建同盟会湖南分会，并被推为首任会长。期间，他还竭力创办唯一学堂（今湖南师范大学附中）和湘乡驻省中学（今湘乡一中）。由于他精诚爱国，敢于任事，且具有出色的宣传和组织才能，深得各界群众的拥戴，公认他是湖南工、商、学各界的代表，分别被举为湖南商会会董、湘学会会长、湖南学生自治会总干事。1906年6月，著名的反清革命宣传家陈天华和爱国志士姚宏业灵柩返湘时，他首倡"公葬岳麓山，以彰义烈"。6月11日，禹之谟等发动万余名学生举行大型公葬活动，正在长沙从事革命宣传的刘复基也参与其间。

此活动极大地震动了长沙各界，鼓舞了湖南人民的反清热潮，"成了湖南惊天动地可记录的一桩事"。两个月后，禹之谟为反对清廷盐捐浮收和提款兴学等反动政策，率湘乡驻省中学200名学生回湘乡与县衙据理力争。8月10日，被湖南巡抚庞鸿书以"哄堂塞署、图谋不轨"罪名逮捕入狱。1907年2月6日，禹之谟在靖州东门外慷慨就义，年仅41岁。

刘复基因为参与了公葬陈、姚两位烈士的活动，为了免受官府的"秋后算账"，加上从东京带回的600份《民报》已经派送完毕，他离开长沙回到常德。1907年下半年，他为配合同盟会领导的萍、浏、醴起义，即又与蒋翊武"奔走于沅、湘之间，招纳会党"，向他们"晓以复汉大义"，会党成员"皆感泣"。在常德祇园寺设立湘西革命机关，力图再举。9月下旬，刘复基接到宋教仁写给他与胡范庵的信。来信写道："不可倚赖人太重，希望事太急，须以谨慎镇静谋天下事。对于团体，则谋蓄养其潜势力；对于个人，则谋预备其真本事。又，处人涉世之道，交人用人之方，亦须细心。学绝道丧，人心日坏，争名夺利，无所不至。我既入世，则不得不俯就曲从，学宁人负我，毋我负人之法，尤不可以言貌及名誉取人，须观其品行，察其心术。故知人之明识及待人这善法，均不可留心也。总之，只以求其于我心之良知无愧，于我志之大事无损，则得矣"。由此可见，宋教仁与刘复基的联系是非常密切的，而且从往后的革命经历可以看出，前者关于为人处世的原则和立场对后者的影响是非常大的。

不久，祇园寺机关被武陵知县廖世英侦破，革命党人大遭逮捕，刘复基只得同蒋翊武再次奔赴上海。

三、协办《竞业旬报》

刘复基、蒋翊武因禹之谟一案而离开湖南，经武汉重新来到上海，继续就读于中国公学，以完成未竟的学业，并一面参加竞业学会的活动。

竞业学会是中国公学的学生组织，在中国公学开学不久就在学生中悄然成立了。发起人主要有钟文恢（号古愚，江西人）、谢寅杰、丁洪海。竞业学会制定有章程，并公开发表在自己的刊物上。该章程分总纲、规则、入会、办法、责任等五章15条。从其章程不难看出，这个组织虽然为学术团体，但隐含有潜谋革命之意。因此很有吸引力，成立不到半年，信息反馈各地有许多热心志士，愿意加入该会，纷纷汇寄基本捐和经常捐到上海。

竞业学会成立后的第一个事业就是创办了一份机关报，也就是著名的《竞业旬报》。该报以刊载时事政治材料为主，设论说、学术、译稿、时闻等栏目。对外声称其言论主张为"振兴教育，提倡民主，改良社会，主张自治""其实这都是门面语，骨子里是鼓吹革命"。"专以提倡民族主义为宗旨"，宣传爱国"排满"，抨击改良立宪，提倡科学，提倡妇女解放，鼓吹发展实业和普及教育。稿件体例概为白话文，以便将革命思想普及社会各阶层。在沪、湘、赣、川、浙、粤等省及日京清国留学生会馆，神田简神保七番地古今图书局都设有代办处。中国同盟会在东京本部之外建立的第一个分支机构就是"香港分会"，分会的机关就设立在《中国日报》馆内。《竞业旬报》创刊后，及时与《中国日报》保持了联系，便于向中国同盟会传递有关国内革命的消息。

《竞业旬报》每期 60 页左右，32 开版，每月出版三期，逢一发行，1906 年 10 月 28 日（农历九月十一）正式创刊。与其说它是一份报纸，不如说是一本杂志。当时的编辑部没有主编、副主编之分，一般统称编辑。第一期至第十期，主要编撰是傅熊湘。当时的作者一般都署化名，如近代诗人胡诗庐以笔名"梓方"撰写了《发刊词》；傅熊湘则以"君剑""钝根"

《竞业旬报》创刊号封面

的笔名分别发表了《明耻篇》和《毁学的问题》两篇社论；胡适以"期自胜主"为笔名发表了《地理学》的文章。由于刘复基在辛亥革命取得成功之前就牺牲了，他本人也没有来得及透露自己在《竞业旬报》中使用的笔名，尽管我们已经得到《竞业旬报》前十期的影印件，但是却不敢妄加猜测其中文章哪些出自刘复基之手。

1906 年 12 月，寄居在《竞业旬报》编辑部的革命党人杨卓霖为了响应萍、浏、醴大起义，带领两位助手前往南京谋杀两江总督端方。由于其行踪早有侦探跟踪，他很快就被官府抓捕。次年 3 月 20 日，杨卓霖就义于南京。

1907 年 1 月 24 日，《竞业旬报》照常出版了第十期。在该期的目录旁边发了一条"本社紧要广告"：

> 本社旬报，原订逢一发行，以时计之，应于十二月二十一日出第十一期。惟岁聿云暮，腊鼓催人，主报与阅报者均有岁事旁午，不暇他故之势。兹议本年暂出至第十期止，其本年应出之第十一期，即于明年续出。至各处所定之报，仍当按期数寄，不以时日计算。

其实，广告中关于临时停刊所列的原因，只是一个大家可以接受的托词（春节将至）。《竞业旬报》临时停刊的真实原因是杨卓霖的被捕，有关编撰人员也受到牵连，原班人马难以继续从事编撰工作。不久，傅熊湘、刘复基、蒋翊武等革命党人不得不离开编辑部。1908 年 4 月，当《竞业旬报》复刊的时候，原来的革命党人已经一去不复回。从第 24 期开始，胡适担任了该刊的编辑工作，直到第 40 期完全停刊。

刘复基、蒋翊武从上海回到家乡过完春节，相邀继续奔走于上海、南京、江西一带，从事革命活动。不久，两人均因家庭的变故返回家乡，革命活动一度中止。1907 年 7 月 24 日，蒋翊武年仅 24 岁的结发妻子唐氏不幸病逝，留下一个女儿蒋宗荣。作为长子，蒋翊武上有老父老母，下有弟妹四个，决定在家承担起一个为人之子、为人之父的责任。

三个月后的 10 月 28 日，刘复基的父亲也因病去世，享年 62 岁。湖南也是一个受儒家文化影响深厚的地方，对于父母的孝道也是非常讲究的。自古以来，父母死后，子女按礼须持丧三年，其间不得行婚嫁之事，不预吉庆之典，任官者并需离职，称"丁忧"。刘复基是父亲的"幺儿子"，曾经倍受父亲的疼爱，父亲的辞世，对他是一个极大的打击。父亲在世时，不仅没有享受一天清福，而且常常替他担心受惊。现在，刘复基决定好好地在家陪陪父亲。于是，每逢父亲去世的 7 日（一直到第七个 7 日）和生日等纪念日，他都要在父亲坟前祭奠，并在旁边的草棚度过一夜。

刘复基在家守孝一直坚持了 3 个年头，直到 1909 年秋天。

第四章

再上征途

一、《商务报》的会计

就在刘复基在家守孝的这段时间，中国政坛也出现了一些变数。

1908 年 8 月，清政府宣布预备立宪以 9 年为限，同时颁布《钦定宪法大纲》23 条，其中关于"君上大权"的 14 条，规定皇帝有权颁行法律、黜陟百司、设官制禄、宣战议和、解散议院、统帅海陆军、总揽司法权等。虽然，皇帝、皇族的权力没有什么变化，但是，"宪法""议院"等民主词汇对当时的中国来说还是一个新鲜东西。可惜，此时的大清王朝已经走过了它的青壮年时期，无力扭转日益衰落的局面。同年 11 月 14 日、15 日，光绪帝和慈禧太后相继死去，清廷皇族把只有三岁的儿皇帝溥仪拥上皇位，1909 年改年号为"宣统元年"。各地革命党人的反清活动乘机高涨起来，但是由于中国同盟会的主要干部均在国外，国内没有一个得力的组织和具有号召力的领袖，坐失了起义良机。

1909 年 3 月，新登基的宣统皇帝下诏重申预备立宪，命各省当年内成立咨议局。预备立宪谕旨颁布后，各地纷纷建立立宪团体，海外的立宪派也积极响应。然而，革命党人没有被清廷皇族假立宪、真专制的"新政"所迷惑，海内海外的革命同志并没有停止战斗的步伐。

这年的秋天，蒋翊武应刘复基之邀在柳叶湖游玩，他试探性地对刘复基说："尧澂，现在朝廷推行预备立宪，一批立宪党人纷纷响应，似乎看到了中国民主宪政的曙光，这将误导民众的眼光，软化革命者的斗志，对于我们的事业来说是一个新的障碍。如果不抓紧时间，革命事业就会更加艰难。我听说湖北的新军中有不少革命志士，而且我也早有参军念头，现在想去湖北探个究竟，不知你能否一同前往？"

刘复基仰天大笑："哈哈，简直是太巧了，我正想邀请你一起去湖北呢！"

原来，刘复基已经接到在武汉谋职的兄长刘嗣基的来信，要他到汉口《商务报》担任会计和发行员。于是，两位志同道合的战友重新踏上了革命征程，开始了他们一生中最重要的革命时期。

武汉三镇，是长江流域革命党人开展革命活动最活跃的地区。早在癸卯年（1903年），湖北革命党人张难先与新军工程营的刘静庵等在武昌阅马场成立了科学补习所，侧重联络新军，发展革命组织。1904年，黄兴、宋教仁在长沙组织华兴会时，胡瑛、曹伯亚同往湖北，使湘鄂联成一气，科学补习所遂更名为求知社，继续聚集革命力量。不久，华兴会举义失败，求知社亦受牵连而停止活动。1905年，已离开军队的刘静庵，利用武昌地区基督教会供教徒阅读报纸的机构日知会这一公开合法场所，传播革命思想，发展革命组织。这时刘复基借运销《民报》之机，常来汉口与日知会的组织者秘密谋划，成为日知会的得力成员。1906年，孙中山派了几名同盟会会员和一法国军官来汉，日知会集合欢迎，曾一度引起湖北官方警觉。这年冬天，萍、浏、醴起义，同盟会又派会员来日知会策谋响应，终被湖北官方侦悉，刘静庵、胡瑛等领导被捕入狱，日知会活动被迫中止。但在新军中散布的革命种子，仍在暗中发芽成长。特别是华兴会失败后，湘籍党人杨王鹏、李抱良、黄贞元、廖湘云、李达武、何海鸣、唐牺支、章裕昆等相继纷纷逃往汉口，经曹亚伯、刘静庵介绍加入了新军，这些人都成为湖北革命党人中的骨干成员。1908年10月，整个局势发生动荡，新军中的革命士兵杨王鹏、李六如等，便乘机成立了群治学社，着重在新军士兵中发展革命组织。

这年10月刘复基来汉后，即担任了《商务报》的会计兼发行人，与詹大悲、宛思演等人共事。不久，他即与军中有革命组织"群治学社"取得了联系。

二、寻找革命组织

《商务报》的全称是《汉口商务报》，1909年10月8日创刊，"馆设汉口英租界致祥里8号，罗某集资商办。革命党人何海鸣、刘蛰庵等参与社事。详称以'沟通商务'为宗旨，实则为革命作鼓吹。日出一小张"。因为经费紧张，报社向社会进行了募资，刘复基的兄长刘嗣基（字星澄，1869—1915）也是这家报馆的小股东，任襄理。刘复基、蒋翊武来到报社后，很快就与同龄人詹大悲、何海鸣等人打成一片，并从何海鸣那里得到新军中革命党人的消息。

何海鸣（1886—1936），原名时俊，湖南衡阳人，笔名"一雁""衡阳一雁""求幸福斋生""求幸福斋主"等。曾经在湖北新军21协第41标第一营当兵，由士兵升为副目（副班长）兼司书生。在军中参加了群治学社。1908年11月，湖北新军和江南新军在太湖进行秋季大演习，他所在第一营在凉亭河镇宿营，听到熊成基起义失败的消息，以及光绪皇帝和慈禧太后相继死去的消息，大家都觉得这是起义的最好机会。但由于官长监视甚严，不容许有任何行动，并奉命当晚开拔回湖北。急行军一天一夜赶到小池渡口，从九江上船回到武昌，此时标统已经换人，新任标统易某对士兵极为严厉。何海鸣因在军中是个活跃分子，又常常向汉口的报纸投稿，受到长官的警告处分。他"看情形不对，就索性请求退伍，到汉口实行办报去了"。

听了何海明的故事，刘复基、蒋翊武异常兴奋。尽管他们在江湖上打拼多年，武装起义仍然不见起色，他们早就感觉到江湖会党虽然人多势众，但是纪律涣散，不能作为革命的主要力量，要使革命成功，唯一的途径是在军队中发展革命组织，掌握革命的武装。于是，他们决定到新军中探个究竟。

湖北新军是湖广总督张之洞创办的新式军队。他是当朝官员中维新派的代表，他在湖北经营多年，对训练新式军队比较热心。他曾奏请朝廷以10年为期，将绿营、巡防营裁汰干净。先由总督衙门直接训练护军三营，聘请德国人为教官，施以新式操法。准备以后逐渐扩充，编成两镇。但是朝廷不放心外省封疆大吏拥有重兵，只准成立一镇一协，即以张彪为统制的第八镇和以黎元洪为统领的第21混成协。

新军虽然以西方的军事训练方法为主，但其建制确沿袭清朝旧制军队体系。自上而下的建制是：镇—协—标—营—队—排—棚，相当于今天军事建制：师—旅—团—营—连—排—班。

新军与旧军的区别有三：一是服装新，官兵全着新式制服，整齐划一，精神抖擞；二是操练新，基本上聘请外国教官进行操练，摒弃了中国传统

湖北兵工厂

骑术、射箭等科目，开设了步兵、炮兵、辎重、测绘等全新科目；三是武器新，新军的装备全是火器，湖北因为在洋务运动中留下了汉阳兵工厂，新军中的步兵全部使用"汉阳造"步枪。

因此，湖北新军的装备和训练都比较好，它的战斗力仅次于北洋六镇，为南方各省之冠。

当时的湖北，是一个水患无穷的地方，几乎连年水灾。由于水灾，湖北有的地方颗粒无收，人民生活极为艰难，甚至出现过"人吃人"的现象。1909 年 8 月，统治当局为了防范灾民造反滋事，将驻扎在省城的部队分派到受灾比较严重的地区，以示震慑。

何海鸣退伍的 41 标隶属黎元洪的第 21 协，也是蒋翊武的老同学黄贞元所在部队。当蒋翊武、刘复基来到武汉，黄贞元所在的 41 标已经派往天门、潜江驻防。蒋翊武在报社的工作不是很多，加上他参军心切，于是为了实现夙愿，决定邀请刘复基、詹大悲以报馆访员（记者）的名义，前往天门、潜江一带进行实地采访，探寻群治学社。

这是一次重要的行动，因为他们三人都相继加入了群治学社，这对湖北革命的发展来说是至关重要的。11 月，在潜江的张截港，他们遇上了群治学社成员蔡大辅，聚谈三日，彼此谈得很投机。蔡大辅将群治学社的详细情况告诉了他们，并写信介绍他们去见 41 标留守处李抱良（六如）。

潜江会面之后，他们兵分两路：刘复基、詹大悲拿着蔡大辅的介绍信回到了武汉，因为报社的工作等待他们去处理。而蒋翊武锐志从军的愿望还没有实现，于是，他与刘、詹二友分手后，在蔡大辅的指点下，前往天门寻找黄贞元。在天门的黑流渡，蒋翊武找到了黄贞元所在驻地，并通过黄贞元的介绍，化名蒋伯夔，投入 41 标三营左队充当正兵，并很快与群治学社的社长杨王鹏取得联系，正式加入了该组织。

三、痛打杨度

群治学社时期，后来成为毛泽东办公室秘书长的李六如是一个实权的核心人物。

李抱良（1887—1973），字六如，湖南平江人。1887年7月生于富商家庭。1907年，李抱良20岁，他结识了从日本留学回来的同盟会员凌容众。从凌那里知悉陈天华蹈海事件，并看到《民报》《游学译篇》《嘉定屠城纪略》等反清报刊和书籍。从此，"报家仇"的愤恨转移到了清朝皇帝身上。"匈奴未灭，何以家为"，他抱着这样的决心，投笔从戎。1908年李抱良赴武昌参加新军第41标，并加入了军中秘密组织群治学社。不久，群治学社的庶务钟畸随营长调往安徽，社长杨王鹏将此职务委托李抱良担任。这一年，湖北天门、京山、潜江、公安等地发洪水，清政府担心灾民暴动，便把军队派了下去。潘康时离开武汉时将李抱良留在省城主持社务，并同各方面保持联系。李抱良以同乡的关系，发展了炮八标的黄驾白、李慕尧，以及32标、陆军特别学堂的单道康、孙长福、叶正中等人入社。此时，刘复基、詹大悲从潜江回来，手持蔡大辅的介绍信，加盟群治学社，对于这个原来只在军中发展社员的革命组织来说，注入了媒体的力量，这无疑是如虎添翼。

然而，《商务报》出刊不久就面临着经济危机，由于经费短缺，报社难以维系。詹大悲不甘心放弃自己所挚爱的事业，便试探性地将自己想继续办报的想法告诉了老同学宛思演。没想到，这个宛思演居然答应了詹大悲的要求，变卖了自己几乎全部的家产，准备与他一道大办报业。1910年2月5日，"宛思演以变卖田产所得6000元（亦说2000元或3000元），顶办《汉口商务报》。宛思演、邢伯谦分任正副经理，刘复基继续担任会计兼发行，詹大悲、何海鸣主编，梅宝玑、查光佛、杨王鹏、李抱良等参与撰述。大成印刷公司承印，日出两大张，以宣传革命为主旨。"

经费的保障是报社赖以生存的基础，刘复基的大哥刘嗣基是一个布商，本小利也小，还要奉养老母，估计也拿不出多少钱办报。于是刘复基将筹资目光投向李抱良。因为，群治学社的社员在入社时每人要交一元入社费，每月还要拿出薪水的十分之一交给组织，作为"月捐"。也就是说，组织是有钱的，为什么不把它用于革命的宣传呢？他的想法得到了李抱良的支持。在武汉主持日常工作的李抱良虽然不能将全部的经费用作办报，但是适当地拿出一部分会费开展革命的宣传是社长授权了的。这样，本来宣传进步思想、倡导社会变革的《商务报》就成了群治学社的机关报。

《商务报》一方面关注社会新闻，另一方面也关注军事动态。为使报纸更深入地反映军内情况，充分发挥工具的战斗威力，报社还邀请了许多军中成员担任特约通讯员和访者。从此，报社经常刊文揭露清廷官场的黑暗和湖北军官欺压士兵的劣迹，在新军中产生了强烈的反响，极大地激发了新军士兵革命情绪。

1910 年春天，清政府将原由湘、鄂、川、粤四省人民集资修建，已归民办的川汉、粤汉铁路收归国有，又将铁路修筑权出卖给英、法、德、美四国银行团，激起了湘、鄂、川、粤等省人民的强烈反抗，四省人民掀起了轰轰烈烈的保路风潮。立宪派代表、湘籍人士杨度在此保路风潮中，积极充当清廷吹鼓手，支持清政府的卖国行径，引起了湘省人民的极大愤慨。4 月，杨度奉命进京，取道汉口，寓居英租界既济水电公司。刘复基闻讯，便邀集湘省旅鄂志士杨王鹏、李六如、李鑫、龚霞初、何海鸣等，打算以同乡名义在湖南会馆举行"欢迎会"，乘机惩治他，以泄革命义愤。杨度见势不妙，拒绝赴会，刘、李等人即扭住杨度的辫子，拽出大门一顿暴打。此事惊动了英租界，刘、李等被巡捕以"防害治安"罪，带到英国巡捕房，羁留 8 小时，并被逐出英租界。《商务报》也因刊载了杨度被打新闻和评论而被迫停刊。此时，刘复基的母亲邵夫人亦在汉口，闻知此事，极为担心，刘获释后，泣对母曰："天下如斯，儿当为苍生请命。问视事从此疏也。"其母闻言极为感动。

同月，湖南饥荒，长沙发生抢米风潮，清廷从湖北调军弹压，湖南党人焦达峰亦从浏阳来电，约湘、鄂两省乘机同时举义。这样刘复基、查光佛即与新军第八镇第 32 标中的共进会员黄申芗、林兆栋、黄孝霖等联系，决定于 4 月 24 日发难。他们一面派人赴湘联络，一面派人到川鄂边境组织会党，同时又令"陆军特别学堂学生孙昌复，自汉口潜运炸弹入省城"，藏于黄申芗榻下。正欲举兵之时，忽得知湖南风潮平息，他们只好按兵不动，但此时风声已紧，第八镇统制张彪等大肆捕捉革命党人，黄申芗被迫避走上海，林兆栋、黄孝霖等走川。群治学社为官方所注目，活动一度中止。

四、参军

为了支撑这困难局面，使社务活动不致停顿，刘复基决心投笔从戎。他从汉口某理发店买了一条假辫戴在头上，化名刘汝夔，投入新军第 41 标第三营左队当兵，与蒋翊武同营同队。本来他体质瘦弱，人称"文弱书生"。有的同志担心军营生活艰苦，怕他吃不消，劝其不要投军，但他革命心切，毅然拒绝了同志们的劝阻，并说："吾为复兴祖国而奋斗，虽汤镬且不惧，遑恤苦为？"入伍后，他刻苦自励，许多科目还胜过老兵。与此同时，他经常利用操演功课之余，积极筹划社务，教育士兵，使群治学社得以巩固和发展。

由于群治学社已在社会上造成了一定影响，不便继续以原来的名义开展活动，于是学社主要成员刘复基、蒋翊武、杨王鹏、蔡大辅、唐牺支、李六如等于 1910 年农历七月在 41 标一营左队队部召开筹备会议，商讨改组群治学社事宜，并推杨王鹏起草章程。1910 年 9 月 18 日，革命同志借中秋军营休假之机，在黄土坡酒馆举行成立大会，决定将"群治学社"改组为"振武学社"，共同推举杨王鹏为社长，李抱良为庶务兼文书，以蛇山蕲春学社为机关部，外借"讲求武学""研究学识"为名，进行秘密的革命活动。

振武学社的《简章》与群治学社大体相同。改动的地方除了社名外，最重要的是：各标设标代表一人，由标社员中推任之；各营设营代表一人，由各营社员中推任之；各队设队代表一人，由各队社员中推任之。著名史学家金冲及、胡绳武对这个制度进行了评价："这样严密的组织形式，在以往资产阶级革命党人的团体中还不曾有过。……这是以后武昌起义能够取得成功的重要组织保证，是一项值得大书特书的重大创举。"（《辛亥革命史稿·3》，上海人民出版社，1991，第 95—96 页）

这个伟大的创举是蒋翊武完成的。革命党人张国淦回忆道："振武学社成立一月，蒋翊武乃利用星期假日，召集各标营代表二十余人在蛇山抱冰堂开秘密会，制定标营队各代表负责公约规程。"

振武学社成立之后，在已经发展社员的标、营、队，纷纷选举出自己的标代表、营代表和队代表。10 月 11 日（重阳节），在黄鹤楼的风度楼召开第一次代表大会。到会的有杨王鹏、李抱良、章裕昆、孙长福、黄驾白、蒋翊武和 41 标代表廖湘芸、42 标代表祝制六、31 标代表江光国、32 标代表单道康、炮八标代表李鼎尧等。各代表报告征集的社员总人数是二百四十余人。这次会议还讨论了社务扩展问题，规定"各同志每人每月必须介绍新同志一人入社，但不得滥收"。

振武学社的迅速发展，引起了官方的警惕，特别是新军 41 标为怀疑重点。于是黎元洪通过反动军队官施化龙探听到军中秘密组织的一些消息，便下令搜查军营，振武学社章程文件有三次被查抄出来，送至协司令部，黎元洪看后，见都是一些"研究学识""讲求武学"之类的语言，这些语言也正是他平日对士兵提出的要求，这样才没大动干戈。但是，为了安全起见，黎元洪将41标一营左队队官潘康时撤了职，改任施化龙担任。施化龙上任后，对本队进行了地毯式搜查，并派人暗中盯梢几位重点人物，结果，振武学社的主要骨干杨王鹏、李抱良、钟卓斌的身份也浮出水面。此情报交给了黎元洪，黎元洪为了不给自己脸上抹黑，也无须呈报上级，自作主张地将上述三人开除了事。

杨王鹏、李抱良是振武学社的主要领导人，他们被迫离开，对振武学社来说是十分沉重的打击。他们离开军营后，潜居在阅马场附近的文昌阁。经过一个月的观察和思考，加之久留此处会再次引起敌人的注意，对革命事业不利，杨王鹏与李抱良商议，将振武学社的党务领导工作全权托付给了蒋翊武，李抱良经手的文书兼庶务工作，交给邹毓琳接管。之后，杨王鹏、钟倬宾回了湖南，李抱良去了广东。

第五章

首义智囊

文学社评议部部长

战斗号角《大江报》

联合共进会

谋划起义

一、文学社评议部部长

蒋翊武接管振武学社之后，并没有急于开展大规模的行动，而是采取了以静制动的办法，给敌人造成一个错觉：振武学社为首的该开除的已经开除了，该离队的已经离队了，在群龙无首的情况下也没有什么作为了。但这种低调的行事方式，是振武学社那些热血男儿难以忍受的。于是，各标营代表找到蒋翊武，责问为什么没有采取相应措施。蒋翊武耐心地对他们说："此时风声仍紧，望各同志忍耐，不可轻躁，否则徒坏事，无益也。"

时间到了年底，新的一年即将来临，蒋翊武约请詹大悲、刘复基、章裕昆等人在阅马场的"集贤酒馆"聚会，商讨革命团体的建设事宜，大家一致同意将振武学社改名为"文学社"，并委托詹大悲起草文学社章程。

1911年1月30日，是农历的新年，各路同志以新年团拜名义作蛇山之游，然后聚集在黄鹤楼之侧的奥略楼三楼，召开了文学社的成立大会。到会者除蒋翊武、詹大悲、刘复基、章裕昆、邹毓琳、孙长福外，各标代表分别是31标江光国、32标单道康、炮八标李慕尧、41标廖湘芸、42标祝制六等。大会由蒋翊武主持，他阐述了将振武学社改名为文学社的原因，并宣讲了《章程》，与会者均表示同意。然后，蒋翊武提议选举社长、部长、代表、议员。章裕昆发言，认为目前规模有限，建议暂时不设副社长；至于各标代表，既然是振武学社的延续，无须改选。大家都表示赞成。最后，会议一致推举蒋翊武为社长，詹大悲为文书部部长，刘复基为评议部部长，蔡大辅为书记，王守愚为会计。

附：《文学社章程》

一、名称

本社以联合同志研究文学，故名曰文学社。

二、组织

本社设社长一人，副社长一人，文书部长一人，评议部长一人，均由社员推举之。

甲、文书部：（1）文书四人。（2）会计一人。（3）庶务一人。

乙、评议部：（1）评议员若干人。（2）纠察员若干人。

三、职责

社长管理本社一切事项，督同社员发展本社社务。副社长协助社长发展社务，如社长有故他往时，副社长得代行社长职权。文书部长管理本社一切文件、册籍保管事项，会计、庶务等属之。评议部长专司指导本社社员研究学识，纠正错误。文书协助文书部长办理本社一切文件，保管册籍等事项，会计专司本社捐款收入、支出、保管事项。庶务专司关于本社一切事务事项。评议员协同评议部长专司指导本社社员研究学识之责。纠察员专司联络本社社员感情及纠正社员错误。标代表管理全标一切进行事宜。营、队代表亦如之。

四、经济

本社社员缴入社金一元，每月按月薪缴纳月捐十分之一。各队由队代表收集，于放饷二日内送交营代表；营代表于放饷三日内收集送交标代表；标代表五日内集全标捐款送本社会计点收，存放银行。开会时，会计须将簿折交会审查。

五、入社

凡愿为本社社员者，须得本社社员三人以上之介绍，经本社派员调查，认为与本社宗旨相合者，方得为本社社员。

六、附则

本章程如有未尽之处，得临时更改之。

文学社"表面上是说为士兵研究文学，其实是避清吏耳目的革命团体"，其目的在于"推翻清朝专制，反对康、梁的保皇政策，拥护孙文的革命主张"。文学社成立后，刘复基视社务工作为己任，"日夜筹度，不遗余力"。在党人中的威望愈来愈高。有一日，刘复基至马队，章裕昆介绍会晤各位同志，谈及社务发展，大家"以各营实况倾吐无余"。因此，文学社发展极快，"一月之间，加入社员达四百余人"。

3月15日，文学社在黄土坡招鹤楼召开第一次代表大会，补选王宪章为副社长。根据各标营代表的提议，决定将《大江报》免费送各营队一份，各标营并设通讯员。在这次代表大会上，章裕昆提出了一个动议：鉴于组织发展迅速，"入社捐"和社员"月捐"的收入已经使文学社的经费比较充足，建议取消社员"月捐"和"入社捐"。立马遭到刘复基的反对，他认为，作为革命的组织，要开展革命的活动，必须储备相当充足的活动经费，在目前条件下，"入社捐"和"月捐"是积累经费的最主要途径，一旦取消，对于革命事业的发展恐为不利。

然而，经过反复讨论，大家最后同意了章裕昆的建议。

章裕昆在回忆中盛赞自己的主见，认为取消"入社捐"和"月捐"，是文学社组织迅猛发展的主要原因，"嗣后，各营同志入社者，更形踊跃"。

不久，黄兴在广州发动的"三·二九"起义失败，革命党人一时心灰意冷，而清廷亦如惊弓之鸟，惶惶不可终日，各省疆吏如临大敌，密令官兵严加防范，尤其两湖地区防范更严，武汉三镇遍是恐怖气氛。形势急转直下，对文学社的活动非常不利，每周一次的例会"亦难召开"，领导机关的决策也不能及时传达下去。对此突变形势，刘复基则采取沉着、冷静的态度，竭尽全力地开展工作。为了不使社员"咸失联络"，他冒险"请假出营，蛰居阅马场之文昌阁，每日往各营通问，借谂内外消息"。使"诸同志得以明了近日情况，精神愈坚，力量日见充实"。时仅数月，文学社"声势几达湖北各军，其发展之速，初非意料所及"。

据历史当事人回忆，刘复基为了出营，在一次站岗执勤中，等到长官经过时，故意让藏在军帽里的假辫掉了下来。待长官训斥的时候，他不仅没有检讨，反而与长官顶撞，最后招致开除。他的这一举动与1904年参与华兴会起义时自动退学如出一辙，体现了他追求真理、矢志革命的崇高理想，以及不计个人安危、敢作敢为的英雄主义气概。

为了扩大革命阵线，他还经常深入到新绅士层中去作宣传联系工作，"凡具有资望而非绝对反革命者"，他俱"多往谒之"。有一次，他通过党人李廉方介绍，还往谒湖北咨议局长汤化龙，后来武昌起义时，以汤化龙为首的立宪派人士之所以能很快地顺从革命，其原因虽然很多，但与刘复基等革命党人的早期联系也是分不开的。

随着武汉三镇风波稍平，5月10日，刘复基在黄土坡同兴酒楼主持召开了文学社代表会议，与会者除原有代表外，又新增加了马队代表黄维汉。会上，首先由刘复基"报告本社近状"，并着重介绍了"他与共进会已经取得联络，武学、益智、神州各学社都愿并入文学社"。他的工作得到与会者的一致赞扬。接着，他又在会上提出"因文学社范围扩大，有专设机关办公的必要"，"并提议觅一适当地点设机关部"，大家听后极表赞成，于是决定赁小朝街85号张廷辅寓楼上做总机关，由"刘尧澂、王守愚、蔡大辅驻社办公，并增设总务部，推张廷辅为部长"。

会后，刘复基率王守愚、蔡大辅等寓居小朝街85号总机部，专事文学社的领导和线织工作。他们三个，一个是文学社评议部的部长，一个是评议部的会计，一个是评议部的书记，同时进驻机关部办公，可见当时刘复基所领导的评议部在整个文学社中的地位和作用。难怪革命党人后来都称刘复基为"智囊"人物、"关键"人物。在此期间，他非常重视机关喉舌《大江报》的宣传，他将公开的革命舆论与秘密的组织发展紧密结合起来，使之更有力地运动新军发展革命力量。刘复基在处理繁重社务的同时，还经常为报社撰文，"凡军中，有克扣军饷，不合舆情之处，无不尽情暴露"，因而"军中官长畏报如虎，恨报刺骨，而士兵同志乃信仰益深，志向益坚"。由于《大江报》深得人心，社务活动开展得力，参加文学社的同志愈来愈多，截至6月，文学社从八百多人，很快发展到三千余人，"特别是陆军中学堂'特殊组'一分社，参加者最踊跃，几占全部"。"竟将政府之军队，于不知不觉中，尽变为吾党之势力"。

二、战斗号角《大江报》

武昌首义的成功，除了以孙中山为核心的中国同盟会的革命影响之外，与湖北革命党人长期艰苦卓绝的地下斗争分不开的，还与革命党人主办的一份报纸宣传分不开，那就是被称作武昌首义战斗号角的《大江报》。而且，这份报纸与刘复基曾经经营的《商务报》有着内在的联系。

原来，《商务报》因革命党人殴打杨度事件之后被迫停刊，詹大悲利用黄梅县人胡为霖提供的资金于1911年1月3日重组革命舆论机关《大江白话报》，实为《汉口商务报》的续刊。该报日出一大张，馆设汉口新马路52号。胡为霖为经理，詹大悲、何海鸣分任正副总编辑。馆内工作人员从编辑到校对，都是《商务报》的旧部。以"灌输国民常识、提倡社会真理为宗旨"，鼓吹革命。

《大江白话报》聚集了许多革命的爱国志士。当时上海《时报》有文称："《大江报》馆总理、主笔、校对、会计诸人均皆剪发，与别报馆人不同，今春有人密禀，谓该报同人形迹可疑……"

当年，四川、湖北、湖南等地爆发了声势浩大的"保路运动"，《大江白话报》旗帜鲜明地支持两湖地区的保路运动。它发表多篇时评，对主张把路权"收归国有"的邮传部尚书盛宣怀和奉派接收"商办"铁路的督办端方以及参与出卖路权的洋务人员郑孝胥等，都进行了入木三分的讽刺。《大江白话报》还"鼓动社会，团结抵抗"，号召民众进行斗争，为后来的武昌起义进行了舆论准备。1909 年 4 月 5 日，革命志士温生才在广州刺杀清将孚琦，温亦英勇就义。此事虽已过两年，但《大江白话报》仍对此事进行连续报道，并发表温生才的文章，歌颂他的"叛逆"行动。《大江白话报》还通过调查采访，无情揭露清朝地方官员勾结帝国主义的行径。湖北藩司余诚格曾命"度支公所"以高息从"洋人处"秘密借得五十万元，作为镇压革命的经费。《大江白话报》设法觅得借款合同的副本，全文在报上披露。令余诚格狼狈不堪。

《大江白话报》每天都有社评对社会时政进行评议。1911 年 1 月 21 日，汉口发生英国巡捕无故打死车夫吴一狗的事件，引起公愤。次日，汉口人力车工人千余，在汉口英租界巡捕房门前向英方提出抗议，英军竟对抗议群众开枪，当场伤亡数十人。清政府为虎作伥，竟也出动新军对抗议群众进行镇压，贴出告示云："有不散者，格杀勿论。"并通电全国各地报刊均不得报道评论此事。然而，《大江白话报》却毫不犹豫地站在武汉人民一方，以头号字标题在显著位置上报道了这个消息，并配发了《洋大人为何在汉口打死吴一狗》的评论，强烈谴责英帝国主义的血腥罪行，同时也无情地揭露清政府的无耻奴才行径，抨击武汉当局"外人这样虐待我们，与当局的腐朽是分不开的"。后清政府在英方压力之下，宣布"吴尸并无致命伤痕"，企图为行凶者开脱，并威胁《大江白话报》"勿言车夫有丝毫伤痕"。《大江白话报》毫不畏惧，仍然如实报道，并且将清朝司法机关对报社进行威胁的经过公之于众。这一事件，在社会上引起了巨大反响。

《大江白话报》这种毫无顾忌的披露和抨击，使广大民众了解了真相，鞭挞了洋人和官府，大快人心，得到社会普遍赞誉，但同时也引起办报者家属的极度恐慌。经理胡为霖的父亲担心事态扩大，危及儿子的性命，春节以后，他急召胡为霖回家，致使该报失去经济来源，陷于停顿。

文学社成立后不久，刘复基建议蒋翊武接管这张报纸，使之成为文学社的机关报。他以两年前说服李抱良的办法说服了蒋翊武，从文学社的经费中，拿出 3000 元交给詹大悲，接办《大江白话报》，更名为《大江报》。詹大悲任经理兼主编，何海鸣任副主编。其余工作人员基本上留用原来的班子。办报宗旨是"提倡人道主义，发明'种族思想'，鼓吹推翻清罪恶政府"。可见，该报已经完全成为宣传反帝反封建爱国主张的舆论阵地。

《大江报》作为以新军为基础的文学社的机关报，在新军中的宣传鼓动工作卓有成效。文学社在新军中宣传革命时，摒弃发动上层官吏的做法，把重点放在基层官兵身上，《大江报》的主要读者对象就是这些人。它站在新军下级官兵的立场上，反映他们的疾苦和困难。刊载了大量反映军中官吏虐待士兵、贪污腐化的报道。如长官"视兵士如奴隶，动辄以鞭挞从事"，镇统"吞蚀军款百万有奇"，标统、协统"花天酒地，广置姬妾"等等。这些都是广大下级官兵所渴望听到的声音，自然受到他们的欢迎。士兵们因此把《大江报》当作自己人的报。有什么问题都向报社反映商量。"每日到报社的士兵同志，户限为穿"。而《大江报》也是"关于军中各种事实，一经投稿必即登载"。故《大江报》"益得军士欢，而军人遂无不乐入革命党者"。正是这种密切的互动，《大江报》与新军读者建立了深厚的感情。当报社经济发生困难时，官兵纷纷为之捐款。《大江报》尤其鼓励新军中的文学社社员为报纸写稿。文学社曾在第一次代表大会上决议："社员采访之新闻及其议论，务请《大江报》尽量登载。"《大江报》在湖北新军各个基层单位都设有分销处，并对各营队免费送报一份。新军官兵也多踊跃集资订阅。后"大江报案"发生后，许多新军官兵在被封的报社门口张贴了他们所写的慰问纸条和哭吊短文。

《大江报》所处的历史时期，正是革命风暴山雨欲来，昏庸无能的清政府苟延残喘，即将走向灭亡的时期，当局已不能对言论加以严厉的控制，社会上有一定的言论自由度，因此《大江报》得以发挥它的宣传鼓动作用。在《大江报》的影响下，许多新军官兵都接受了民主革命思想，愿意与它"共图革命"。在它的鼓动下，文学社的新军中发展迅速，到武昌起义前夕，湖北新军一万五千多名士兵中已有三分之一加入了各种革命团体，他们后来都成了武昌起义的参与者。

三、联合共进会

正当文学社在新军中迅速发展组织的同时，湖北革命党人中的另一团体共进会，也由发展会党转而着重运动新军。早在1908年，东京共进会即派人来湖北活动，在武汉设立了共进会分会秘密机关，以鄂籍留日学生为主体，联络会党，企图立即发动起义。由于会党组织涣散，力量不受约束，起义计划难以实现，活动停顿下来。1910年下半年，共进会在武汉重新活动起来，这次他们除了联络会党、吸收学界人士参加外，也重视在新军中做策反工作，对一些原参加过日知会、群治学社、振武学社以及文学社的党人中，开展组织发展工作，以致相互摩擦。这种交叉发展党员的现象，两个组织的领导人也早有所闻，只是一时找不到解决的方法，双方均有所戒备。共进会首领刘公、孙武等人，多系出国留学生，自恃见多识广，经费充足，认为文学社纯系军人组成，"脑筋简单，缺乏革命性"；文学社的首领蒋翊武等，则担心孙武等"出了洋的人，是不好惹，我们一定会上他们的当"，对联合心存疑虑。

作为文学社的机关领导人刘复基，洞悉这一问题的严重性，他认为长此下去，不仅分散了革命力量，而且也容易暴露目标，因此他没有囿于为本团体比力量、争地位的狭隘小圈子里，而是从革命大局出发，极力维护革命内部的团结和统一，力主两革命团体同舟共济，一致对敌。据当时驻扎在坛角的辎重营营代表李鹏升回忆说："刘复基时常来营与我接洽，每每提及文学社与共进会各分社、会，实属不妥，大家宗旨相同，何不联合一体，谋收实效。"其实，加强革命团体之间的联合是刘复基的一贯主张，早在群治学社时期，就曾谋求过"群治学社与共进会建立联盟关系"，只是当时两团体各自力量比较弱小，起义条件尚不成熟，联合要求也不迫切。但现在两团体力量已非昔比，武昌起义指日可待，两团体的联合已显得非常重要，因而，在此期间，他便将促进两团体的联合工作摆在自己的重要日程上来。

在马队同志尚未加入文学社之时，共进会、文学社都希望该队同志参加自己的组织，两团体开会都邀请他们参加。于是，马队同志派章裕昆、黄维汉二人为代表"往两处查看，斟酌加入何者为适宜。他俩先到共进会，孙武取出愿书（即志愿书——引者注）要他们填写"。"结果黄（维汉）填写了愿书。随后又往文学社开会，会后回归队召集同志们讨论。同志们都认为黄维汉不该不经大家同意就自个填写愿书，决议由黄去信申明取消"，随后马队同志正式加入了文学社。对此，两派意见很大，虽经共进会谋士陈孝芬与文学社干部章裕昆反复交涉，都无法解决。"一日刘复基至马队，同志们以此事相告，刘曰：'现在时局逐渐紧张，吾人正宜与共进会结合，黾勉同心，以厚革命势力，下次开会，可提出讨论，但勿与外人道也。"正因有刘复基出面调停，才没使两团体的矛盾继续扩大。

刘复基不仅重视解决团体之间的矛盾，对于各团体内部出现的问题，也常出面调停。比如，熊秉坤任工程营共进会代表时，发展同志达百余人之多，成绩显著，"同志中有名雷振声者，颇忌熊秉坤，时相龃龉，熊惧"，不敢放手工作，后经刘复基和共进会干部杨玉如出面调解，"嘱其分道扬镳，各不相犯"，熊秉坤才大胆领导，两会联合之后成为该营的总代表，对武昌首义的爆发和胜利做出了巨大贡献。

1911年5月3日，共进会湖北、湖南两省的骨干召开紧急会议，讨论革命方略，决定在两湖采取主动行动，并决定："文学社革命团体与本会宗旨是一致的，我们向来认为是友党，宜将本会议决事项争取文学社同志赞助。务期同舟共济，严防两败俱伤。"文学社与共进会，都是革命团体，它们的联合无疑对湖北革命事业的发展是有益而无害的。随即，两会代表进行了第一次接触。

5月11日，蒋翊武派刘复基、王守愚、蔡大辅代表文学社正式与共进会进行接触。对方代表有杨玉如、杨时杰、李春萱，会谈地点是长湖西街8号文学社社员龚霞初的寓所。他们因初次接触，彼此都存几分客气。首先就武昌革命的方略交换意见，双方的观点没有太大分歧。然后，就当前最迫切需要解决的党员交叉问题达成协议："拟令各标营两团体的代表极力避免摩擦，万不可互争党员，只要是受了运动的同志，都是革命党员，不必分某社某会的畛域。双方均表赞同，决定即日施行。"

两个组织的第一次接触，可以说是愉快而富有成效的，但双方都回避了一个棘手的问题，那就是领导权问题。"共进会本拟谈合并问题。但杨（时杰）、李（春萱）并未提出，以两团各有历史，各有组织；尤其领袖人选不易解决。"这个问题必须由双方领导人出面交涉，结果，双方领导人谈了个不欢而散。

在前次谈判的基础上，蒋翊武在刘复基的陪同下，于这年的5、6月间，前往汉口主动拜访孙武，与共进会的邓玉麟、高尚志、杨玉如等人会谈合并事宜。这次会谈发生了严重的争执，焦点是谁来领导的问题。蒋翊武说："现在文学社在军营中发展的力量很大。我们合作后，少数应该服从多数，我们是可以成为主体的。"孙武说："我们共进会是同盟会的系统，直属东京本部领导，与各省都有联络。在本省的同志很多，单说军队，共进会成立在群治学社之先，黄申芗、林兆栋等，以陆军特别学堂为基础，向部队中发展，黄、林日下虽然离开军队，但大部分同志，还在进行革命工作，据初步估计：人数超过文学社，我们联合后，共进会当然居于领导地位。"这次会谈时间不长，因为双方距离太远，只好无果而终。

谈判虽有分歧，但"蒋翊武始终坚持殊途同归主张"，并继续加强文学社的内部建设。1911年6月1日是传统的端午节，文学社借部队放假休息的机会在机关总部召开了代表会议。会议增选王文锦、罗良骏为评议员，助理社中事务；推举刘复基为联络员，负责与武汉其他革命组织的联系；针对第42标代表祝制六提出辞呈，改由胡玉珍接任，并决定在江北建立文学社阳夏支部，胡玉珍任支部长，支部设在汉口郑兆兰寓所。

这样，联合共进会的任务就落到了刘复基的身上。

6月14日，刘复基、王守愚与共进会代表邓玉麟、杨时杰、杨玉如、李作栋等再次在龚霞初家中会谈合并事宜。会上决定：由刘复基、邓玉麟负责研究具体办法。会后，他们两人商议，合并后的领导可以由双方共同担任。

正当两派联合事宜稍见眉目的时候，川、鄂保路风潮又重新高涨起来。文学社机关报《大江报》为配合保路斗争，先后刊登了《亡国者和平也》和《大乱者，救中国之妙药也》两篇战斗檄文，引起了湖北当局的恐慌，即于8月1日将核报查封，正副主编詹大悲、何海鸣相继被捕下狱。此案发生后，"外间空气顿形紧张"。为了稳住革命阵脚，刘复基只得"星驰各营报告情况，并嘱各同志慎重，说：'现在各标营本社同志已达五千余人，陆军中学本社同志亦不少，并有席正铭、雷洪为正副代表，唯辎重第八营驻督署及镇司令部，不便前往活动，余均树立本社势力。且与共进会联络，已获端倪，正筹商大举，为期或不远。本月例会，鉴于外间空气，势将停开，望诸同志加倍慎重，勿泄露消息，静候时机之至。对非社员之态度，务宜温和，使感情融洽，万勿树敌，此于本社前途关系重大，各同志之特别注意焉！"

8月底，保路运动进入高潮，尤其是四川闹得满天风云，清廷慌了手脚，即派端方率湖北新军31标及32标一营赴川弹压。不久湖广总督瑞澂又从各地密报中，得悉驻汉新军中各标营士兵多受革命党人影响，恐集中武汉出事，于是决定将29标三营，41标一营、三营和马队八标三营，分别调往郧阳、宜昌、岳州和襄阳等地，并限令于9月12日前准备完毕，整装待发，作为新军41标三营的一员，文学社社长蒋翊武当然也要随部赴防湖南岳州。

为了应付这一突变形势，文学社于1911年9月12日在小朝街85号机关部主持召开了紧急代表大会议。会议由蒋翊武主持，刘复基首先报告了联合共进会准备大举的情况，接着针对湖北当局肢解武汉新军中革命力量的突变情势做了具体布置。他认为："队伍纷纷他调，本社认为是巨大的损失，须设补救，但望各同志努力奋斗，以期突破比严重危局。"随之他又正确分析了党人分散的得失，他说："一旦武汉起义，分驻各处同志，以迅速响应，其效更大。"紧接着，针对情况作出了新的部署；"现41标一营开宜昌，由唐牺支同志负责设法与已出防四川之31标曹子清、胡冠六及32标叶正中联络，谋占宜昌；马队八标三营由黄维汉、章裕昆诸同志负责，与开郧阳之29标三营联络，届时响应；至马队八标一、二两营尚留省城，则请熊楚斌、黄冠群、文东明三同志负责。如此间计划确定，即派人往各处通告。又41标三营左队出防岳州，蒋翊武势必随往，蒋同志对本社所负任务应如何取理，请诸同志拟定办法。"对此，与会人员一致表示由刘复基和副社长王宪章共同担负文学社的主要领导职责，蒋翊武给予认可。

武昌雄楚楼 10 号旧址

　　经过与王宪章交换意见，两人达成共识：只要有利于革命力量的联合，在必要的情况下，他们都可以放弃领导职务。这一天，应当是蒋翊武随队开赴岳州的日子，他不得不向长官告假两天，参加了对于两党联合来说至关重要的会议。

　　在以刘复基为首的革命党人的苦心斡旋下，终于使两团体达成了协议，实现了大联合。1911 年 9 月 14 日，文学社、共进会两团体的代表集中在雄楚楼 10 号刘公、杨玉如寓所召开了联席会议，这也是一次军事会议，会议由刘公主持。孙武首先发言："我们湖北革命已有七年历史，尤其最近三四年间，完全是由我们文学社、共进会两团体担负这个重要任务。……武昌革命是文学社与共进会双方的事，如果一方动手，彼一方仍袖手；反之，如果彼一方动手，此一方袖手，都是不能成功的。所以，今天召集我们两团体负责同志会商，这是紧急关头，希望切实讨论。"

接着，刘复基发言：“尧卿（孙武字——引者注）兄弟的报告很坦白，本人极表同情。武昌革命本是共进社会与文学社会两团体的事。我们俩团体向来是合作的，不过以前的合作是消极的合作，现在我们要积极的合作了。我们已到'箭在弦上，不得不发'的时候了。本人建议：我们既到了与清廷拼命的生死关头，应该把以前双方团体名义，如文学社、共进会等，一律暂时搁置不用。大家以武昌革命党的身份和清廷拼个死活。'事成则卿，不成则烹'就在这个时候，我们全体同志要群策群力，冒险以赴，一切都不需顾虑了。”

刘复基的这番讲话，是事前与蒋翊武商议过的，他的发言既有实质性建议，又有革命的感召力，很快在与会者中产生了共鸣。

共进会会长刘公随即表示：“尧卿、尧澂两同志的建议，本人极表同情。现在是我们和满洲'胡虏'搏斗的时候，首先要把我们的战斗阵线统一起来。我们都是湖北的革命党人，都是以一定要推倒清朝政府为目的，有敌无我，有我无敌。我们革命是整个的，以前所有某社某会名义，今天是总结束的时候了，可以说，已经成为一个历史上的名词了，这点极为重要。本人更有建议，不但团体界线化除，就是从前所预拟的个人负责名义，也是过时无效的东西，都应一概废除，重新改选。如本人在东京共进会时蒙大家预推为湖北都督、刘英为副都督，今刘英不在此地，我不能代表他；本人的都督名义，今天我当众位同志面前，决定取消。我自量不才，万不能胜任起义时的领导责任。”

蒋翊武也起立发言：“仲文（刘公字——引者注）和孙、刘两同志的建议，都是切合实际、极其可贵的，本人深表同情。我是文学社的社长，现在团体界线既已化除，本人正社长名义，愿即时取消，以党人资格同大家共同努力！”

王宪章也发言：“我和蒋同志的态度是一致的，我文学社副社长名义，亦愿立即取消，两个团体合并为一，一切重要事情，都应取决于会议。"

杨玉如也接着说："从今天起废除了团体名义，我们湖北革命阵营的力量，才是真正统一了；统一以后，必须推举一人负责总司令或主帅的责任，以免群龙无首，临敌慌张。"

然而，在新的领导人选问题上，蒋翊武、刘公、孙武、居正等人互相谦让，不肯担任。最后，居正建议："大家都这样谦让，不争权力，这是好事；但事权仍须统一，组织要有重心，建议请同盟会领袖黄兴、宋教仁、谭人凤来武汉主持，名义待他们来后再定。"这个提议得到了全体的同意，决定派居正、杨玉如赴上海，邀请黄、宋等即刻来汉，以便大举；并携款1000元，在上海购买手枪，以备起义时使用。

至此，湖北新军中最大的两个革命组织终于实现了联合，为武昌起义的爆发做好了组织上和军事上的准备。在这个过程中，刘复基做出了不可磨灭的贡献。历史当事人李作栋（春萱）曾经评价道："当时孙武是参谋长，实际上邓玉麟等于是孙的参谋长，刘复基又等于是邓的参谋长。"

四、谋划起义

湖北新军总计一镇一协，即第八镇、第21混成协，共辖步兵6协，并配有炮、马、工程、辎重等部队，合计12000人。武昌起义前夕，随着革命形势的迅猛发展，清廷的中央和地方政府都有一种不祥的预感，为了防范"暴乱"，先后采取了一些应变措施。湖广总督瑞澂担心新军之中多革命党人，集聚在武汉一地，容易形成合力，不如将其分散瓦解，决定把"不稳"的新军分调各处，这样，既能分散革命力量，又能震慑地方。这个分兵的计划在闰六月就开始实施了。恰在此时，钦差大臣端方奉朝廷之命前往四川平息保路运动，向湖北借兵一标又两营的兵力入川。另外还有三标多的兵力驻省城以外的其他地方，结果，留在省城的只有新军总兵力的三分之一，约4000人。

可见，革命形势进一步朝有利于起义军的方向发展，军事部署时不我待。

9月23日，文学社和共进会再次在雄楚楼10号刘公寓所共同集会。这时，蒋翊武已经随第41标第三营赴岳州驻防，刘复基作为文学社的全权代表出席会议。共进会的与会代表是孙武、邓玉麟、杨玉如、李作栋等。会上，刘复基、邓玉麟共同提出以蒋翊武为军事总指挥，专管军事；孙武为军政部长，专管军事行政；刘公任总理，专管民政。"关于全体重大事件，由三人集合大家共同商决处理。"还确定了军事筹备员、军事计划起草员、参议、侦查、交通、传令等的人选。

这是一个为了武装起义成立的一个领导集体，核心是蒋翊武、孙武和刘公三人。而在权力分配上，则实行了相互牵制：蒋翊武居于总指挥的最高位置，但在军事和民政方面分别还受到孙武、刘公的制约。在当时条件下，同盟会的黄兴、宋教仁等人不能及时赶到，而武汉的革命形势发展迅猛，革命党人不得不为武装起义准备自己的领导力量，便形成了这样一个折中方案。参加会议的李作栋事后指出："这样划分，职权极不明确，究竟谁指挥谁，也未加以规定。不过当时只有这样划分，才能使三人的矛盾得到统一；事实上三人从此形成了各不相上下的恶劣局面。所以，武昌首义成功后，三人明争暗斗，矛盾逐渐发展，才被立宪党人钻了空子，为黎元洪制造了机会。"

在领导人问题取得一致意见后，第二天（9月24日），文学社和共进会在武昌胭脂巷11号胡祖舜家召开了各部代表会议，双方的重要分子都参加了，陆续到会的有近一百人。会议由孙武主持，讨论军政府组成和武装起义计划问题。刘复基提出了讨论草案。

会议推举的军政府组成人员如下：

总理：刘公

总指挥：蒋翊武

参谋长：孙武

军务部：孙武（正长）、蒋翊武（副长）

参谋部：蔡济民（正长）、高尚志（副长）、徐达明（副长）

内务部：杨时杰（正长）、杨玉如（副长）

外交部：宋教仁（正长）、居正（副长）

理财部：李作栋（正长）、张振武（副长）

调查部：邓玉麟（正长）、彭楚藩（副长）、刘复基（副长）

交通部：丁立中（正长）、王炳楚（副长）

参谋：张廷辅、徐万年、杜武库、王宪章、吴醒汉、唐牺支、李济臣、黄元吉、王文锦、杨载雄、张斗枢、宋镇华等

秘书：谢石钦、邢伯谦、苏成章、蔡大辅、费榘等

军械：熊秉坤

司刑：潘善伯

司勋：牟鸿勋

司书：黄元斌、袁汉南、罗秉襄等

会计：梅宝玑、赵学诗等

庶务：刘玉堂、钟雨庭、李白贞、刘燮卿等

会议还推举刘公、孙武、居正、李亚东（狱中）、胡瑛（狱中）、李长龄、詹大悲（狱中）、刘复基、邢伯谦、牟鸿勋、查光佛、梅宝玑、何海鸣（狱中）、杨时杰、杨玉如、李作栋、蔡大辅、龚霞初、陈宏诰等人为政治筹备员。刘公、孙武、李作栋、潘善伯常驻驻汉口长清里98号办公。政治

筹备处的主要任务是制作起义时用的旗帜、印玺、文告等。

推举蒋翊武、刘复基、邓玉麟、蔡济民、彭楚藩、徐达明、杨宏胜、张廷辅、杜武库、黄驾白、蔡大辅、吴醒汉、王守愚、王宪章、李济臣、祝制六、张喆夫、黄元吉、胡祖舜、王文锦、罗良骏、陈磊、阎鸿飞、马骥云、陈孝芬、王华国、钱芸生、杨载雄、胡培才、萧国宝等为军事筹备员。刘复基、邓玉麟常驻武昌小朝街 85 号办公。军事筹备处的主要任务是制定武装起义计划。

这是一次重要的会议，会议从上午 10 时一直开到下午 2 时，共开了 4 个小时。其中，极为重要的是，代表们讨论和通过了刘复基起草的武装起义总计划。这个计划是根据武汉三镇地形和敌我双方力量配置的实际情况拟定的，经过大家讨论，最后形成了决定：

（一）混成协工程辎重两队总代表李鹏升首先纵火为号（以其营房位于草湖门外塘角旧恺字营，地临江岸，南北两岸及城内皆可望见）。同营混成协炮队总代表蔡鹏来率队响应。即以一支队由草湖门占领青山，迎击海军，由工辎两队分别派队掩护之。

（二）八镇工程营总代表熊秉坤担任占领中和门内楚望台军械所（因其营房位于楚望台附近）。右旗八镇步队第 29 标、30 标总代表蔡济民、杨宏胜等，测绘学堂总代表方兴等，率队响应，以与工程营回合于楚望台，协同进攻总督署。

（三）南湖八镇炮队第八标代表徐万年率炮队由中和门进城，攻击总督署。由附近八镇步队第 32 标代表陈子龙掩护之。

（四）南湖八镇马队第八标代表沙金海，及混成协马队代表陈孝芬则警戒于城外。

（五）八镇步队第 31 标代表江亚兰，及第 40 标留守步队代表廖湘芸会同占领蛇山，掩护炮队（因此两部同驻左旗营房与蛇山相接也）。

（六）汉口驻军混成协步队第42标之一部，由代表林翼支等，率队响应，进占武胜关。

（七）汉阳兵工厂驻军混成协步队第42标之一部，由代表祝制六、胡玉珍等率队响应，占领龟山炮台。

（八）宪兵队代表彭楚藩担任侦察官方，及各军队情况，随时报告于临时总司令部。邓玉麟、杨宏胜担任各部队之联络交通事宜。

会议的最后，孙武作了小结。他说："我们大家所通过的军政府组成人员，是要在占领武昌、成立军政府后才就职的。军事筹备员和政治筹备员，目前就要积极开展工作。发动日期，大家希望在富有革命意义的八月十五日这一天，如决定可以动手，我们临时一定会有通知，请大家目前务必谨守秘密。"

这里说的"八月十五日"，是指农历的中秋节，也就是公历10月6日。

第六章

血祭共和

化解危机

意外再起

英勇就义

一、化解危机

就在两个革命团体精心筹划武装起义的同一天，一个突发事件几乎打乱了起义的全盘计划。

9月23日晚间，炮队第八标第三营左队的革命党人孟华臣、霍殿臣、赵楚屏、张肇勋等人按照军队中的老习惯，为该队即将退伍的何天成、王天保等四人置酒饯行。当他们正在行令劝酒、笑语喧哗时，值日官排长刘步云前来制止，被王天保乘酒性恶言辱斥一顿，刘排长见其人多，佯作未闻离开，后来刘排长将此事告知队官（连长——引者注）宁鸿钧和管带（营长——引者注）杨起凤。排长领着队官来到营房，将王天保、张秉勋罚跪、杖笞，故而引起士兵公愤，士兵们不服，进行抗辩。并由口角发展到动起武来。

第二天，该营管带杨起凤到营，急传何天成、王天保、张肇勋等到营部，以酗酒闹事、违抗长官命令为由，喊令跪下，重责军棍。何天成等人没有服从命令，并无所畏惧地与营长对干起来，由于情绪激动，他们还将营部玻璃门窗及什物捣毁。这样，事态越闹越大。

士兵们本来就充满革命情绪，都知道指挥机关正在筹划起义计划，大家随时都摩拳擦掌准备行动，这时更加怒不可遏，便鲁莽行事。以革命党人霍殿臣、赵楚屏为首，率弟兄们将大炮从营房拖出。无奈撞针已被拆卸，子弹库又关闭，仓库不得入内。

在部分热血男儿架炮闹事的时候，其他同志则认为总机关部尚未下达起义命令，这样做会影响全局，结果附和者少。而第二营营长姜明经则将此情急电第八镇司令部，请求就近飞调马队来弹压。孟华臣、霍殿臣等看到形势已经不利，便逃往城内，找到孙武、邓玉麟等，将情况做了详细的报告，强烈要求总部立即提前采取行动。

由于事发突然，大家毫无思想准备，对事态的发展也难以预料。"欲举兵，恐失败；欲勿举，将为清吏所乘，计不定"。

听了孟华臣的报告，孙武沉不住气了，主张立即起事，并要求通知各营准备。邓玉麟面对孙武强硬的态度，不好硬顶，又拿不出好主意，便举棋不定地提出：此时正值星期天，有不少同志已经外出，加上是白天，仓促发难比较困难。

正在这时，刘复基来了。他在这种复杂的处境面前，表现得非常冷静，分析了事情发展的几种可能性，最后指出："我的意见是请孟同志即刻回南湖，察看全营弟兄是否全部发动？如果已经发动，我们应当立即响应，不致令炮标牺牲；若反抗者仅一二棚（棚即班——引者注）弟兄，可告诉他们换上便装离开军营潜逃，以免牵动全局。等待我们预备齐全后举事，一定成功。我还料定，瑞澂懦夫决不会因为这个事件兴师动众。"

孟华臣按照刘复基的意见回到军营，看到卷入冲突的只有给老兵送行的一棚，就不再扩大。并密嘱为首闹事的霍殿臣暂时避走，其余一律回营。如果上级追查此事，就把责任推给霍殿臣一人。

第八镇统制张彪看到事情已经平息，又怕事态扩大，没有深究，只是以士兵"酗酒滋事"，开除霍殿臣等一二人了事。

南湖炮队事件虽然已经应付过去，但毕竟惊动了清方。"愤激闹事以后，外间即传说革命党将在农历八月十五日起事。风声所播，鄂中官吏颇为震惊，唯无法探知实情，只好故作镇静，其恐惧心理实日甚一日。""清吏虑中秋有变，特令各标营于10月5日提前举行中秋节，在营休息，不准外出，不准过量饮酒。10月6日特别戒严，派军队巡逻，如临大敌。"军队的兵器也多收置楚望台军械所，由工程营看守。

在这种情况下，刘复基认为如果按预定的日期举事，必遭失败，于是找孙武、刘公等人再次开会决定，将起义日期改在 10 月 9 日，并派李擎甫同志前往岳州，催促总指挥蒋翊武立刻回到武昌，主持军事；派谢远达等赴荆宜襄郧，通知各军如期响应。

据熊秉坤回忆：刘复基在起义的准备期间，他在留居武汉的革命党人中亲自"选徒手必死者（敢死队——引者注）六十名，佩以手枪、炸弹，为发难时之先锋队"。此外，他还派杨宏胜等人，将备制的炸弹分送各营，以备发难时急用。他自己则将亲手拟定的起义总行动计划和作战地图，直于筐内，准备随时启用。

二、意外再起

汉口长清里 98 号，原是共进会的总机关，两个团体合并之后便成为政治筹备员常驻的办公地点。由于筹备工作紧张，出入人员频繁，难免引起租界巡捕的注意，于是又改租俄租界宝善里 14 号的一栋空房子作为总机关。

10 月 9 日，是发动起义的日子。就在这天的下午，起义的各项准备已经就绪的时候，一件更加意外的事情又发生了。

这天中午，孙武正在三天前新设立的总机关宝善里 14 号配制炸弹。"此炸弹原系黄复生、喻培伦等前数年由日本携来，备以炸端方者。置长清里 98 号内，共计三个。每件能装五六磅炸药，装好后预备携至武昌炸制台衙门上房。因制台衙门左边围墙外系一大街，同志等在此租一铺面，预备由此处将三个炸弹携进内上房放炸。"大约下午三时，刘公的弟弟刘同进来，叼着纸烟，在旁观看配制炸弹。无意中一个火星落入配药的面盆内，立刻引起熊熊大火，烈焰带着浓烟直透窗外，邻居高呼火警。孙武面部和右手当即烧伤，李作栋等人用一件长衫罩在他的头上，匆忙逃离现场，叫了一辆黄包车，将他送到德国租界的同仁医院进行治疗。

俄租界的警察们闻讯赶来，在室内发现了革命党人所遗文件、名册、旗帜、炸药等什物，得知这里是革命党机关，就派警察继续监视。黄昏时，刘公忽然想起屋内还有重要物品不能落入警察之手，便派妻子李淑卿和弟弟刘同回去寻取。一进屋，他们就被俄国巡警逮了个正着，俄警将他们先关在巡捕房，随后引渡给清方的江汉道。

然而，汉口和武昌虽然是隔江相望，那时并没有桥梁可通，宝善里失事的消息，不可能很快传到武昌。

就在这天凌晨，接到总部同志通知的蒋翊武日夜兼程地赶回武昌主持起义大计。常驻指挥部的刘复基对蒋翊武的到来满心欢喜。

稍微寒暄一下后，蒋翊武首先问道："我到岳州多日，这里的情形很不清楚。现在本党势力究竟可否举事？"

刘复基说："近日的情形，非常危险。本党军队人数，十成约莫有了九成。若一举事，不但可以据武昌，得汉口，就是去打北京，也甚容易。"

蒋翊武又问："既是有了这样，倒也可以举事，但是前月派往上海的居正、杨玉如去与宋教仁办交涉的事，现在到底办好了没有呢？若是已经办好，我们便择日举事吧。"

刘复基回答道："杨玉如返汉，购枪未果，居正尚留沪，只是黄克强目前在香港，接得谭人凤的报告，对于湖北一方面很不放心，表示各省机关没有一气打通，湖北一省恐难做到，必须迟到九月初（农历），约同其他省同时起义才好。但是，在军队里的同志，听说要推迟几天，心里都不愿意，日日只向我催，要我打电报催你回来。"

蒋翊武听后，沉吟了半晌，才说："克强（黄兴）的心里很有把握。凡事从谨慎方面去做，自然百无一失。我们这里人数虽多，设若各省与俺反对，岂不是徒劳无功吗？克强既然叫我们推迟几天，我却也很赞成"。

但是，这样大的事情，必须与各标营代表商议才能决定。于是，蒋翊武立刻派人到步、马、工、辎、炮各营，把代表们请到总指挥部开会，讨论起义日期。不一会儿，代表们陆续到齐。蒋翊武先把黄兴建议推迟起义的意思，委婉地作了介绍，然后对大家说明自己刚回武汉，各方情况需要熟悉，因此也同意黄兴推迟起义的建议，希望大家等候消息。

午后不久，革命党人邢伯谦飞奔而来，一进门就慌慌张张地说："不好了，不好了，汉口的机关都已经失事了！"

蒋翊武先是一怔，惊讶地问道："怎么回事？"

邢伯谦便把孙武在汉口宝善里配制炸弹，以及巡捕房收查机关部的情况说了一遍。

听完情况汇报，蒋翊武不胜嗟叹，想到积数年努力，革命力量竟将毁于一旦，起义又要功败垂成。他瞪了半晌，才慢慢地说道："唉！万不料……"说着就哽住喉咙，不禁难过得滴下热泪。

刘复基，张廷辅、蔡大辅等人在旁，也不觉戚戚伤心。

过了一会儿，刘复基大声说道："事到如此，就不如一不做，二不休，决定就在今晚起事吧。"

蒋翊武也感到事态的紧迫："事急矣，宁我薄人，勿人薄我，其生死以之。"又说："我不杀贼，贼就杀我，此时不干，还等何时？只有提前干，或可死中求生。"

这时，邓玉麟也从汉口那边赶过来，到总指挥部寻求应急办法，听了蒋翊武的感想，说："好得很，就这样办。翊武，你是我们公推的总司令，就请你即刻下道命令，准于今夜起事。"

蒋翊武见大伙都是异口同声，断然地说："刚才我已经吩咐各标营准备，就下令今晚起义吧！"

刘复基便从一个匣子里拿出上次讨论过的作战计划和地图来，供他参考。蒋翊武阅后说："好！"遂以总司令名义，拟定了武昌起义的第一道作战命令（全文见《蒋翊武传》）。

起义命令拟就后，在场的同志誊写了二十余份，然后分头送出。蒋翊武、刘复基则坐镇指挥部，静候佳音。

三、英勇就义

起义的命令正在送达途中，而朝廷的军队也在加快"围剿"革命的行动。双方都在与时间赛跑，就看谁跑在前面。

宝善里失事后，俄国驻汉总领事奥斯特罗维尔霍夫即命巡捕房将所收查的物证和逮捕的人员移交清廷江汉关监督齐耀珊。瑞澂得报后，大为惊恐，一面向俄总领事"致函申谢"，一面下令紧闭城门，调集巡防营、守卫队、教练队巡查街巷，又命令荆襄水师加强江面巡防，以备不测。将李淑卿、刘同等押解武昌湖广总督督署，当即开庭审讯。

李淑卿虽女流之辈，并曾多次协助刘公从事革命的联络工作，在敌人的审讯面前，非常沉着冷静，"拒不吐实"。而刘公的弟弟刘同，一袭学生洋装，神态极不自然，官吏对他特别"关注"，稍加威逼，不等用刑，他就将自己所知道的汉口、武昌各地的革命机关，悉数招出。审讯官吏将刘同的口供禀报瑞澂，瑞澂且惊且喜，下令当夜进行搜捕。于是，小朝街85号、雄楚楼10号、胭脂巷11号、巡道领同兴学社、三道街数学研究所、巡司河陈子龙寓所，以及杨宏胜杂货店等处，均被列入清方军警的包围搜查之名单之中。

起义命令派人分送之后，蒋翊武旋即出机关赴蔡大辅寓所传达讯息。刘复基见诸同志俱已分途办事，独往长湖西街8号找龚霞初，稍谈片刻，即与龚一同出来，行不多远，遇到张延辅，三人交谈情况时，发现有人盯梢，刘、龚二人立即分途从小巷绕回总指挥部。对此，刘复基预感起义总指挥部随时都有遭受敌人破坏的危险，然而事已至此，命令已分送出去。总指挥部地址再也无法临时更改。

晚8时，刘复基听到外面来了唱"机器戏"（留声机——引者注）的，为了使总指挥部碰头的同志和楼下房东张延辅的岳父及妻子有一种安全感，他便将唱"机器戏"的请到楼下唱。不一会儿，潘公复来，刘复基与之述谈片刻后，忽然对潘说："我料此处万分危险，今晚将会发生意外，你无须在此呆等，可速往巡道岭学社，那里地区稍偏，比较安全，听见枪声再出外行动不迟。"潘说："我辈革命，若存畏避，但为继续革命计，必不可一块，让仇知敌一网打尽。"随之推潘下楼，潘始离去。少顷，蒋翊武、彭楚藩、邢伯谦、陈宏诰、牟鸿勋等陆续回到总指挥部，还有王宪章来而复去。此时，他们静坐在屋子里，谁也没有吭声，等待着关键人物邓玉麟的回信，他的任务是给起义总号令的南湖炮队送达命令。然而，墙上的挂钟一分一秒地运转，指挥部的人员焦急地等待，一直没有等到他的复命。

晚11时，第八镇统制张彪在"司令处查防，当有炮队退伍正目（班长——引者注）邓某驰报，有革党密居小朝街82号、85号、92号"。张彪立即禀报瑞澂，亲率巡防兵、督院卫兵数十人，直奔蒋翊武、刘复基所在的总指挥部小朝街85号。

接近子夜时分，楼下传来急促的敲门声，比打雷还要急。蒋翊武遂在楼上向外面大声喝问道："你们是做什么事来的？"

外面答道："是来会你们老爷的。"

蒋翊武一听不妙，就对众人道："事已至此，我们要沉着应敌，不要慌！大家准备炸弹。"说着，顺手在墙边拿出一颗炸弹，准备一人当先。

尚在少年时期，刘复基最崇尚屈原宁为玉碎勿为瓦全的精神，也崇敬戊戌六君子谭嗣同慷慨就义的英雄气概。此时，他认为蒋翊武总揽全局，价值更大，阻其前往，慨然道："让我来，你们只替我打接应。"说着也拿了两枚炸弹，直奔楼下，向破门而入的军警掷去。

只听得"哎哟"一阵叫喊，却不见炸弹在军警中爆炸。蒋翊武等在楼上又向下面投放了几枚投弹，结果也没有引起巨大的爆炸。

原来，这批炸弹是三天前送过来的，为了安全起见，有位同志把炸弹中的闩钉给抽了。而这时匆匆应战，炸弹来不及上栓，没有顶针，所以爆炸力很小。

军警见炸弹是假的，胆子大了，蜂拥而上，一把将刘复基捆着。楼上的同志见炸弹已经用光，又手无寸铁，寡不敌众，只得从瓦上逃逸。蒋翊武他们几个上了屋顶，见旁边有条巷子，便傍着墙跳了下去。然而，小朝街的周围早已布满了军警，蒋翊武等人刚从房上落地，埋伏在此的军警即刻围了上来。与蒋翊武一同被捕的有刘复基、彭楚藩、牟鸿勋、龚霞初，以及张廷辅的家人等，附近客栈和居民中一同被捕的还有几十人。

到了兰陵街警视厅，蒋翊武故作乡愚状，谎称系房东伙夫，佯问拘我做什么？因所捕之人甚多，该局警官只注意穿洋服和无辫者，而见他长袍短褂，像个乡里教书先生的样子，遍搜其身，又无一物，与所捕诸人不同，以为真是清朝的奴隶百姓，压根儿不像革命党，没有对他重点看守，就随便将其押在花园里的东花厅。蒋翊武趁那警官到前面去打电话，监视稍疏，便瞅准这个机会，一纵身，翻越花园的围墙，逃了出去。

刘复基、彭楚藩、杨宏胜、牟鸿勋、龚霞初等人当即被解押到督署候审。在被押往督署的路上，刘复基见军警把机关部的房东张廷辅夫人、她的父亲和一个用人也抓了起来，仰天喊道："天啊，天啊！"一同被捕的龚霞初说："尧澂啊，算了，算了，还有什么喊处呢?!"

五花大绑的刘复基一边被押着往前走，一边估摸着时间，发现超过12

点了，喊道："天啊！几点钟了？还没有到 12 点吗……"

没有任何人回答他，他只好紧闭着眼睛，在军警的簇拥下恨恨地往前走。

当天晚上，城内和草湖门外驻军中的革命党人，在接到命令后无不枕戈待旦，等待着南湖炮队的信号，准备闻声即起；被捕的同志也焦急地期望炮响得救。然而，南湖炮队的号令，一直没有按时打响。因此，到原定的午夜 12 时，炮队革命党人不能按时发炮，各营也不敢轻举妄动。当晚的起义计划就这样流产了。

武装起义没有如期举行，革命力量也没有遭到重大破坏，但却在当夜失去了三位重要的革命党人，那就是被捕的彭楚藩、刘复基、杨宏胜三人英勇就义。

彭楚藩（1884—1911），字任之、青云，湖北武昌（今鄂州）人。少年喜读诗书，受父亲彭愚村的影响较大，初步形成了"民族主义"思想。1906 年，投入湖北新军第 21 混成协炮队第 11 营左队当兵，加入日知会，与刘静庵等友善。日知会因响应萍浏醴起义事泄，刘静庵不幸被捕，彭楚藩涉嫌离营，他常不顾个人安危，服侍刘静庵于狱中。不久，他考充宪兵营学兵，升为正目，加入文学社和共进会，并出任两个革命团体的宪兵第八营总代表。1911 年 9 月 24 日，在联合大会上被推为起义后军政府调查部副部长及起义军事筹备员。在军警戒备森严的情况下，他利用宪兵身份，通信联络，策动革命。

杨宏胜（1875—1911），亦作洪胜，字益三，湖北谷城人。幼年随舅父学铁匠，曾在南河白鹤观渡口为艄公。1903 年投入巡防营当兵，后选入湖北新军第八镇第 15 协第 30 标，由列兵升为正目。1911 年先后加入共进会和文学社。随着革命形势的迅速发展，需要有同志在外专事联络。杨宏胜退伍出营，在武昌右旗后营门外开了一个小杂货店，作为联络机关，兼输送军火。10 月 9 日，他奉命从胭脂巷胡祖舜寓所的炸弹用人力车全部运

彭楚藩

到他的小杂货店，然后再运到工程营。下午五时第一次运送时，正当熊秉坤这一棚任门卫，顺利交接后，杨宏胜对熊秉坤说：稍晚我再送些炸弹来。七时许，他如约而来，不料门卫换人，遭到盘诘。在向追兵投掷炸弹时受伤，并当场被捕。

湖广总督瑞澂，见捕获多人，大为震惊，连夜组织军法会审。以参议官铁忠为主审，武昌知府双寿和督署文案陈树屏为陪审，瑞澂坐在签押房内指挥一切。

首先被提审的是彭楚藩。

铁忠见彭楚藩身着宪兵服，想到宪兵营管带果兴阿是自己的妹夫，宪兵营出了革命党，不仅连累了果兴阿，自己也不好看，便有意开脱。对彭楚藩说："你是宪兵，何得在此，是去捉拿革命党的吧？"

没想到，彭楚藩并不领情，大声宣称："我就是革命党！我就是要为祖宗报仇的，除了"满奴"汉奸，都是革命党，你们杀也杀不完！"

铁忠语塞，无可奈何地向坐镇旁屋监审的瑞澂禀报，判以斩刑。

第二个被提审的是刘复基。他一进入会审公堂，就高声表白："要杀便杀，何必多问?!"

双寿问刘复基："你们到底有多少党羽？"

刘复基："四万万。"

双寿又问："头子是谁？是不是蒋翊武？"

刘复基："不是。"

又问："他在哪儿？"

答："不知道。"

陈树屏也插嘴道："刘复基！这是性命攸关的事情啦！你好好照直供！到底蒋翊武在哪里？如果把他捉来，就不会杀你，多么好。"

刘复基说："革命是不怕死的，要杀就杀，你们何必东问西问。"

主审官铁忠大怒道："这也不是个好东西，索性结果了他。"

杨宏胜

刘复基被推出去时，对围观的人群高呼："同胞呀，大家起来革命，为我们报仇啊！"

接着提审杨宏胜，只见他面部被炸伤，焦如黑炭，问过姓名，未审一句，铁忠等私语少许，即写就斩首牌。

杨宏胜怒吼道："好，只管杀，你们的末日就要到了。"

10月10日凌晨，彭楚藩、刘复基、杨宏胜被斩首于督署东辕门。

烈士的鲜血终于激起了革命党人复仇的怒火。10月10日晚7时，刘复基烈士的就义呼声尚在武昌上空回荡的时候，新军工程营的熊秉坤，率领该营革命党人首先打响了武昌起义的第一枪，一举占领了楚望台，夺取了军械库的弹药枪支，接着炮一标、辎重队、步兵各营和军事学堂的革命党人，纷纷组织队伍，按照刘复基生前亲手制定的进攻路线，经过一夜苦战，清军败走，瑞澂惊恐万状，挖开督署后墙，仓皇逃至停泊在文昌门外江边的"楚豫"号兵舰，武昌城遂被革命军占领。11日晚和12日凌晨，驻汉口、汉阳的新军也相继起义。不到三天时间，武汉三镇就全在革命军的掌握之

在彭楚藩、刘复基、杨宏胜三烈士英勇就义处，修建了三烈亭。

中，武昌首义宣告胜利。

刘复基虽然在起义的前夕遇难了，但他在武昌起义中的卓越功绩是不可磨灭的。1913 年，中华民国稽勋局局长冯自由曾向全国发布通电，将刘复基与陆皓东、吴禄贞、邹容、赵声、焦达峰、徐锡麟等著名民主革命活动家并列，作为"开国前先烈及开国时殉难之重要人物"办理。为了缅怀烈士，武昌市区内，至今尚辟有"彭刘杨"路并建有"三烈士纪念亭"，首义广场建有三烈士塑像。刘复基的家乡常德市城区内的"烈士祠"曾经供有刘复基的牌位，其出生地柳叶湖建有"复基路"，他曾求学的武陵官立小学堂（今常德市第二中学）建有刘复基铜像。

武昌首义的胜利，点燃了全国范围内的革命烈火，撼动了清王朝专制统治的基石，为中华民国的诞生奠定了基础。

刘复基年谱简编

1885 年　1 岁（虚岁）

农历甲申年十二月初五，刘复基出生于湖南常德府武陵县柳叶湖一个贫民家庭。父亲刘文福，母亲邵氏，共生四子，长子刘嗣基，次子刘荣基，三子刘贤基，幼子刘复基。

1890 年　6 岁

在柳叶湖畔的戴翰林老屋（戴家祠堂）读私塾，学习《三字经》《百家姓》《千字文》等启蒙教材。

1898 年　14 岁

刘复基在常德城东的德山书院读书，开始接触新文化，思想开朗，豪放有志。

1900 年　16 岁

宋教仁在常德参加府试，其针砭那拉氏和李鸿章的时政文章轰动全城，刘复基赴五省客栈拜谒，二人一见如故，结为好友。

1903 年　19 岁

德山书院奉朝廷"癸卯学制"令，更名为"武陵县公立高等小学堂"，刘复基继续在该校就读。

是年，刘复基参加以"反清复明"为宗旨的洪帮组织湘西哥老会，被推举为金凤山刑堂。

1904 年　20 岁

2 月 15 日，华兴会在长沙成立，黄兴为会长，宋教仁为副会长，定于

11 月 16 日在长沙举义，然后全省分五路响应。宋教仁负责西路常德的组织发动工作。宋教仁来常后与刘复基取得联系，设"湘西联络总站"于五省客栈。

刘复基在常德鸡鹅巷某餐馆以厨师身份为掩护，广泛联络各路会党，并联络了西路师范学堂的蒋翊武、黄贞元，常德官立中学堂的覃振、孙迪卿等人，另设分站于常德城内祇园寺。

秋，长沙起义事泄，黄兴、宋教仁先后逃亡，刘复基因涉嫌此事离开城区，藏匿于老家柳叶湖。

1905 年　21 岁

春，哥老会首领马福益回湘西谋划"举兵洪江"，刘复基、蒋翊武奉命前往。4 月，事泄，马福益被俘遇害，刘复基、蒋翊武走匿江湖，寻求革命依靠力量。

8 月 20 日，中国同盟会在日本东京成立，宋教仁来信告知这一重大消息。刘复基决定与蒋翊武结伴前往日本。二人来到上海，蒋翊武因病滞留上海，刘复基只身前往东京，11 月 21 日，由宋教仁主盟加入中国同盟会。

1906 年　22 岁

年初，刘复基奉命从日本回国，带 600 份《民报》回国销售。在上海，他介绍蒋翊武加入中国同盟会。

春，刘复基由上海到长沙，与胡有华、覃振、杨熙绩等设"中西报代办所"于长沙府署后面的五堆子，暗中运销《民报》。

在此期间，刘复基频繁往来于湘鄂之间，联络同志，从事革命活动，加入了刘静庵、胡瑛等人在湖北创建的"日知会"。

6 月，刘复基参与了同盟会湖南分会负责人禹之谟组织的公葬陈天华、姚宏业二烈士的学潮活动。事后不久，禹之谟被捕遇害，刘复基离开长沙回到常德。

在常德，为了配合同盟会领导的萍浏醴大起义，刘复基与蒋翊武在常德城区祇园寺设湘西革命机关，招纳会党，力图再举。不久，祇园寺机关被武陵知县廖世英侦破，刘复基只得再走上海。

在上海，刘复基与蒋翊武一边参加中国公学的学习，一边参与革命机关报《竞业旬报》的编辑发行工作，用白话文倡导民族主义。

1907 年　23 岁

1 月 24 日，革命志士杨卓霖因谋杀两江总督端方事泄被捕，《竞业旬报》受到牵连，被迫停刊，刘复基、蒋翊武等革命党人离开上海，回到故里。

10 月 28 日，刘复基的父亲去世。

1908 年　24 岁

这年因丁忧在乡守服，刘复基尽职守孝，闭门不出。

1909 年　25 岁

10 月，应兄长刘星澂之约，与蒋翊武相邀前往汉口，与詹大悲、宛思演等筹办《汉口商务报》，任该报会计兼发行。未几，他们获悉湖北新军中有革命团体"群治学社"，刘复基、蒋翊武、詹大悲以记者名义赴天门、潜江等新军驻地进行采访，与该组织成员蔡大辅取得联系，持介绍信回武汉找到李抱良，加入"群治学社"。

不久，《汉口商务报》出现经费紧张，报纸几乎要停刊。刘复基与李抱良商议，将群治学社的部分经费资助《商务报》，使该报成为群治学社的机关报。

1910 年　26 岁

湘、鄂、川、粤等省人民掀起保路运动，立宪党人杨度充当清廷的吹鼓手，支持朝廷的卖国行为，引起湖南人民的极大愤慨。4 月，杨度奉命进京，取道汉口，寓居在英租界既济水电公司，刘复基闻讯，相邀湘籍旅鄂志士杨王鹏、李六如等对杨度进行殴打。此事惊动英租界，巡捕房以"妨害治安"罪羁押刘复基等人8小时，《商务报》被查封。

同月，长沙抢米风潮爆发，刘复基与查光佛等人商议，联络新军32标黄申芗等乘机起义，后因官方侦缉，起义未果，群治学社也为官方注目。

不久，刘复基买来假辫，化名"刘汝夔"，投入新军21协41标当兵，在军中积累革命力量。

6月，群治学社杨王鹏、李六如、蒋翊武、刘复基等人在41标一营左队队部开会，决计将"群治学社"改名为"振武学社"，推举杨王鹏起草章程。

9月18日，振武学社在黄土坡酒馆举行成立大会，推举杨王鹏为社长。

冬天，振武学社机关部被施化龙侦破，杨王鹏、李六如等人被开除军籍，并强令他们离鄂，社务工作转交蒋翊武主持。

腊月，蒋翊武、刘复基、詹大悲等人在武昌阅马场集贤馆召开秘密会议，决计将"振武学社"改名为"文学社"，推举詹大悲起草章程。

1911年　27岁

1月30日（农历正月初一），假借新年团拜的名义，原振武学社十多位代表在黄鹤楼之奥略楼聚会，宣读了文学社成立章程，推举蒋翊武为社长，刘复基为评议部部长，詹大悲为文书部部长，将《大江报》作为文学社的机关报。

3月15日，文学社在黄土坡招鹤楼召开第一次代表大会，补选王宪章为副社长，决定将《大江报》免费赠送各营一份，各标营设立通讯员。

3月底，革命党人在广州发动的"三·二九"起义失败，朝廷上下一片惶恐，武汉三镇也加强了防范。刘复基请假出营，蛰居在阅马场的文昌阁，承担起与各营的联络工作。

5月初，刘复基、蒋翊武代表文学社与共进会代表孙武、邓玉麟、高尚志、杨玉如在孙武住宅见面，商谈两会之间的会员交叉问题，达成了一致协议。

5月10日，刘复基在黄土坡同兴酒楼主持了文学社代表会议，决定以武昌小朝街85号为文学社机关，刘复基、王守愚、蔡大辅驻社办公。会后，刘复基借病正式退出军营，驻机关专职从事文学社的组织工作。

5月11日，文学社代表刘复基、王守愚、蔡大辅与共进会代表杨时杰、杨玉如、李作栋在文学社社员龚霞初寓所会面，商讨两会合作事宜。就发展会员之事达成共识：凡赞成革命主张，无论加入文学社、共进会的哪一个组织，均视为革命同志。

5、6月间，蒋翊武、刘复基代表文学社前往汉口主动拜访孙武，与共进会的邓玉麟、高尚志、杨玉如等人会谈合并事宜。这次会谈在谁领导谁的问题上，双方分歧太大，结果是不欢而散。

6月1日，文学社召开代表会议，同意第42标祝制六辞去标代表职务，改由胡玉珍接任，并决定成立文学社阳夏支部，以汉口郑兆兰寓所为支部机关。会上，刘复基提出了与共进会联合的问题，大家一致赞同，并决定以刘复基为联络员，负责此项工作。

6月14日，刘复基、王守愚与共进会代表邓玉麟、杨时杰、杨玉如、李作栋等再次在龚霞初家中会谈合并事宜。会上决定：由刘复基、邓玉麟负责研究具体办法。会后，他们两人商议，合并后的领导可以由双方共同担任。

8月1日，《大江报》因刊载《亡国者，和平也》《大乱者，救中国之妙药也》两篇文章而被查封，詹大悲、何海鸣相继被捕入狱，文学社处境相当艰难，刘复基加强了与各营的联络，稳住人心。

9月12日，文学社在小朝街机关召开紧急会议，蒋翊武因要随营前往岳州（今岳阳）驻防，将社务工作委托给王宪章主持，刘复基协助。

9月14日，文学社与共进会在雄楚楼10号刘公寓所召开联系联合大会。

刘公、蒋翊武、王宪章均表示放弃各自领导职务，会议一致赞同取消文学社、共进会的名称，成立湖北革命军总指挥部，设总指挥机关于武昌小朝街85号，设政治筹备处于汉口俄租界宝善里14号。还决定派居正、杨玉如赴上海向中国同盟会汇报湖北革命形势，邀请黄兴、宋教仁来汉主持起义大计。

9月15日，文学社与共进会在武昌胭脂巷11号胡祖舜家举行联合会议，专题讨论起义方案。蒋翊武被推举为起义总指挥，孙武为参谋长，以文学社总机关为起义总指挥部，还规定了各标、营、队的具体任务。这次会议的方案是刘复基、邓玉麟协调的结果。

9月23日，文学社、共进会再次在雄楚楼10号集会，刘复基代表蒋翊武出席会议。会议决定成立三人领导小组：蒋翊武为军事总指挥，专管军事；孙武为军政部长，专管军事行政；刘公任总理，专管民政。

9月24日，文学社、共进会在武昌胭脂巷11号召开各部队代表会议。会议讨论通过了刘复基、邓玉麟起草的军政府重要组成人员和武装起义的总动员计划。会议决定农历中秋（10月6日）起义。

同日，南湖炮队士兵与长官发生冲突，革命党人拖出枪炮准备提前起义，情况十分危急。刘复基闻讯后赶赴同兴学社，对该事件作出了正确的判断和处理，化解了危机。但此事惊动了官方，起义时间不得不推迟。

10月9日晨，蒋翊武从岳州赶回武昌，到小朝街85号军事总指挥部指挥起义。刘复基向他进行了情况汇报。上午，蒋翊武主持召开了各标代表会议，主张采纳黄兴的意见，推迟起义时间。

下午3时左右，孙武在汉口宝善里试制炸弹失事，革命机关遭到破坏，起义计划和革命党人名册落入敌手。而此消息在2个小时后才由革命同志传到武昌。下午5时，蒋翊武、刘复基等人毅然决定提前起义，并向各部队下达了起义命令：本军于今夜12时举义，各军听到南湖炮声后立即从原驻地拔队，按命令规定的目标发动进攻；第二天上午 7 时，除留少数军队防守已占领的地点外，其余在咨议局前集合。

晚 11 时许，由于叛徒的招供，清军直扑小朝街总指挥部，蒋翊武、刘复基、彭楚藩等人被捕。

10 月 10 日凌晨，彭楚藩、刘复基、杨宏胜英勇就义，史称"首义三烈士"。